DE PELGRIMSSCHELP

Peterborough Norwich
　　　　　　Ramsay

Londen

Dover

Abbeville
Amiens

Le Havre

Parijs

Chartres   Etampes

Poitiers

Bordeaux

Sancti Spiritus
Zubiri
Puente la Reina

DANKBETUIGINGEN

Dank aan José Luis de Celis voor het makreel-verhaal, aan Teresa Gonzales voor de oude vrouw met de schedel en aan Maria Fatima do Minho voor het gesprek over calvaries.
Dank aan Burke Wilkinson en Maureen Flynn voor hun historische adviezen en aan Robin Smith, Cynthia DeFelice, Jimmie Bevill, Frederick en Lindsay Nolting voor hun enthousiasme voor een ruw manuscript.
Dank aan Chaucer voor het verhaal 'Griselda and the Loathely Lady', aan de beeldhouwers en schilders van de pelgrimsweg en aan Lindsay, die me hun werk heeft helpen zien, aan Pierre Maury, die voor een tribunaal sprak in 1320, en aan de geleerden die zijn woorden aan ons hebben doorgeven (*Montaillou, een ketters dorp in de Pyreneeën*, E. Le Roy Ladurie, Bakker, Amsterdam), en aan David Macaulay voor zijn boek *De Kathedraal* (1973, Ploegsma, Amsterdam).
Dank aan Dick Jackson voor het vol energie en goede wil uitpluizen van mijn manuscript, en aan Maggie Herold, Linda Cabasin en Janet Pascal voor hun geduld bij hun werk om het kaf van het koren te scheiden.
Dank aan Tyler voor het hoeden van schapen, Jessie omdat ze het aandurfde, en C.T. voor het gezelschap.

EEN AANTEKENING OVER TALEN

De verschillen tussen het Frans, Spaans en Italiaans waren in 1300 minder duidelijk dan nu, hoewel iedere taal meer varianten kende: het Occitaans, Navarrees, Castiliaans, enzovoort. Iemand die het Latijn beheerste, wat bij de meeste geletterde mensen en de geestelijkheid het geval was, kon op de pelgrimsweg met anderen communiceren.

Het Engels, met zijn Saksische en Germaanse wortels, stond apart, hoewel de Normandiërs veel Latijnse en Franse woorden in de taal hadden gebracht. Elenor en Thomas spraken Engels in Ramsay. Allebei hadden ze als kind al Frans geleerd omdat dat nog steeds de taal was die destijds door de Engelse edelen werd gesproken. Ten tijde van dit verhaal spreekt Thomas vloeiend Frans, de gemeenschappelijke taal van de kruisvaarders. Elenor heeft minder oefening gehad.

Inhoud

1	ELENOR	9
2	RAMSAY	15
3	THOMAS	23
4	GREGORY	31
5	HET VERTREK	39
6	VOGEL UIT HET OOSTEN	45
7	FRANKRIJK	54
8	AMBROSIUS	60
9	HEMELVAART	65
10	RIVIER	75
11	PARIJS	78
12	PIPEAU	83
13	BOEKEN	92
14	KIKKERS EN UILEN	103
15	DE DAME IN DE KRUIWAGEN	109
16	MOERBEIBOMEN	118
17	POITOU	125
18	HELDEN	130
19	BEZIT	140
20	MARTIN	148
21	VERDWAALD	154
22	PIERRE MAURY	161

23	DE SARACEEN	171
24	CONTRADANS	176
25	BANDEN	184
26	DE BRIGATA	195
27	CALVARIE	201
28	LANGZAMER AAN	208
29	HET DAL	214
30	MISERICORDIA	217
31	HET WACHTEN VAN MARTIN	221
32	DE PELGRIMSSCHELP VOOR RAMSAY	227

1
Elenor

LENOR SLOEG HAAR TE LANGE MANTEL STIJF OM zich heen, stopte haar vingers tussen de plooien om ze warm te houden en ging op haar tenen staan in haar geleende schoenen. Het geluid dat ze hoorde was zo indringend en bleef zo lang hangen dat het net leek of het uit haar eigen hoofd kwam. Ze wilde zeker weten dat dat niet zo was.
Tussen de schouders van de menigte door ving Elenor een glimp op van een armoedige straatmuzikant met een schurftige kat op zijn schouder. Ineengedoken wurmde ze zich langs buiken en ellebogen. Het geluid werd steeds harder. Ja hoor, het was het buikorgel van de man. Het ding was slecht gestemd en veroorzaakte een duivels gekrijs. De ogen van de man glinsterden hypnotiserend als die van een slang terwijl hij aan de slinger draaide.
'Het is een zonde,' hoorde Elenor een oudere vrouw tegen de vrouw naast haar fluisteren.
'Onnatuurlijk,' mompelde de andere vrouw hoofdschuddend, haar ogen strak op de man gericht.
De hond van de man stond ineengedoken op een stoel voor hem. Zijn kat sprong met trillende snorharen op de rug van de hond en draaide langzaam en onwillig rond. De haren van het beest stonden overeind. Terwijl het bestraffende geluid van het buikorgel steeds harder werd, kwam er een muis uit de hand van de bedelaar gekropen. Het beestje klom over de poot van de hond omhoog en ging op de rug van de kat zitten, waar hij ineengedoken en bibberend bleef zitten.
'Doe iets!', mompelde Elenor in zichzelf.

Plotseling ontstond er een hoop lawaai bij een kaaskraam iets verderop. De bedelaar hield heel even op met spelen en rekte, net als de rest van de nieuwsgierige menigte, zijn nek uit om te kijken. Elenor stak haar voet uit en stootte tegen de stoel. Opgetogen sprong ze achteruit, terwijl kat, muis en hond in allerlei richtingen wegsprongen en tussen de benen van de mensen door verdwenen. Ze mengde zich snel weer onder de menigte en stampte met haar voeten om ze warm te krijgen.

Carla had Elenor nu al vier keer met vader Gregory het hele eind naar de markt van Peterborough laten lopen. Deze keer was het wel het fijnst: het was 29 september, de dag van Sint Michael, het laatste feest van het jaar voor de advent begon, in het allerlaatste jaar van de eeuw, 1299. Er hing opwinding en angst in de lucht.

'We proberen dit jaar allemaal heel goed te zijn,' had vader Gregory tegen haar gezegd, 'om een goede indruk op God te maken.'

'Voor als het het einde van de wereld is?' had ze gevraagd, in de verwachting dat hij haar gerust zou stellen.

'Ja.'

Ze wilde dat hij eraan had toegevoegd: 'Maar maak je geen zorgen.' Dat had hij niet gedaan.

Ze probeerde zich het einde van de wereld voor te stellen. Of het einde van de markt in Peterborough. Wat zou er gebeuren met al deze onbesuisde, opdringerige mensen? En met de grote, stenen kathedraal van Peterborough, die nog maar pas af was? Met het kind met de roze wangen dat op dit moment zijn moeder naar de kraampjes met eten trok? Met de kruiwagens vol wortelen en uien en rapen, de varkenskoppen en de slap hangende kippen, met de koks die winterstoofpotten bedachten en de boeren die hun spullen hoopten te ruilen voor wollen sokken? Met de bedelaars, muzikanten, acrobaten... kon iedereen gewoon verdwijnen?

Bij het einde van de wereld hoorde het Laatste Oordeel. Hoe konden mensen beoordeeld worden, als iedereen eigenlijk een vat vol verrassingen was? Zij, Elenor, was bijna veertien. Ze had nog steeds sproeten en haar haar zat wild. Ze kwam pas kijken; ze had nog geen idee hoeveel goed of kwaad ze in zich had... Ze stopte haar angst voor het Laatste Oordeel een beetje dieper weg. De markt in Peterborough was een zeldzaam geschenk, een zeldzaam avontuur. Morgen zou ze zich wel weer zorgen maken over het einde van de wereld.

Er stond een gammel podium tegen de zuilengang van de kathedraal. 'Welk gilde verzorgt het toneelstuk?' vroeg Elenor aan een boerin die kippen verkocht.

'De wevers,' antwoordde de vrouw. 'Zij zullen er wel voor zorgen dat we de kou even kunnen vergeten.' Ze grijnsde naar het meisje en toonde daarbij een stel lange, gele tanden. Toen kneep ze haar ogen halfdicht en wees met haar neus.

'Bent u niet de jonge vrouwe van het kasteel van Ramsay, degene die met Heer Thomas zal trouwen, die al zo lang weg is naar het Heilige Land?'

Elenor knikte vluchtig, maar trok toen haar mantel weer strak om zich heen en draaide zich om om het gesprek te beëindigen. Laat die vrouw maar op haar eigen kippen letten.

Elenor kreeg de geur van gepofte kastanjes in haar neus. Een meisje dat helemaal zwart zag van het roet, stookte de kolen onder de pan flink op. Elenor deed haar ogen dicht en kon de hitte van de kolen op haar wangen en haar oogleden voelen gloeien. Ze maakte een muntje uit een knoop in haar omslagdoek los en stopte het in de hand van het meisje. Ze moest langs de kinderen reiken die om de warme pan heen stonden. De hete kastanjes werden in Elenors omslagdoek geschept. Ze hield de omslagdoek dicht tegen zich aan en voelde de warmte door haar kleren heen. Ze keek bij de blekers, zag vader Gregory, en voorzichtig haar weg zoekend om haar schoenen niet kwijt te raken, klom ze naar hem toe.

De oude priester zat op de hoogste plank en keek op. Hij hield de zijkant van zijn cape voor haar open en ze kroop tegen hem aan. Ze pelden de kastanjes, knabbelden het zoete, witte binnenste op en strooiden de schillen op de grond. De zon scheen dapper, maar de wind was ijskoud. Het geïmproviseerde doek op het toneel bolde en flapperde en Elenor ving even een glimp op van de druk-

ke voorbereidingen achter de coulissen. Boerinnen in hun daagse blauwe kleren voelden aan hun speciaal voor de markt bestemde kap, trokken die weer recht en stopten de ontsnapte haarlokjes terug.
Er werd drie keer hard gebonsd en het toneelstuk begon. Twee kindernarren in maillot en tuniek haalden het doek op, klauterden in de zijsteunen om het doek vast te maken, gleden weer naar beneden, het toneel op, waar ze in alle richtingen een buiging maakten en met hoge, schelle stemmen verkondigden:

Welkom, welkom, gij allen.
Kom en luister naar het verhaal van Adam
En hoe hij is gevallen.

Daarna keken de narren naar elkaar, maakten een diepe buiging en verdwenen snel van het podium.
Elenor ging voorover zitten met haar kin in haar handen en haar ellebogen op haar knieën.
Het podium was versierd met planten en takken om zo het Paradijs voor te stellen. Onder het podium stonden rode duivels tegen de steunen aan te kronkelen en te kreunen en ze zongen met monotone stem:

Eeuwige wroeging, eeuwige wroeging.
Het lied van hen die verdoemd zijn,
gaat alleen maar over wroeging...

Hoog daarboven, op het randje van de klokketoren, probeerde een engel sereen te kijken terwijl stukjes van zijn vleugels met de laatste bladeren mee wegwaaiden in de helderblauwe herfstlucht. Adam en Eva stonden op het midden van het podium, onder een geschilderde appelboom. Satan, beschilderd met schubben, kwam vanachter de boom vandaan geglipt, bood Eva een appel aan en volgde haar toen ze weigerde het hele Paradijs door. Met gluiperige, verleidelijke gebaren haalde Satan Eva over het fruit aan te

nemen. Eva nam een hap, danste van vreugde, klapte in haar handen, wreef over haar buik...
Elenor kneep haar ogen tot spleetjes zodat ze alleen nog maar het podium zag, net als een schilderij. Als je zo keek, deelde de boom het podium in twee helften, Satan en Eva aan de ene kant en Adam, eenzaam en verloren, aan de andere kant.
Eva stak haar hand uit naar Adam en bood hem de appel aan; Adam stapte over het podium naar de helft van Satan, pakte de appel aan en nam een hap. Er klonk triomfantelijk geschreeuw van de duivels. Vanuit de hemel gebaarde een engel met een gouden zwaard naar Adam en Eva. Jammerend vluchtten ze het Paradijs uit.
Elenor zuchtte en wreef in haar ogen. 'Ik wist het,' zei ze toen het doek viel. Maar wat in haar hoofd bleef hangen, was de manier waarop Eva haar pols gebogen had toen ze de appel naar Adam uitstak en hoe Adam als een geslagen hond met Eva het Paradijs was uit geslopen.
Toen het doek weer opging, waren de planten en de takken verdwenen. Het middelste gedeelte van het podium, tussen de hemel en de hel, lag bezaaid met keien. Twee broers, Kaïn en Abel, stonden naast elkaar zaden te planten. Ze gingen rechtop staan en begonnen ruzie te maken, te schreeuwen en toen te vechten. Witheet van woede pakte Kaïn een kei en sloeg Abel ermee op zijn hoofd. Abel verstijfde en stortte neer. Hij maakte een paar heftige bewegingen, kronkelde zich in allerlei bochten en stierf. Kaïn bleef als versteend staan, zijn armen hoog opgeheven, zijn gezicht vertrokken van afschuw.
De wraakengel stormde op Kaïn af en joeg hem weg.
Elenor zag hoe de gebogen gedaante van Kaïn van het podium verdween en zich hinkend weghaastte door het publiek. Sommige toeschouwers riepen 'boe' naar hem toen hij langs kwam.
Geroerd, maar op de een of andere manier ook boos, veegde Elenor met haar vlakke hand een paar tranen weg. Ze haatte Eva, met haar mengeling van vrouwelijke listen en ontevredenheid. Ze haatte Eva omdat ze meer wilde dan ze had. Maar Elenor was óók

nieuwsgierig. Ze zou de appel hebben willen proeven, al was het alleen maar om te weten...
'Waarom strafte God Kaïn?' vroeg ze. 'Toen Kaïn zag dat Abel dood was, was hij wanhopig.'
Vader Gregory deed één oog open. 'Boetedoening,' zei hij.
'Wat?' vroeg Elenor. 'Ik ben het vergeten.'
'Boetedoening,' herhaalde Gregory. 'Dat betekent dat hij de zonde buiten zichzelf moest plaatsen om hem kwijt te kunnen raken. Kaïn zwierf over de aardbodem tot hij zijn woede en schaamte eruit gelopen had.'
'Kun je dat dan bereiken door alleen maar te lopen?'
'Ze zeggen van wel,' zei Gregory.
'Laten we dan maar gaan lopen,' zei Elenor rusteloos.

2
Ramsay

E DAG VAN SINT NICOLAAS. KERSTMIS. HET FEEST van de Onnozele Kinderen op 28 december. Dag na dag met ijskoude regen of natte sneeuw.
'Laten we toneel gaan spelen,' zei Elenor tegen de jongere kinderen die er genoeg van hadden om binnen te moeten blijven. 'We doden de winter en halen de lente.' Schreeuwend renden ze door de lege zalen van het kasteel van Ramsay, op zoek naar verkleedkleren. Elenor smeerde rode pasta op haar gezicht. Ze zeurde Carla, de kokkin, aan haar hoofd om de horens van de melkgeit die de vorige zomer waren afgesneden. Ze stak ze door haar haarnet en bond ze vast. Ze propte een kussen onder haar cape als een soort bochel en kwam mank lopend te voorschijn als Beëlzebub, de duivel.

Het was lente in Ramsay en Elenor klom in de wilde pruimebomen en verstopte zich tussen de bloesem. Alle kinderen hadden een knagend hongergevoel nu de wintervoorraden opraakten.
'Naar buiten, musjes! Geen gehang meer om het vuur,' zei Carla en duwde hen de keuken van het kasteel uit. 'Ga maar eens wat wilde groente zoeken buiten. Een gerstekoek voor degene die het meest binnen brengt!'
De kinderen renden alle richtingen uit, op zoek naar de bladeren van paardebloemen en ander groen dat in donkere groepjes bij de beek groeide. Elenor gooide het ene na het andere modderige schort vol groen op Carla's tafel en rende naar buiten om nog meer te gaan zoeken.
De heggen tussen de velden stonden in bloei. Elenor plukte wat wilde bloemen en maakte er slingers van. Ze keek hoe de boeren

de aarde open ploegden en haver plantten op de ruggen tussen de voren. Daarna mocht ze samen met de vrouwen en de andere kinderen uit het dorp haar schort vullen met bonen, een ploegsnede uitzoeken en een keurige, lange rij planten. De koude aarde stampte ze aan met haar blote voeten.

Toen vader Gregory de klok luidde voor het ochtendgebed, kwam de zon net op. De boeren stonden op, gooiden de luiken open, gaven de honden te eten, molken de koeien en gingen naar de velden. Toen hij de klok luidde voor het middaggebed, waren de mensen op het land bezweet en snakten naar een slok melk of bier. Toen de klok voor het avondgebed luidde, was het tijd om naar huis te gaan. De zon scheen nog steeds; met lange, schuine lijnen schilderde ze de voren in de aarde donkerrood, de schaduwen van de heggen koper en de schapen roze.
's Avonds zat Elenor bij het keukenvuur lammetjes te schetsen met houtskool. Ze kleurde ze later in met bietesap.

Vader Gregory luidde de klokken van de kerk van Ramsay zeven keer per dag, iedere dag opnieuw. Het kasteel van Ramsay, het dorp en de afgelegen havezate van Thornham hoorden allemaal bij de kerk van Ramsay. Op Paasochtend van het jaar 1300, bij het aanbreken van het nieuwe jaar en de nieuwe eeuw, luidde hij de klokken langer en harder dan ooit tevoren. Zijn schouders deden pijn en hij kreeg blaren op zijn eeltige handen, maar hij bleef maar aan de zware trouwen trekken. Soms werd hij door het gewicht van de zwaaiende klokken opgetild en flapperden zijn sandalen aan zijn voeten en dan kreeg hij zin om eens flink te gaan schreeuwen. Het einde van de wereld was niet gekomen! Het leven had nog nooit zo heerlijk fris, zo nieuw en zo zoet geroken. Al zijn mensen leefden nog. De ene helft van hen was met frater Paulus de heuvels in gegaan, ziek van angst voor het Laatste Oordeel. De andere helft had zijn angst verjaagd met een zuippartij bij een vuur in de openlucht en lag vanochtend stomdronken bij het nog wat verloren nasmeulende vuur in het hooi, uitgeput en verfomfaaid. Gregory had het feestgewoel vanaf het hoger gelegen kerkhof gadegeslagen. Hij had net genoeg kunnen horen om dankbaar te zijn dat het donker was en dat ze zo ver weg zaten. Het was al erg genoeg dat hij deze mooie ochtend in de biechtstoel zou moeten doorbrengen.

Zwevend aan het klokketouw voelde Gregory opeens dat er aan zijn pij werd getrokken. Hij deed zijn ogen open en zag Elenor lachend naar hem opkijken. Ze sprong van de ene voet op de andere, haar haar nog ongekamd, haar neus en haar wangen rood van het rennen op de vroege ochtend. Ze hielp de priester zijn gekromde handen los te maken van het touw en trok hem mee naar buiten, de zon in.

'Kijk!' wees ze. Aan de ene kant van het dal kwam een processie als een slinger de heuvel afgedaald. Een processie van mensen in het grijs, hun hoofden bedekt. Flarden van een treurzang klonken over de velden.

'Welkom, vreselijke doemdenkers!' schreeuwde Elenor met haar handen aan haar mond. 'De zon is al op!' Ze wees naar het oosten en maakte een dansje. Vader Gregory hoopte maar dat frater Paulus en de boetelingen, de penitenten, nog te ver weg waren om te zien hoe Elenor luid zingend haar arm door de zijne stak en probeerde hem mee te laten dansen. Zijn oren suisden nog en hij voelde zich duizelig.

'Stil toch, kind! Je mag niet met ze spotten,' zei hij scherp en zakte op de stenen bank neer die langs de buitenmuur van de kerk liep. Elenor liet zich naast hem op de bank vallen, leunde achterover tegen de oude grijze stenen en keek over het dal uit. Een van de gedaanten in het hooiland verroerde zich en rolde om; een man met alleen een roestkleurig hemd aan kroop naar de sloot en gaf over. Het geluid was goed te horen in de stilte.

Elenor glimlachte; plotseling gleed er een schaduw over haar gezicht. 'Is dat de keus die ik heb, vader? Me aansluiten bij de een of andere bruut in een hooiberg, of anders non worden en' – ze rolde haar ogen hemelwaarts – 'me op het hiernamaals richten?'

Een blik op vader Gregory maakte dat ze er snel aan toevoegde:

'Het spijt me, ik hou echt veel van de Kerk, vader. Heus. Maar stel dat ik het klooster in zou gaan en de nonnen net zulke doemdenkers waren als frater Paulus? Angst, schuldgevoel en *miserere*, mijn leven lang...'
'Ik ben er niet boos om,' zei de priester. 'Jij drinkt liever jonge wijn net als die kerel daar, danst, baart een heleboel kinderen om met je in het hooi te spelen...'
Elenor onderbrak hem met een grote zucht.
'Kinderen, ja, ik zou graag kinderen willen,' zei ze langzaam. 'Maar voor een bevalling, vader, ben ik net zo bang als voor de stilte van de kerk.'
Deze woorden kwamen er deemoedig uit, alsof ze biechtte, wat ze al bij vader Gregory deed sinds ze heel klein was. De priester ging behoedzaam verder.
'Je bent uitgehuwelijkt aan Thomas van Thornham en die herinner ik me niet als een bruut. Hij is wel al acht jaar weg nu en is misschien veranderd, maar als jongen was hij... druk, maar aardig.'
'Hij heeft me een keer opgesloten in het kippenhok. Ik heb geschreeuwd tot mijn ogen zowat uit mijn hoofd vielen, Vader, en tussen iedere schreeuw door kon ik horen hoe hij en zijn vrienden me uitlachten.'
'Hij plaagde jou altijd omdat hij zich ervoor schaamde dat hij uitgehuwelijkt was aan een kind en hijzelf nog maar veertien was.'
Elenor was niet te vermurwen. 'Pestkoppen veranderen niet. Iedere dag als ik wakker word, hoop ik dat Thomas nooit van de Kruistocht terugkomt.' Haar onderkaak stak naar voren toen ze over het dal uitkeek.
'Elenor,' zei vader Gregory zacht, 'jij bent verloofd... beloofd aan iemand. Er zijn verplichtingen in het leven die verder gaan dan wat we voor onszelf willen.'
'Het waren onze vaders die Thornham en Ramsay weer met elkaar wilden verbinden. Niet Thomas. Niet ik. Het was een samenzwering van vaders.'
Vader Gregory deed zijn ogen dicht om beter over een antwoord te kunnen nadenken. Elenor was verkocht, maar wat had het voor

zin om haar daaraan te herinneren? Om precies te zijn, was het voogdijschap over haar gekocht door Robert van Thornham, de vader van Thomas. Robert was een harde en ambitieuze man en toen Guerrard van Ramsay op zijn sterfbed lag en niet meer in staat was om het jaarlijkse afkoopgeld te heffen dat ze hun opperheer verschuldigd waren, had Robert die belasting voor Ramsay betaald en zo zijn heerschappij met de landerijen van Ramsay vergroot. Robert had een vervallen maar gerespecteerd kasteel gekregen, aanspraak op de naam Ramsay en Elenor als schoondochter. Een slimme zet waarin Elenor niet gekend werd en die haar geen keus liet.

De zachte stem van Gregory verried niets van de woede die hij voelde. 'Het is de verantwoordelijkheid van ouders om een goed huwelijk voor hun kinderen te regelen. Een huwelijk tussen edelen moet goed zijn voor alle dorpelingen en boeren die afhankelijk zijn van hun heer. De boeren van Ramsay hebben de fabrieken van Thornham nodig. De horigen van Thornham hebben de velden van Ramsay nodig en de sterke muren van het kasteel van Ramsay in geval van een aanval. Kijk eens hoe de landerijen bij elkaar horen...' Hij zwaaide met zijn arm over de golvende, geploegde heuvels, het dorp en de heggen, de hutjes van tenen en leem die overal verspreid langs de weg stonden die naar de havezate van Thornham, Thornham Manor, leidde, een paar uur lopen hier vandaan, waar Robert van Thornham – Robert van Ramsay nu – woonde met zijn drost. 'Eens hoorde het allemaal bij Ramsay; en nu is het weer één. Jij en Thomas zijn allebei het laatste kind met jullie familienaam.'

'Ik *weet* het wel,' Elenor was even stil, ze was zich ervan bewust dat ze brutaal was, maar toen barstte ze uit: 'Ik houd van mijn leven zoals het nu is! Ik kan het ook niet helpen dat ik de laatste Ramsay ben. Zelfs al is Thomas veranderd, ik wil tòch geen kinderen van hem krijgen. Dan ga ik dood, net als mijn moeder...'

Vader Gregory schrok van de grote tranen die over haar wangen rolden. Zoveel angsten van één, normaal gesproken vrolijk kind. En iedere angst was echt en ook gegrond: Elenor was te klein om makkelijk kinderen te kunnen baren. Het gerucht ging dat de kruisvaarders op de terugtocht waren, met onder andere Thomas van Thornham. Als hij zijn bruid zou opeisen, ook al was ze nog jong, dan zou het meer dan waarschijnlijk zijn dat ze net als haar moeder in het kraambed zou sterven.

Wat kon hij eraan doen? Heer Robert had alles geregeld volgens de wet en de gebruiken. De graaf van Leicester, de leenheer van Robert, was de enige die invloed op hem had. Leicester zou niet willen luisteren naar een eenvoudige priester. Hij luisterde naar vazallen die hem geld gaven; hij luisterde alleen maar naar gewapende macht en geld.

Als Thomas niet terug zou keren, zou het nog erger uitpakken voor Elenor: Heer Robert zou dan zelf met haar trouwen.

En Thomas? Gregory kon zich inderdaad een beetje zachtmoedigheid herinneren; zoals die keer toen de jongens een beverdam kapot hadden gemaakt en de jonge Thomas alle jonge bevers had gevangen en ze naar een veilige plek had gebracht. Maar ook herinnerde hij zich Thomas als grote jongen, met zijn woeste, donkere haar voor zijn ogen en een blozend gezicht, vol ongeduld om de heidenen te gaan uitroeien. Hij hoorde zijn stem weer over de binnenhof schallen, en het gehak van de stokken en beenderen als hij de andere jongens een voor een bij de oefengevechten versloeg. Zijn grote handen om de staf waren zeker, sterk en zwaar. Gregory herinnerde zich ook dat de poging van Thomas om de jonge bevers te redden niet was gelukt; ze waren een voor een dood gegaan.

Elenor veegde de tranen met vuile handen van haar gezicht.

'Vader? Het spijt me dat ik zo zit te snotteren. Het is alleen... mag ik eens iets vragen wat ik heel graag zou willen?'

'Je kunt het proberen. Wat wil je graag?'

'Het leven van mijn naaste, denk ik.'

'Wiens leven wil je dan graag?'

'O! Van Elise. Of Maude. Of zelfs van Carla. Elise is niet verloofd. Ze kan trouwen met wie ze wil. Ze kan ook als schoenmaker werken en helemaal nooit trouwen.'

Vader Gregory nam de tijd om na te denken. Elenor liet een lieveheersbeestje over haar vingers lopen. Uiteindelijk zei hij: 'Elise kan alleen maar trouwen als ze toestemming heeft van haar vader en de toestemming van de heer van haar vader, Heer Robert. Carla is opgewekt en werkt hard, maar ze moet haar hele leven de hele dag heel hard werken in de keuken van een ander, gaat dan naar huis en neemt de restjes mee naar haar eigen kinderen. Als ze te oud is om nog te kunnen werken, moet ze leven van de liefdadigheid van haar kinderen en haar buren en zal ze zich verplicht voelen te doen wat die mensen zeggen.'
Het lieveheersbeestje vloog weg. 'Toch ben ik nog steeds jaloers, vader. Sommige mensen hebben wèl een keus. Vooral mannen. Toen Thomas van Thornham zo oud was als ik nu ben, ging hij weg en hij draaft nu met zijn paard de hele wereld over!' Ze gaf een harde schop tegen een steen; de steen ketste omhoog en rolde de heuvel af.
Vader Gregory stond langzaam op. Hij boog zich over de bloembedden van de kerk, haalde het onkruid weg en brak de dode bloemen van de irissen af. Elenor begon hem te helpen. Ze begon weer te praten, half tegen zichzelf.
'Frater Paulus zegt dat vrouwen in huis moeten blijven en meer moeten bidden dan mannen omdat ze slecht zijn. Hij zegt dat als Eva er niet was geweest, we nog allemaal in het Paradijs zouden zijn. Vindt u vrouwen slecht?'
Vader Gregory trok een grasspriet uit en begon erop te kauwen. 'Iedereen met wie ik ooit heb gepraat, vindt zichzelf soms slecht.'
'In de biechtstoel...'
Vader Gregory knikte. 'Al die mensen daar...'
Er gleed een zeldzame grijns over zijn gezicht. Hij wees met zijn hand naar het veld waar de feestvierders lagen te snurken.
'Die mensen nodigen het goede uit en verjagen het kwaad door plezier te maken met hun lichaam en dronken te worden.' Hij wees naar de processie van frater Paulus die nu bij het kasteel was aangekomen en zich verspreidde. 'Die mensen daarginds, die jij zo bot de doemdenkers noemt, proberen het kwaad in zichzelf te

verjagen met de zweep en de duivel uit zich weg te vasten, zodat God in hen kan komen.'
Elenor keek vader Gregory aandachtig aan. 'U houdt van allemaal?'
'Ja,' zei hij.
'Ook al hebben ze een hekel aan elkaar?'
'Soms is dat inderdaad zo.'
'Maar zijn de mannen even slecht als de vrouwen?'
'Even slecht.' Zijn ogen twinkelden onder zijn borstelige wenkbrauwen. 'Misschien nog wel slechter.' Hij veegde de aarde van zijn handen af met zijn pij. 'Laten we de zorgen voor morgen maar laten liggen tot morgen. Thomas is nog niet terug. Je bent nu bijna veertien en je wordt iedere dag langer en sterker. Ik moet de biecht gaan horen van onze broeders en zusters uit het hooi. Die zullen nu gauw deze kant op komen kruipen. Ga jij maar naar de keuken en help mee met het klaarmaken van een goede maaltijd voor onze broeders en zusters uit de heuvels.' Hij keek haar strak aan met strenge lichte ogen; zijn wenkbrauwen krulden borstelig in het heldere ochtendlicht.
'Onze broeders en zusters,' herhaalde Elenor.
'Ze hebben de hele nacht gevast en gebeden, Ellie, en niet alleen voor zichzelf. Voor ons allemaal en voor de nieuwe eeuw.'
Elenor luisterde rustig, haar hoofd een beetje schuin, en liet de betekenis van zijn woorden tot zich doordringen.
'Je moet ze geen doemdenkers noemen, Ellie. Ze willen liever de penitenten genoemd worden.'
'Ja, vader,' zei Elenor. 'Ik zal Carla gaan helpen met pap maken voor de penitenten.'
'Doe dat.'
Ze glimlachte plotseling en maakte een buiginkje voor hem. Ze rende de begraafplaats af naar de keuken van het kasteel.

3
Thomas

ET WAS DE BEURT VAN BILLY DE KOKSJONGEN om boodschappen te doen in Peterborough en hij rende zó hard terug naar Ramsay om het nieuws te vertellen dat hij daar had gehoord, dat hij er zowat bij neerviel. De kruisvaarders waren aangekomen. Hun schip lag afgemeerd in Dover en ze waren op weg naar huis. Dertien mannen van het graafschap kwamen te voet terug en zes te paard. Thomas van Thornham, die, zo werd gezegd, eruitzag als een held, leidde hen terug naar huis.

De keuken van het kasteel werd opengesteld voor het dorp en het vuur brandde de hele nacht. Elenor stond die ochtend samen met Helen knoflook en uien fijn te hakken. De tranen stroomden over haar gezicht en ze trok haar schouder op om ze er met de bovenkant van haar mouw af te vegen, omdat ze met haar knoflookhanden niet bij haar ogen wilde komen. Carla zat met haar armen tot haar ellebogen in het meel deeg te kneden met Maude en Elise en schreeuwde tegen Billy dat hij meer hout moest halen.

Bijna alle vrouwen in de keuken hadden een man die acht jaar geleden vertrokken was. Sommige vrouwen hadden sinds die tijd een andere man genomen. Sommige vrouwen, dacht Elenor opeens, hadden kinderen gekregen nadat hun man was vertrokken. Helen en Elise, Elenors hartsvriendinnen, waren opgegroeid in een dorp waar maar weinig mannen waren en waar de vrouwen hadden geleerd mannenwerk te doen. Elise was de schoenmaker van het dorp geworden. Helen hoedde varkens en hielp Carla met de slacht.

Billy, die nog maar net twaalf was, zat met een knalrood gezicht bij het vuur het spit met vlees te draaien; hij kreeg de volle laag

van de onrustige vrouwen. 'Nu ben jij straks niet de enige man meer hier, Billy! Je zult je haar moeten gaan borstelen.'
'Achteruit, mensen. Je weet nooit wat er allemaal voor ongedierte uit te voorschijn komt.'
'Waarschuw ons alsjeblieft eerst, knul.'
Het gesprek dwaalde af naar grapjes over trouwen en bed en het gelach werd zenuwachtig. Een van de vrouwen spoorde Elenor aan om de keuken te verlaten. 'Was het deeg van je ellebogen en maak je klaar om die grote knappe ridder van je te verwelkomen.'
Elenor kreeg kippevel en Carla zei: 'Blijf nog maar even bij ons, Ellie. Er is nog tijd genoeg om je te verkleden als Billy gelijk heeft en ze gisteravond inderdaad in Norwich zijn blijven slapen.'
'En als Billy alles verzonnen heeft...'
'Alleen maar om ervoor te zorgen dat we een feestje voor hem organiseren...'
Uit de warme, drukke keuken weggaan en naar de bovenruimte gaan die ze ooit met haar ouders had gedeeld, was wel het laatste wat Elenor wilde.
Ze had het er heerlijk gevonden toen ze klein was. Toen was het hele kasteel bont versierd met vaandels en wandkleden, en er had geschreeuw en muziek geklonken en het gekletter van paardehoeven. Maar haar moeder was bij de bevalling van haar zusje gestorven, haar vader was aan een ziekte overleden en nu was die bovenruimte alleen nog maar groot en leeg, een ruimte die leek te wachten tot er weer eens iets gebeurde. Die ruimte was van haar, maar ze had geen idee wat ze er mee aan moest.
Sinds haar zesde was heel Ramsay Elenors familie. De boeren van Ramsay verwelkomden haar bij hun vuur en op hun erf. Er waren maar een paar heel oude mensen die haar anders bejegenden en haar 'Vrouwe' noemden. Elenor voelde zich eenzaam als ze dat tegen haar zeiden.
Toen Carla haar uiteindelijk zei dat ze naar boven moest om zich te gaan verkleden, nam ze Elise mee naar de bovenruimte. In een kist vonden ze een paar jurken van Elenors moeder; een paar die ze ook hadden gebruikt als verkleedkleren. Ze schudden de jur-

ken uit en probeerden het fluweel glad te strijken. Elenor stapte in een lange jurk en trok hem naar boven over een ceintuur heen, zodat de jurk niet meer over de grond sleepte. De jurk rook muf en haar neus ging ervan lopen. Aangezien ze geen spiegel had behalve een gemoffelde, koperen plaat waar haar gezicht vaag in zwom, moest ze op het woord van Elise vertrouwen dat ze er 'als een *echte* dame' uitzag.

Op het binnenhof blaften de honden. De kinderen schreeuwden zich schor van opwinding en de stem van vader Gregory schalde over de trap naar de bovenruimte. Elenor liep met tegenzin naar beneden en ging naast hem staan, boven aan de trap die naar het binnenhof leidde. Haar gezicht was klammig koud. Ze rekte haar hals en probeerde zich lang en onafhankelijk te voelen. Haar hals voelde dun en kwetsbaar als die van een martelaar.

De vrouwen kwamen allemaal tegelijk de keuken uit, zwaaiend met hun schorten. De kippen kakelden en de paarden hinnikten. Elenor hield haar armen stijf over elkaar en beet op haar lip. Met veel lawaai kwamen de mannen het binnenhof op.

Ze zagen er haveloos uit, maar ze reden of liepen alsof ze een parade hielden. Ze waren, zag Elenor, net zo zenuwachtig als de vrouwen. Niet zeker of ze wel wilden dat hun avontuur nu voorbij was; niet zeker of ze wel welkom waren na mijlenver van huis te zijn geweest.

Toen ze hun onbehaaglijkheid zag, kwam Elenor los van haar eigen, ellendige gevoel. Ze rende de trap af en riep de woorden die ze van vader Gregory had geleerd: 'Welkom mannen van Ramsay en Thornham, en welkom Heer Thomas. Billy en de jongens zullen voor de paarden zorgen. Zoals gewoonlijk kunt u zich opfrissen in de rivier en feestvieren op de wei als u zover bent.'

Vader Gregory glimlachte om de manier waarop de woorden net als bij een spelletje verstoppertje werden uitgeroepen om boven de herrie van het binnenhof uit te komen. Hij wilde Elenor toejuichen. Hij keek hoe Thomas, een bonk van een kerel nu, langzaam van zijn paard steeg en zich over de hand van Elenor boog. Hij zag Elenor ineenkrimpen.

Bij het avondeten gooide Elenor beentjes naar de honden en keek vanuit haar ooghoeken naar Thomas. Thomas at, liet alles gelaten over zich heen komen en keek vaak naar zijn mannen alsof hij daar zekerheid zocht. Vader Gregory kon met moeite een gesprek op gang houden. Acht jaren stonden als een ondoordringbare muur tussen hen in.
Toen de wijn was ingeschonken, klonk er geschreeuw van de mannen van Thomas. 'Op de mooie Vrouwe Elenor!'
Elenor, bleek en verrast, draaide zich snel naar Thomas en keek hem voor het eerst in de ogen. 'Ze hebben de hele terugweg al steeds een dronk op je uitgebracht,' zei hij.
'Op mij? Waarom op mij?' Ze beet op haar tong. Ze besefte opeens waarom. Voor hen was ze een ideaalbeeld, als een dame op een wandkleed. Thomas was het toonbeeld van een heer. Zij moest het toonbeeld van een dame zijn. Bevend hief ze haar beker, maar het lukte haar niet de wijn in te slikken. Toen niemand keek, spuugde ze de wijn terug in de beker.

De biechtstoel van vader Gregory werd heel druk bezocht. De mensen die klaar waren met biechten, kwamen met tegenzin vanachter het bruine gordijn te voorschijn en knipperden tegen het licht. Ze stommelden langs de mensen die zaten te wachten op de absolutie van de priester. Thomas liep een paar keer met grote passen langs de kerk, keek even snel naar binnen en deed net of hij eerst nog iets anders moest doen. Toen hij zag dat de kerkbank leeg was, glipte hij naar binnen.
'Vergeef me, vader, want ik heb gezondigd...'
Na de biecht ging hij naar de stallen. Hij zadelde Daisy en reed de heuvels in, weg van het kasteel en het dorp, half vergeten paden verkennend. Hij mompelde tegen zijn paard. Hij had Daisy op de terugweg in Frankrijk gekocht en hij had haar laten wennen aan zijn stem en vertelde haar altijd wat hij op zijn hart had. 'Als we daarheen gaan, komen we, denk ik, bij een beek... Precies! Hier is het, het lekkerste water van Engeland... Zou je hier graag willen drinken? Laten we wat dichterbij gaan staan. Pas op, de grond

is hier heel drassig...' Terwijl het paard dronk, keek Thomas naar het zonlicht op het water.

Hij had heel erg opgezien tegen zijn thuiskomst. Hij walgde van zichzelf en had geen zin gehad om na te denken hoe hij van zijn thuiskomst een succes zou kunnen maken. Hij wilde niet echt met dat kleine kreng trouwen, een mager, tegendraads kind dat voor dame speelde. Hij wilde niet echt over Thornham regeren, laat staan het grotere gebied Ramsay. Naar wat hij gehoord had, was Heer Robert daar beter in dan hij ooit zou kunnen zijn. Hij zorgde ervoor dat het gebied dat onder zijn heerschappij viel goed verdeeld en bebouwd werd en dat alle belasting werd geïnd. En er broeide iets tussen twee religieuze groeperingen... Thomas zag er vooral tegen op om verder te rijden en naar zijn vader te gaan, maar hij kon het nu niet langer uitstellen.

Als Thomas aan zijn vader dacht, was het eerste dat hem te binnen schoot een verjaardag van heel lang geleden. Zijn zesde verjaardag. Zijn vader had hem een kort zwaard gegeven. Toen Heer Robert het zwaard had vastgegespt om het middel van zijn zoon, had hij op die afgemeten toon van hem gezegd: 'Er zijn drie standen van de mensheid waar men toe kan behoren. Luister en onthoud alles goed.

De eerste stand is de geestelijkheid; die omvat de priesters en nonnen die bidden voor onze ziel en die de mensen verlossing voorhoudt. Onder de geestelijkheid vallen ook de kloosterlingen zoals frater Paulus en de geestelijken die niet tot een orde behoren, zoals vader Gregory.

Tot de derde en laagste stand behoren de boeren, wiens taak het is om het land te bewerken en alle mensen van voedsel te voorzien. Boeren zijn van nature zwak en moeten met straffe hand worden geregeerd en worden beschermd tegen natuurrampen en overvallers.

De tweede en mooiste stand is die van de adel, waar jij toe behoort. Het is de plicht van een edelman om alle mensen te beschermen en recht te spreken.'

Het woord 'beschermen' had in Thomas de hoop aangewakkerd

dat er een draak in het spel was en hij had gevraagd: 'Hoe, heer, hoe moeten we de mensen beschermen? Waar is de vijand?'
Heer Robert, die altijd overal een antwoord op had, had gezegd: 'Hier in Thornham hebben we nu al een paar jaar geen vijand meer gehad die ons aanviel. Maar er zijn nog veel vijanden op de wereld. De ergste zijn de vijanden van het christendom, de heidense Moren die de wereld proberen af te wenden van God.'
Thomas groeide op en leerde de vaardigheden van een krijgsman en al die tijd had hij zich de vijand voorgesteld als een Moor met een donker gezicht. Als hij het veld af galoppeerde naar een paal met een helm erop, schreeuwde hij altijd: 'Pak aan, Mohammed!' en sloeg het hoofd van de zogenaamde vijand eraf. Als hij aan het worstelen was met de een of andere vlasblonde boerenzoon, mompelde hij: 'Sterf, Saraceen', dreef zijn tegenstander in een hoek en wierp hem op de grond.
Zijn biecht bij vader Gregory had hem er weer aan herinnerd wat ze allemaal hadden gedaan. De mensen hier in Ramsay noemden het nog steeds een kruistocht. Alsof Thomas rechtstreeks naar het Heilige Land was gegaan en het zwaard had gekruist met Saladin zelf. Alsof hij, Thomas van Thornham, het licht van de rechtvaardigheid uitstralend, het kwaad, de een of andere woeste, donkere heiden, een slag had toegebracht. Kruistocht. Oorlog in de naam van een kruis.
Ik ben erin getrapt, dacht Thomas en stond versteld van zijn eigen stommiteit. Achterlijk schaap dat ik ben. En hier sta ik dan, terug in de heuvels van thuis, schilderachtig als een afbeelding in een gebedenboek. Geen werk. Geen vrouw. Als Ramsay een schilderij was, zou ik het in duizend stukjes scheuren en het in het vuur gooien. Die gedachte veroorzaakte strijd in Thomas: hij hield van Ramsay – de ongeduldige mensen, de stoppelige velden.
Laat de mensen maar denken dat ik een held ben. Ze zullen dat niet lang blijven denken. Laat ze maar van hun zelfbedachte sprookjes genieten. Ik ben degene die slecht is.
Hij staarde naar het heldergroene gras dat door de donkere modder aan de oever van de beek heen omhoog kwam.

Gras en modder zijn echt. Gras en modder zijn mooi. Ik zou mijn eigen lichaam terug aan de aarde moeten geven, mijn eigen slechtheid moeten uitdoven. Het gras van Ramsay groener maken.

In het begin was de kruistocht precies zoals hij had gehoopt. Na een heerlijke rit door Frankrijk had de kleine groep van Thomas zich aangesloten bij de ridders van allerlei andere landen die aan de oproep van de paus gevolg hadden gegeven. Ze genoten van de opwinding, ontmoetingen met andere mensen, andere talen en ideeën.
Ze leefden van hun zwaard. En er was geen organisatie, geen idee hoe deze strijdende mannen ingezet moesten worden.
'Keer terug,' werd er gezegd. 'De kruistochten zijn voorbij. Acre, ons laatste bastion in het Heilige Land, is gevallen.'
'Wacht,' werd er gezegd. 'De paus wil een nieuwe kruistocht. Echte christenen aanvaarden niet dat ze zijn verslagen.'
'Maar Koning Lodewijk is dood.'
'Ja, en Saladin ook.'
'De moslims zijn nog nooit zo sterk geweest.'
'Is dat een reden om ermee op te houden?'
'Wacht. Geloof. Wees bereid. We hebben jullie nodig.'
Ze werden door koningen van kleine koninkrijken meegesleept in politieke schermutselingen. Ze werden huurlingen omdat ze moesten eten, huurmoordenaars die probeerden te geloven in de zaken van de mensen die hen betaalden. Sommigen plunderden en stalen in de naam van God. Sommigen raakten betrokken bij de bloedoorlogen tegen de Katharen en moordden op bevel van de Kerk hele gezinnen uit die er een ander gezichtspunt over het christendom op na hielden dan de bisschoppen. Velen werden uit schaamte dronkaards – gewelddadige, gewapende dronkaards.
Op een nacht, in een droom, zag Thomas zich galopperen over het op een helling gelegen veld thuis en zijn lans richten op 'het hoofd van de Moor' dat altijd op een paal achter in het veld stond. Hij galoppeerde steeds harder in woeste opwinding. Hij balanceerde zijn arm en wist vol trots dat hij het hoofd meteen zou

raken. Op het laatste moment zag hij dat het hoofd van de Moor zijn vaders gezicht had. Hij galoppeerde verder, vol van een gevoel van triomf.

Hij hoorde een grote klap en werd wakker. Terwijl hij nog lag te rillen en te zweten na zijn droom, begreep hij dat hij op kruistocht was gegaan om zijn vader een toontje lager te laten zingen en hij verachtte zichzelf.

Hij had er maanden over gedaan om de mannen die met hem mee waren gekomen uit Engeland te verzamelen en om hen over te halen terug naar huis te gaan.

Iets aan de vorm van de rotsen waar hij naar zat te staren, herinnerde Thomas eraan dat er vlakbij een meertje was, een stukje verder stroomopwaarts. Hij klopte zachtjes op Daisy's hals. Ze hief haar hoofd op en draaide haar oren naar zijn vermoeide stem. 'Kom op meid, laten we eens een zwemplek gaan zoeken.' Ze keerden stroomopwaarts en liepen langs de beek tot ze bij het meertje kwamen. Het was een mooi, diep meertje, precies zoals in Thomas' herinnering. Hij liet Daisy grazen, trok zijn kleren uit en nam een duik in het ijskoude water.

Hij was naar vader Gregory toe gegaan in de hoop een stevige boetedoening te krijgen en de absolutie. Hij hoopte tegen beter weten in dat hij de lei schoon kon vegen en een nieuwe start kon maken. Toen hij de vragen van de priester beantwoordde, leek het of hij alles wat hij ooit had gedaan om de verkeerde reden had gedaan: om zijn vader een plezier te doen, om zijn vader dwars te zitten, om te ontsnappen. Het was onmogelijk om ver genoeg terug te gaan om opnieuw te kunnen beginnen. Hij had beter moeten weten. De priester had beloofd over een paar dagen met de boetedoening te komen en stuurde hem weg met alleen de zegen.

Thomas schuurde tegen het koude grind, nam nog een laatste duik en droogde zich af met zijn hemd. Toen trok hij zijn kleren weer aan en draafde naar Thornham Manor om zijn vader op te zoeken.

4

Gregory

ADER GREGORY ZAT OP ZIJN KNIEËN OP DE KOUDE, stenen vloer van zijn kamer, tot hij merkte dat de vertrouwde pijn in zijn knieën hem afleidde van de meer nuttige pijn van zijn gedachten. Hij stond op en staarde afwezig uit het raam dat op de moestuin uitkeek, helemaal ontmoedigd door de zonden die aan hem waren opgebiecht. Wat zou hij graag willen dat hij gewoon een formule kon mompelen en die zonden als ongeopende pakketjes door kon sturen naar God. Maar zo ging het niet. Hij, Gregory, moest zo nodig van zichzelf de oplossingen gewoon hier op aarde zoeken.

Geen enkel gezin in Ramsay dat die acht jaar gescheiden was geweest, was weer echt een gezin. Hoe kon dat ook? De kruisvaarders die waren teruggekomen en die onbekommerd moord, diefstal, verkrachtingen hadden opgebiecht, waren verontwaardigd over hoe hun vrouw of kinderen waren veranderd. De vrouwen, hoe ze ook hadden geprobeerd van de thuiskomst van hun man een blije gebeurtenis te maken, waren bang van de veranderingen in hun man en van een gevoel van afstand in henzelf. Ze hadden te goed geleerd om het zonder elkaar te redden.

Dan had je ook frater Paulus nog, die het vuurtje van ontevredenheid vrolijk opstookte. In de vorm van een gebed aan het eind van het feest van de thuiskomst had de frater een vloek uitgesproken over de vrouwen die een andere man hadden genomen en hij had hun kinderen 'nakomelingen van Satan' genoemd. Gelukkig, dacht Gregory, hadden maar weinig kinderen het gehoord omdat ze haasje-over aan het spelen waren of de nieuwe paarden bekeken.

Gregory rechtte zijn schouders. En Thomas van Thornham? Zijn grote, vierkante vingers die hij door het rooster van de biechtstoel had gevlochten, hadden het hout zo hard vastgepakt, dat ze helemaal wit waren geworden. Voor zover Gregory had kunnen zien, liepen er tranen over zijn gezicht. Maar zijn stem was tijdens de lange biecht vlak gebleven. Het was de stem van iemand zonder hoop, bijna van een krankzinnige.
En Elenor? Zou haar vrolijkheid aan Thomas verspild zijn en wegzakken in het drijfzand van de desillusies van die arme man? De angst hiervoor lag als een steen op de borst van vader Gregory en was zo sterk dat hij weer op zijn knieën gleed.
'Spreek door mij, God. Vergeef hen en help hen zichzelf te vergeven. *Kyrie eleison*, Heer, wees ons genadig.'

Lang voor de ochtendschemering werd vader Gregory wakker met een idee dat zo verrassend was, dat hij meteen rechtop in bed zat. Toen Carla naar beneden stommelde om het vuur voor het ontbijt aan te maken, zag ze tot haar grote verbazing dat de priester al hout voor haar had gehaald, het melken voor Billy had gedaan en als een bezetene bezig was een nieuw stukje moestuin te schoffelen.
'Goedemorgen, vader Greg!' riep ze. 'Heeft u de fontein van de jeugd ontdekt?'
Neuriënd ging vader Gregory door met zijn werk en probeerde een beetje rustiger te worden, zodat hij kon nadenken over het idee dat hij had gekregen.

Nadat hij drie dagen lang achter Heer Robert aan over het landgoed had gereden, drie dagen waarin hij zich steeds eenzamer en minder welkom voelde, ging Thomas terug naar Ramsay om zijn penitentie te ontvangen. Vader Gregory vroeg Elenor ook naar de kapel te komen. Ze gingen allebei op hun knieën zitten, een meter van elkaar. Slecht op hun gemak wachtten ze af wat hij in 's hemelsnaam tegen hen samen had te zeggen. Ze wilden allebei even alleen met de priester praten, maar vader Gregory was ongewoon formeel en onbewogen. Zijn woorden kaatsten tegen de stenen muren en klonken als de plechtige beloften bij een sacrament. Even was Elenor ontzettend bang dat hij hen hier had geroepen om het maar achter de rug te hebben en hen op dit moment te trouwen.

'Zouden jij, Thomas, en jij, Elenor, bereid zijn boete te doen voor deze hele dorpsgemeenschap?'

Ze zeiden allebei ja, eerst Thomas, en daarna Elenor, een verwonderde uitdrukking op haar gezicht.

'Zouden jullie bereid zijn om het belang van jullie eigen geluk opzij te zetten voor de spirituele gezondheid van alle mensen van Ramsay?'

Weer knikten ze allebei en Elenors lippen vormden zwijgend een vraag.

Vader Gregory haalde eens heel diep adem, als een man die op het punt stond van een hoge rots af te duiken. Elenor en Thomas bogen allebei voorover, klaar om hem op te vangen, en gingen toen verlegen weer rechtop zitten.

'De boetedoening die ik jullie voor het welzijn van onze hele gemeenschap opleg, houdt in dat jullie een document, met daarin opgetekend onze zonden en ons berouw, naar de plek in Spanje moeten brengen waar Sint Jacobus vereerd wordt. Leg dit op het altaar van de kathedraal in Santiago en bid daar voor ons allemaal.

Jullie zullen samen reizen maar moeten kuis blijven.

Jullie huwelijk mag pas worden voltrokken als de bedevaart, jullie pelgrimstocht, is volbracht.'

Een ogenblik lang bleven ze in de kleine stenen kapel geknield voor de oude man zitten. Elenor was zo verwonderd dat ze het gevoel had dat haar hart uit haar lichaam zou bonken. En toen stonden ze allebei weer op hun voeten. Elenor, opgetogen en ongelovig, omhelsde de priester. Thomas had nog steeds het ernstige gezicht dat hij had getrokken om zijn boetedoening te ontvangen, omdat hij niet zeker wist hoe hij zich voelde.

Elenor stormde de keuken binnen en kondigde het nieuws aan. Helen gaf een gil. Maude gooide een soeplepel in de lucht. Carla gooide haar armen om Elenor heen, tilde haar op en barstte daarna in snikken uit.
'Een van ons, iemand uit ons eigen midden, met de jacobsschelp, de pelgrimsschelp!' fluisterde Maude vol ontzag.
'Wat is dat voor schelp?' vroeg Elenor.
'De jacobsschelp die je op je hoed draagt als je de bedevaart naar Santiago hebt volbracht,' legde Helen uit.
'Wat voor hoed?'
'Een grote, zwarte hoed. Die hoort bij je staf en de kalebasfles, zodat iedereen kan zien dat je een pelgrim bent,' zei Helen druk gebarend. Elenor sloeg haar handen voor haar gezicht en voelde zich heel erg dom. De kinderen kwamen nu om haar heen staan en vroegen honderd uit.
'Is het ver weg, Ellie?'
'Ben je morgen weer thuis?'
'Breng je een geel vogeltje voor me mee?'
'Mag ik mee?'
'Vader Greg! Daar bent u!' hoorde ze Carla zeggen. 'Kom bij het vuur zitten en vertel ons eens een verhaal. Deze kleine veldmuisjes hier moeten meer weten over waar onze Ellie heen gaat.'

Maude stookte het vuur op en riep Billy erbij. Carla riep Thomas, maar die was nergens te vinden. Elenor zat op de grond tegenover vader Gregory, haar rug tegen Carla's knieën. Een van de honden kwam bij haar liggen met zijn kop op haar schoot. De kinderen gingen om de priester heen zitten terwijl Helen rustig doorging met groente snijden en onderwijl luisterde.
Gregory ging achterover zitten. De warme vuurgloed speelde op zijn gezicht. Hij legde zijn hand eerst op het hoofd van het ene kind en toen van een ander.
'Het verhaal begint in Galilea. Een land van melk en honing, een land van vis en granaatappels; een land waar...' Zijn stem stierf weg en hij keek een van de kinderen aan.

'Waar Jezus opgroeide.'
'Precies. Jezus groeide als jongen op in Galilea. Hij werkte er als timmerman, maar hij viste ook. Zijn oom Zebedeüs was visser op de Zee van Galilea en zijn neven Jacobus en Johannes waren ook visser.
Neef Jacobus was luidruchtig en sterk en kon het beste zwemmen van allemaal. Toen hij ongeveer vijftien was, kon hij, balancerend in de boot van Zebedeüs, het net al binnenhalen dat loodzwaar was van alle vis die erin zat. Zonder een spier te vertrekken!
Toen Jezus de mensen begon te onderwijzen in de boerderijen en de dorpen rondom de Zee van Galilea, waren Jacobus en Johannes al volwassen mannen, maar zij lieten hun werk in de steek om met hem mee te gaan en gaven hun visvangst aan de mensen die hem volgden. En Zebedeüs was wel oud, maar hij hielp ook mee door mensen in zijn huis te laten slapen als het regende.
Je kunt je dus wel voorstellen hoe ze zich allemaal voelden toen Jezus werd gekruisigd. Jacobus was zo verdrietig en zo boos, dat hij vond dat hij meer moest gaan doen dan alleen maar vissen. Als hij Jezus niet levend en wel om zich heen kon hebben, dan kon hij wel zijn ideeën levend houden. Jacobus herinnerde zich alle dingen waar Jezus altijd over sprak en herhaalde ze tegen iedereen die hij tegenkwam.
Jacobus had een galmende stem en de mensen luisterden naar hem. Na een tijdje kwam hij terecht aan de Middellandse Zee en praatte met de zeelieden daar. De kapitein van een schip liet Jacobus gratis helemaal meevaren naar Spanje, aan de andere kant van de zee. In Spanje hadden de Romeinen ook koloniën, net als in Judea. Gebieden waar de mensen visten en op het land werkten en wijngaarden hadden. Jacobus preekte daar. Hij richtte hier en daar een kerkje op. Toen ging hij weer aan boord van een schip en voer terug naar Judea.
Toen Jacobus in Judea aankwam, was Herodes daar koning.
Vader Gregory zweeg even, pakte de pook en stookte het vuur wat op. 'Weten jullie nog wie Herodes was?' vroeg hij aan de kinderen.

'Hij was toch de koning die alle baby's doodde omdat hij bang was dat ze de Verlosser konden zijn?'
'Ja. De oude Herodes was gek, bang om zijn macht te verliezen en de nieuwe Herodes was net zo wreed. Overal in zijn koninkrijk waren er mensen die zich christenen noemden en die de leer van de christenen verkondigden, veel andere mensen aantrokken en kerken stichtten. Toen Herodes te weten kwam dat Jacobus, de neef van Jezus, was teruggekomen uit Spanje, stuurde hij een paar soldaten naar hem toe en... weet je wat die deden...'
Gregory keek om zich heen naar alle opgeheven gezichten en legde langzaam zijn handen om zijn nek.
'Ze hakten zijn hoofd eraf.'
De kinderen schoven ongemakkelijk heen en weer en de honden keken geïnteresseerd op.
'En jullie denken nu dat dat het einde is van het verhaal van Jacobus? Nee, dus,' zei Gregory en zette zijn ellebogen op zijn knieën.
'Na de terechtstelling kwam er in Jaffa een schip aan, dat helemaal van steen was gemaakt en dat werd bemand door ridders die geen woord spraken. Die ridders pakten het lichaam van Jacobus op en voeren weg.
Het stenen schip stak de Middellandse Zee over en voer de grote oceaan op die achter de Zuilen van Hercules begint. Na zeven dagen bereikte het schip de westkust van Spanje. Het meerde aan in een inham tussen de rotsen. Deze inham was een heilige plek, de drempel van het domein van een heidense priesteres die magie in haar vingers had. Toen de priesteres het schip zag, hief ze haar gezicht naar de nachtelijke hemel op en huilde als een wolf. Er kwamen wilde stieren de berg af gerend en die duwden het schip naar een begraafplaats die Compostela werd genoemd, het sterrenveld. De ridders bedekten het schip met aarde en verdwenen. Elenor zag dat de meeste kinderen met open mond zaten te luisteren en deed haar eigen mond weer dicht. Compostela. Er gleed een rilling over haar rug.
'Denken jullie dat dit nu wèl het einde van het verhaal is?'

Een paar kinderen schudden hun hoofd. Gregory leunde voorover, zijn vingertoppen tegen elkaar.
'Hebben jullie wel eens van de Moren gehoord?'
Er waren weer kinderen die knikten en een paar kinderen sloegen hun armen over elkaar.
'Ongeveer vijfhonderd jaar geleden kwamen de Moren vanuit Afrika naar Spanje onder het vaandel van de profeet Mohammed en overal in Spanje verlieten de mensen hun kerk en begonnen tot Allah te bidden in de moskeeën van de Moren. De Moren waren zulke machtige krijgers en de mensen waren zo bang voor hen, dat al gauw de enige mensen in Spanje die nog christen waren, in het uiterste noorden woonden, in de bergen daar en in het gedeelte aan de zee waar de heidense koningin had geheerst. Op een avond hadden een paar van de laatste christensoldaten hun kamp opgeslagen in de bergen en zaten ineengedoken in een grot, bijna bereid om alles maar op te geven.
En toen, zo wordt gezegd, verscheen hun een heldere ster. Ze volgden de ster naar Compostela, en daar zagen ze het schip dat het graf was van Sint Jacobus glinsteren in het donker. Ze bouwden er een kerk omheen. Ze gingen bidden en kregen weer moed. Bij de volgende veldslag werden ze geleid door een visioen van Sint Jacobus die voor hen uit reed op een wit paard. Ze wonnen die slag en nog veel meer veldslagen en daardoor werd Spanje weer een land van christenen, zoals Jacobus zo veel jaren geleden had bedoeld.'
'Is dit verhaal echt gebeurd?' vroeg Billy.
'Wat denk je?' vroeg vader Gregory. Er viel een lange stilte. Uiteindelijk was het Elenor die iets zei.
'Jacobus de visser heeft echt bestaan...' Er werd alom geknikt. 'En misschien de heidense priesteres en de wilde stieren ook.' Nu was er geknik en geschud van hoofden. 'En ik denk dat de rest is verzonnen.'
'Door mij?' vroeg vader Gregory.
'Nee!' zeiden alle kinderen.
'Door de soldaten?' zei een kind.

'Ik weet het niet,' zei Gregory. 'Waarom zouden ze het hebben verzonnen?'
'Om beter te kunnen vechten?' zei Billy.
'Misschien wel,' zei Gregory.
'Waarom gaan de mensen daar nog steeds naar toe?' vroeg Maude.
'Waarom gaat Ellie daar naar toe?'
'Het is een goede plek om te bidden,' zei vader Gregory. 'Het is altijd al een goede plek geweest om te bidden. Zelfs in de dagen van de heiden-koningin.'

5
Het vertrek

UN JE PAARDRIJDEN?' VROEG THOMAS, DIE Elenor onverwachts in de stal kwam opzoeken.
'Kan een eend zwemmen?' mompelde ze binnensmonds. Hij herinnert zich mij helemaal niet meer, dacht ze. Ik kan al paardrijden sinds ik kan lopen. Hij kent de paarden waarschijnlijk niet eens meer.
'Dit is Clovis,' zei ze en aaide de benige rug van het oude werkpaard. Thomas haalde een raap uit zijn zak en Clovis slobberde de raap dankbaar uit zijn hand op. Zijn handen zijn zo groot als borden, dacht Elenor en keek aandachtig maar vol afschuw hoe Thomas zijn handen schoon veegde aan wat stro.
'Clovis was nog jong toen ik vertrok.'
'Dan heeft hij zeker harder gewerkt dan jij,' zei Elenor. Ze had grappig willen zijn, maar was blij dat ze gemeen was.
Thomas zweeg en aaide Clovis. 'Hij is wel nuttiger geweest,' zei hij en liep naar de volgende stal.
Elenor liep een beetje beschaamd achter hem aan. 'Dit is Mab, het liefste paard van de hele wereld.' Ze liet haar hand over de glanzende flank van Mab glijden en kreeg plotseling de neiging om een beetje indruk op Thomas te maken en hem te laten zien wat ze kon. 'Ze is zo snel als de wind. Kijk maar.'
Ze leidde Mab haar stal uit en praatte heel even zachtjes tegen haar. Toen greep ze de manen van de merrie vast, sprong op het ongezadelde paard en galoppeerde er vandoor. Achter zich hoorde ze een geluid dat op een lach leek. Toen Thomas haar inhaalde op Daisy, keek ze hem aan met haar kin in de lucht.
'Daisy is blij dat ze ons niet allebei over de Pyreneeën hoeft te dragen,' zei Thomas.

Elenor vroeg hem niet wat de Pyreneeën waren. Ze zou het wel aan vader Gregory vragen.
'Hou eens vast.' Vader Gregory gaf Thomas een bundeltje smeulende lappen. 'Zwaai hiermee als je bijen op ons af ziet komen.' Behendig sneed de priester de honingraat los en legde haar in stukken op een grote houten snijplank. Er zoemden een paar bijen dreigend om hen heen; Thomas wapperde met de lappen en draaide ze zo dat ze in de wind kwamen en begonnen te smeulen en te roken. Vader Gregory ving de honing op, de eerste, dunne, lenteoogst. Thomas keek toe, even afgeleid van zijn zorgen.
Vader Gregory zette de bijenkorf behoedzaam weer op zijn plaats, raapte zijn mes op en legde het op de houten plank.
Thomas liep achter de priester aan zijn huis binnen. Vader Gregory schonk hem een kroes bier in en pakte er zelf ook een voor hij begon te praten.
'Ik neem aan dat alles goed gaat met Heer Robert?'
Thomas knikte en wreef met zijn grote handen over zijn knieën. Hij leek niet erg op zijn gemak.
'Heeft hij je nodig, Thomas?' vroeg vader Gregory. Waar zit die man toch met zijn hoofd? vroeg hij zich af. Hij geeft geen direct antwoord. 'Denk je dat Heer Robert het landgoed kan beheren zonder jou?'
'Natuurlijk,' zei Thomas. Hij herinnerde zich maar al te goed wat zijn vader had gezegd en de afwijzende manier waarop: 'Ik hoop dat je begrijpt, Thomas, dat je alleen in naam de Heer van Ramsay bent. Met Leicester is overeengekomen dat ik het werkelijke beheer blijf doen.'
'Maar ik geloof dat je je zorgen maakt,' zei Gregory behoedzaam. Hij wilde niet bemoeizuchtig zijn. 'Zul je deze bedevaart wel met heel je hart maken, Thomas?'
'Waarom stuurt u me op die bedevaart, vader?' barstte Thomas uit. 'Was dat mijn vaders idee? Heeft u dat met hem geregeld?'
'Nee,' zei Gregory. Hij keek over de rand van zijn kroes naar Thomas, zette hem neer en glimlachte.
'Om je de waarheid te vertellen, Thomas, dat hele plan kwam in

mijn slaap op. Ik wil het toeschrijven aan de Heilige Geest, maar dat is misschien een beetje vrijpostig van me.'

Thomas stond op en liep naar het raam, waar hij met zijn rug tegen het licht bleef staan. Vader Gregory zag zijn gestalte maar niet de uitdrukking op zijn gezicht.

'Waarom een bedevaart, vader, een pelgrimstocht? Is dat niet een soort vlucht?'

'Een pelgrimstocht kan de ziel genezen, Thomas.'

'Als het rijden over stoffige wegen goed voor de ziel zou zijn, was ik een heilige engel, vader.'

Vader Gregory zuchtte. 'Jij gelooft niet dat het de mensen hier kan helpen als hun zonden naar Sint Jacobus worden gebracht?'

Thomas nam een slok bier en staarde naar buiten. Hij begreep heel weinig van de kloof tussen de penitenten en de anderen in Ramsay. Maar hij dacht aan de mannen met wie hij had gereisd en over de zonden waarover ze hadden opgeschept en de zonden die ze verzwegen. Hij knikte aarzelend.

'Misschien wel.'

'Doe het dan voor hen, Thomas.'

Er kwam een bij binnengevlogen, op zoek naar de honingdief; hij ging op de rand van Gregory's kroes zitten.

'Er is nog een reden waarom ik wil dat je op pelgrimstocht gaat, Thomas, en dat zit zo. Jij bent uit het goede hout gesneden en Ramsay zal je spoedig nodig hebben. Maar op dit moment hebben de mensen eerder vergeving nodig, vergeving en het gevoel een nieuw begin te kunnen maken.

Terwijl jij en Elenor op zoek gaan naar vergeving voor Ramsay, wil ik dat jullie je voorbereiden op het werk dat jullie zullen moeten doen als jullie hier weer terug zijn.'

'U denkt dat er dingen zullen... veranderen?' Vader Gregory hoorde voor het eerst een sprankje belangstelling in de stem van Thomas.

'Ik denk dat de tijd voorbij is dat de boeren de adel werkelijk nodig hadden voor hun bescherming. Volgens mij zouden de boeren voor zichzelf kunnen zorgen als ze niet ook nog eens de edelen moesten voorzien van voedsel. Behalve vechten en belasting

innen denk ik dat er ook andere dingen zijn die een edelman kan doen en zou moeten doen om in zijn eigen onderhoud te voorzien. Heer Robert doet het niet slecht, naar zijn beste vermogens althans, maar hij, of jij, zou het beter kunnen doen.'
Thomas kwam weer terug naar de tafel en ging tegenover Gregory zitten, keek in zijn kroes en draaide de inhoud rond. 'Er zijn meer ridders als ik die in Europa rondzwerven dan er vlooien zijn op een hond. We hebben onze erecode verzaakt. We worden bandieten, vader. Ik schaam me voor wat we geworden zijn.'
Vader Gregory schudde een bij van zijn arm.
'Dan is het moment aangebroken om te veranderen, Thomas. Op reis zijn is een manier om iets te ontdekken over veranderingen. Praat met mensen. Kijk eens hoe het bestuur werkt in andere plaatsen en wat verstandige edelen met hun horigen en pachtgoed doen. Als je goede ideeën ziet, zou het geen kwaad kunnen zulke dingen eens met Ellie te bespreken.'
Thomas stond op en liep met zijn kroes naar de emmer om hem om te spoelen. 'Elenor is te jong,' zei hij.
'Jong zijn is geen zonde,' zei vader Gregory. 'Ze heeft ideeën die het waard zijn om naar geluisterd te worden.'

'Zullen we van de winter niet thuis zijn?' vroeg Elenor.
Niemand wist het.
Elise maakte voor beide pelgrims een paar stevige sandalen. Carla breidde dikke wollen sokken, 'je weet maar nooit'.
Maude naaide de kleren en volgde daarbij de instructies van vader Gregory op: 'Sterk, lelijk en geschikt voor elk weertype.' Een soort rokbroek, twee stuks, allebei hetzelfde, donkerbruin.
Net als Thomas kreeg Elenor ook twee eenvoudige linnen hemden, een zware mantel en een hoed met een brede rand.
'Zeg alsjeblieft dat ik er met deze hoed niet uitzie als een paddestoel,' smeekte ze Helen.
'Je ziet er niet uit als een paddestoel met die hoed,' zei Helen iets te snel en gooide toen haar schort over haar gezicht zodat Elenor zag dat ze haar vingers gekruist hield.

Paarden werden nu het onderwerp van gesprek. Ze kozen de twee beste uit: Daisy en Mab.
'Mag ik ook verf meenemen?' vroeg Elenor. 'Er zal zo veel te zien zijn.'
'Nee,' zei Gregory.
'Mag ik haar meenemen,' vroeg ze weer en liet vader Gregory een lappenpop zien die Carla jaren geleden voor haar had gemaakt.
'Nee,' zei Gregory.
Thomas probeerde stiekem wat visspullen tussen zijn bagage te stoppen.
'Nee!' zei vader Gregory en haalde het net en de haken er weer uit en gooide alles op de grond.
Tijdens de mis vertelde hij dat de enig juiste manier om op bedevaart te gaan was niets mee te nemen, alleen innerlijke bezieling en de minimale behoeften die lichaam en ziel bijeenhouden.
'Op bedevaart gaan betekent pijn lijden,' zei hij en keek de penitenten onder zijn gehoor strak aan. 'Een bedevaart is pijnlijk en zwaar. Hoe zouden anders onze zonden kunnen worden kwijtgescholden door een bedevaart?'
Vader Gregory tekende een kaart. Ze moesten bij Yarmouth Het Kanaal oversteken en vervolgens Frankrijk in oostelijke richting doorkruisen om zich bij de stroom pelgrims te voegen die vanuit Parijs naar het zuiden trok. Frater Paulus noemde de stroom pelgrims lyrisch 'een grote, reinigende rivier; het levensbloed van de Kerk dat naar Santiago vloeit en weer terug; Santiago, het hart van het christendom'.
'Frater Paulus, bitter en bloed dus,' zong Elenor zachtjes in Helens oor. 'Heer Thomas ziet eruit alsof hij op het punt staat over te geven in zijn hoed.'

25 april, de dag van Sint Marcus, werd gekozen als de dag van hun vertrek. Heel Ramsay, en ook Thornham, stond op bij het klokgelui voor het ochtendgebed. Boeren, kinderen, honden, mensen die zieken bij zich hadden en baby's, iedereen verzamelde zich in het donker en stak rokerige toortsen aan om de pelgrims naar de brug te brengen.

De paarden steigerden een beetje. Elenor en Thomas moesten de teugels strak houden. Er liepen aan alle kanten mensen om hen heen. Billy speelde lofzangen op zijn fluit; een andere jongen sloeg op een trom. Heer Robert reed achter de stoet aan en was in een diepgaand gesprek gewikkeld met frater Paulus. Vader Gregory liep vooraan tussen twee toortsdragers en zong de lofzangen voor, zijn ogen halfdicht.

Elenor vond iedereen veel te ernstig kijken, zelfs de kinderen, die nog wit zagen van de slaap. Ze staarde elk kind aan, want ze was zich er plotseling van bewust dat ze iedereen achterliet, en probeerde beelden in haar hoofd te bewaren om mee te nemen. Ze zag vooral de bruine, grijze en paarsige kleuren van het platteland voor de ochtendschemering inviel, flarden nevel en rook, en de bovenkant van de hoofden van de mensen.

Toen ze bij de brug aankwamen, stegen Thomas en Elenor af. Iedereen knielde op het bedauwde gras terwijl eerst frater Paulus en daarna vader Gregory hun de zegen gaf. Vader Gregory had de gebeden en de opgebiechte zonden van de mensen op perkament geschreven en dit in een leren buideltje verzegeld. Hij gaf dit buideltje aan Elenor. Zijn woorden schalden over de hoofden van de knielende mensen.

'Elenor, leg aan de voeten van Sint Jacobus de zonden van onze mensen en hun voornemen om voortaan op het pad van de Heer te blijven en hem te dienen door een eerlijk, hardwerkend leven te leiden. Neem voor ons de absolutie, de vergeving voor onze zonden in ontvangst, zodat we de zonden en zorgen uit het verleden kunnen vergeten en vrij als kinderen van God kunnen leven. Ga in vrede.'

'Amen!' brulde de menigte – Carla, Maude, Billy en alle anderen. Elise en Helen zetten Elenor op Mab; ze hielden hun handen heel even om haar voet en aan haar rok geklemd. Toen reden Thomas en Elenor de brug over en verdwenen in een nevelige stilte die slechts werd verbroken door het zingen van de vogels toen de zon de eerste hoge takken van de bomen beroerde.

6
Vogel uit het Oosten

IK ZOU ECHT GELUKKIG ZIJN, DACHT ELENOR, ALS ik maar goed gezelschap had. Ze hief haar gezicht op naar de zon, die schaduwen maakte op de bomen. Mab draafde dansend over het pad. Elenor bedacht het ideale reisgezelschap: Helen, Elise. Billy misschien.

Elenor probeerde ver voor Thomas uit te rijden. Hij zit op zijn paard alsof een pelgrimstocht een vervelende klus is, dacht ze. Spelbreker.

Ze reden door moerasland en turfland en lieten de eenden verschrikt opvliegen. Vlak bij Walney Cross kwamen ze pelgrims tegen die op weg waren naar de plaatselijke vereringsplaats. Sommigen zagen er saai uit zoals zijzelf, anderen waren juist kleurig gekleed en hadden tinnen heiligenbeeldjes op hun kleren en hun muts genaaid; sommigen zaten trots op een paard, anderen waren te voet en sleepten verlamde ledematen achter zich aan. Elenor wilde dat er iemand bij haar was om dingen mee te delen. Een gevoel van heimwee spoelde over haar heen; ze zou zo in tranen kunnen uitbarsten.

Thomas dacht aan Gregory. Het is maar een kleine taak die de priester me heeft opgedragen, dacht hij, alleen maar naar Compostela gaan en weer terug naar Ramsay. Ik kan dat goed of slecht doen en het zal niemand behalve mij veel uitmaken. De opluchting maakte zijn gezicht zachter. Hij voelde zich veiliger als hij zijn gevoelens achter een masker kon verbergen.

Hij moest er wel aan denken dat hij niet alleen was. Hij moest proberen te praten. De laatste maanden waren mensen onwerkelijk geworden voor hem. En de priester had hem weer de simpel-

ste uitdaging gegeven: hij hoefde alleen maar met Elenor te kunnen opschieten.
Het kleine kreng, dacht Thomas, was zo geslepen als een konijn en zo alert als een sprinkhaan met zijn voelsprieten uit. Het had geen zin een houding aan te nemen bij haar; zij zou een masker herkennen. En hij had geen idee hoe hij het haar naar de zin kon maken. Ze leek altijd te wensen dat hij iemand anders was.

Een groepje pelgrims te paard dat vlak voor Elenor reed, lachte uitgelaten. Ze spoorde Mab aan dichterbij te gaan lopen. Het middelpunt van alle aandacht was een stoere, grijsharige man die steeds zijn hoofd achterover gooide en bulderend om zijn eigen verhaal lachte. Elenor was verrukt. Iedere keer als hij lachte, lachte zij ook. Ze luisterde nauwelijks naar zijn woorden en hoorde alleen dat hij het vaak over 'copuleren' had, wat dat ook mocht zijn.
Thomas kwam naast haar rijden en legde een hand op de teugels van Mab. 'Laten we wat achterblijven en deze pelgrims voor ons uit laten rijden.'
Elenor trok de teugels uit zijn hand. 'Ik rijd waar ik wil,' zei ze stug, 'en ik wil het eind van het verhaal horen.'
Thomas keek naar een plek ergens achter haar oor. 'Zulke verhalen...' zei hij.
Elenor was plotseling woedend. 'Wat heeft *u* daar mee te maken, heer? Ik kan wel een lach gebruiken na zo'n hele dag rijden met het hoofd van een Moor!'
Met kaarsrechte rug reed ze door. Langzaam maar zeker drongen de woorden van het verhaal van de grijsharige man tot haar door en ze voelde een blos omhoog kruipen. Ze wilde dolgraag doen wat zij en Helen dan meestal deden: haar schort over haar hoofd gooien. Maar ze was een pelgrim nu en had geen schort. En geen Helen.

Na Walney reisden ze weer samen verder in een pijnlijke stilte. Er kwam een vrouw hun richting uit met bezems.

'Wat een mooie bezems heeft u,' zei Elenor bij wijze van groet.
'Gaan jullie naar Moddsbury?' vroeg de vrouw. 'Er is markt, maar de mensen kopen niets.'
Markt, dacht Elenor. Andere mensen. God zij dank.
Toen er steeds meer mensen op de weg kwamen, stegen ze af en leidden de paarden bij de teugel. Elenor was blij dat ze haar benen even kon strekken. Thomas kocht een paar winterappels en gooide er één naar haar toe. Toen ze een hap nam, zag Elenor hoe hij voorzichtig naar haar keek; snel keek ze een andere kant op.
Het centrum van Moddsbury. De markt stond om twee grote iepen heen. Een vrouw balanceerde op een touw dat tussen de twee bomen gespannen was. Ze schommelde en danste heen en weer, haar grote eeltige voeten op dezelfde hoogte als Elenors gezicht. Zo zeker van zichzelf en zo sterk. Elenor wilde dat ze papier en houtskool had.
Een klantenlokker probeerde boven het lawaai uit te komen en daagde de mannen uit om aan een krachtmeting mee te doen. Er stond een vat naast hem. Het vat hing met twee touwen aan een katrol en een stevig leren handvat.
'Komt dat zien, allemaal! Als er hier ook maar iemand is, wie dan ook, kort of lang, dik of dun, die sterk genoeg is om dit vat wijn in deze kar te tillen, dan zal hij een prachtige prijs winnen... een exotische vogel uit het Oosten die dag en nacht voor u zal zingen!'
Met een steelse blik zocht de klantenlokker de menigte mensen af.
'Voor slechts een halve penny heeft u een kans om deze prachtige vogel voor uw meisje te winnen. Jij daar, pelgrim!' riep hij toen hij Thomas zag. 'Die zwarte hoed is niet gemaakt om je eronder te verstoppen!'
De menigte lachte en de mensen draaiden zich naar hen om.
'Kom hier en laat eens zien of een pelgrim nog iets anders kan dan bidden!'
'Wil je een vogel?' vroeg Thomas opeens. Elenor keek bijna achterom om te zien tegen wie hij het had. Van pure verrassing trok

ze haar wenkbrauwen op en knikte. Thomas gaf haar Daisy's teugels en stapte naar voren.

De menigte juichte toen Thomas zijn hoed afgooide. Een man naast Elenor zette met een grote zwaai een kind op zijn schouders opdat het beter kon zien. Elenor vond een kruiwagen om op te staan, sloeg een arm om de hals van Mab en hield Daisy's teugels losjes vast.

Ze zag hoe de klantenlokker naar een andere man knipoogde. Thomas zag er belachelijk uit, groot en slecht op zijn gemak. Hij zag er ook uit of hij het vat met wijn makkelijk op kon tillen, zelfs zonder de katrol. Maar klantenlokkers op een kermis stonden hoog op de lijst van schurken waar Carla haar voor had gewaarschuwd: 'Zo glad als de schoenen van de duivel,' had ze gezegd.

Thomas gaf zijn halve penny en de klantenlokker gaf hem een leren handschoen. Thomas deed die aan, greep het handvat beet en trok aan het touw. Hij zocht naar het moment waarop het vat door zijn gewicht omhoog zou komen. Dat gebeurde niet. Het vat voelde even zwaar aan als de grond waar het op stond. Hij trok en trok met zijn hele gewicht. Er gebeurde niets.

De bewondering van de menigte sloeg om in gelach en gehoon. Thomas werd voor gek gezet. Achter Thomas' rug rolde de klantenlokker met zijn ogen en maakte de menigte aan het lachen. Thomas worstelde met het touw en gooide het toen vol afschuw van zich af. Hij pakte het vat zelf beet en legde zijn gezicht er tegenaan. De spieren in zijn nek bolden op en zijn handen pakten de uiteinden van het vat vast. Het zweet stroomde over zijn gezicht en zijn hemd kleefde aan zijn rug. Het gelach stierf weg. De menigte hield de adem in. Langzaam tilde Thomas het vat van de grond; hij schommelde op zijn benen onder het gewicht. Toen gooide hij het vat neer en het spleet open. Er rolden allemaal stenen uit.

Er klonk een gegrom uit de menigte. Er spuugde iemand naar de klantenlokker en Elenor zag hoe er vuisten werden gebald en werden opgeheven. De man haalde snel een grote, in een doek gewikkelde vogel uit zijn kar. Hij duwde het beest tegen de borst van Thomas en leidde de aandacht van de menigte af door de mensen op te roepen de kampioen toe te juichen.

Thomas zwaaide zijn mantel om zich heen en haastte zich door de menigte, de vogel onder zijn arm geklemd alsof hij hem had gestolen. Hij voelde zich misselijk.

Elenor had met open mond en suizende oren toegekeken. Ze luisterde naar het bewonderende commentaar van de vrouwen om haar heen met verlegenheid, ontzag en een spoortje trots. Ze was geboeid, maar de intensiteit van de inspanningen van Thomas, het zweet en de uitpuilende spieren vervulden haar ook van afkeer. Ze vroeg zich nieuwsgierig af: had zijn hart het kunnen begeven en had hij dood kunnen gaan?

Toen het voorbij was, bleef ze stokstijf op de kruiwagen staan en zag Thomas weglopen. Net voor ze hem uit het oog verloor, sprong ze op Mab en reed achter hem aan, Daisy bij de teugel leidend. Ze haalde hem in op de weg die Moddsbury uit ging.

Ze glipte van haar paard af. 'Waar is mijn vogel?' vroeg ze buiten adem. Thomas draaide zich om. Hij ziet zo wit als een paddestoel, dacht Elenor. Zijn gefronste gezicht ontspande zich. Hij trok een wenkbrauw op.

'Fabelachtige vogel,' zei hij, nog steeds buiten adem. Zijn stem was schor en hij hield de vogel geheimzinnig achter zijn rug.

'Kwaak,' klonk het opeens. Thomas gaf de vogel aan Elenor, die voorzichtig de doek weghaalde. Het kopje van een boze eend kwam te voorschijn. Een eend als de duizenden eenden die hun nest aan het maken waren op iedere graspol in de moerassen.

'Vogel uit het Oosten!' zei Elenor op een toon waarop oneerbiedige mensen zeggen: 'Moeder Maria!' Elenor en Thomas keken elkaar aan.

'We moeten haar terug naar huis brengen,' zei Elenor.

'Vogel,' vroeg Thomas aan de eend, 'waar is jouw huis?' De eend bewoog een beetje, nestelde zich toen onder Thomas' elleboog en drapeerde haar nek over zijn onderarm. Hij aaide afwezig over haar nekveren en liep weer verder. De achterkant van de eend was heel vies en Thomas nu dus ook. Hij draaide zich weer om, dit-

maal met een rood gezicht. 'Dat was stom,' zei hij, half tegen zichzelf. 'Dat had ik nooit moeten doen.'
'Hé,' zei Elenor en ze had even het gevoel of ze het tegen een vriend had, 'voor zó'n vogel...'
En toen viel ze bijna flauw van verbazing. Het hoofd van de Moor had tegen haar gepraat en zij tegen hem. Ze aaide over Mabs hoofd, maakte een losse knoop in de teugels en liep naast Thomas verder.
De zon stond nu laag en de hemel was roze. Het land leek zwart, behalve op plekken waar water stond en de lucht werd weerspiegeld in het moeras. Op een van deze plekken zwom een troep eenden zachtjes rond; ze lieten donkere rimpels achter. De eenden kwaakten naar elkaar en stonden ondersteboven in het water op zoek naar vis.
'Is dit thuis?' fluisterde Thomas tegen zijn arm. De eend draaide met haar staart en wilde weg. Thomas tilde haar hoog boven zijn hoofd en lanceerde haar over het water. De andere eenden keken op. De eend zwom moedig naar ze toe over het door de ondergaande zon verlichte water. De andere eenden kwamen snel op haar af en sloten de kring.
Elenor zuchtte van opluchting. 'Die oude bedrieger! Vogel uit het Oosten...' Ze dacht even na. 'Ten oosten van Moddsbury, misschien?'
Thomas knikte en plukte de veren van zijn kleren. Hij werd weer zwijgzaam.

De volgende dag reden ze flink door alsof ze een enorme haast hadden. Ze reden van de vroege ochtend tot de late avond. Het rook nu anders buiten, fris en een beetje zoutig en plotseling, na de volgende groene heuvel, lag er alleen nog maar water. Het water strekte zich uit tot aan de lucht. De paarden stopten; hun neusgaten wijd opengesperd. Elenors adem stokte; de leegheid was verbijsterend.
'Waar ligt Frankrijk?' vroeg ze en voelde zich meteen dom.
'Meteen aan de overkant,' zei Thomas. 'Twee dagen varen met

deze wind. Maak je geen zorgen. Het ziet er kalm genoeg uit.'
Niet waar, dacht Elenor. De zee zag er koud en verraderlijk uit. Ieder golfje was aan de ene kant roze van de ondergaande zon en aan de andere kant staalgrijs, scherp als een mes. Waarom noemde Thomas haar nooit bij haar naam?

Ze reden de stad in en gingen ieder hun eigen weg. Thomas ging naar de kade om hun overtocht te regelen en onderdak te zoeken en nam de paarden mee. Elenor had het gevoel dat ze opviel in haar pelgrimskleren. Een vrouw en haar kind liepen voorbij en het kind draaide zich om en staarde naar haar. Ze liep de wiebelende kade af en keek naar het enige schip dat er lag afgemeerd; *Lady Elwyse* was de naam die op de sjofele romp stond. Er kwam een muis over een van de meertrossen gekropen. Hij ging van het schip naar de wal.

'Ga toch terug, kleine muis. Wil je niet naar Frankrijk?' vroeg ze smekend. De muis sprong op de kade en maakte zich uit de voeten op zoek naar een plek om zich te verstoppen.

Elenor had honger. Ze liep de kade af en duwde de deur van een herberg open. Er rookte een vuur bij een van de muren van een lage kamer. De vloer was glad door gemorst bier. Een vrouw die de eigenares van de herberg leek te zijn, pakte haar bij de arm en schudde haar hoofd tegen de mannen die zich hadden omgedraaid om naar haar te kijken.

'Ik zal je je kamer laten zien; hij is al betaald,' zei ze en leidde Elenor terug het duister in. Een van de mannen snoot zijn neus aan het tafelkleed toen ze langs liepen. Ze gingen een trap op, liepen over een gammele overloop en gingen een kamer binnen zonder ramen en met vettige muren. Elenor kon met moeite een strobed onderscheiden op de vloer. Ze bedankte de herbergierster, dolblij dat ze haar kwijt was. Ze rammelde van de honger. Waar was Thomas? Ze liep naar de deur, maar hoorde hinnikend gelach van beneden. Ze had de moed niet om naar beneden te gaan. Ze wikkelde zich in haar mantel en ging op de matras liggen. Waarom heb ik ooit gedacht dat ik geen klein kind meer wilde zijn? dacht ze. Ik *ben* een klein kind! En ik wil alleen maar een klein kind zijn... Dromend van warme melk en met haar knieën tegen haar maag gedrukt om het hongergevoel te onderdrukken, viel Elenor in slaap en probeerde niet te huilen.

Toen ze wakker werd was het nog donker.
'Het is bijna dag buiten,' zei de stem van Thomas ergens dichtbij. 'De *Lady Elwyse* vertrekt een uur na zonsopgang, we moeten de paarden vast gaan zetten.'

De paarden schrokken terug van de zee. Ze rolden met hun ogen en trokken aan hun halsters en Thomas moest met al z'n kracht eerst één paard over de loopplank naar het ruim worstelen, terwijl Elenor het andere paard aan wal vasthield en haar geruststelde alsof ze zelf een oude zeerot was, alsof ze zelf echt geloofde dat de zee niet gevaarlijk was. Toen de paarden eindelijk in het ruim stonden en Thomas even bij ze bleef om ze rustig te houden, merkte Elenor dat ze nog steeds tegen zichzelf herhaalde: 'Het valt heus wel mee. Kijk eens naar die mooie zee, die mooie, blauwe zee die ons naar Frankrijk zal brengen.'
Ze vond een plekje op het dek, tussen een balk en de reling, uit de buurt van de gespierde mannen die bevelen tegen elkaar stonden te schreeuwen en vloekten tegen de passagiers.
De trossen werden losgegooid en de *Lady Elwyse* dreef rustig weg op het tij. De bootsman schreeuwde dat de zeilen gehesen moesten worden. Het verstelde, vuile zeildoek klapperde in de wind, vouwde zich toen open en veranderde meteen in roze wolken die hen vooruit trokken. De *Lady Elwyse* stampte, schudde en zette zich naar de wind. Het land kroop voorbij.
Een rij witte rotsen beschermde hen een tijdje, maar toen waren ze er voorbij en op open zee. De golven waren veel hoger nu en de *Lady Elwyse* steigerde en dook. Golven wit schuim overspoelden het dek en doorweekten de passagiers. Elenors hart bonkte tegen haar ribben. Ze bleef bij de boeg, doorweekt, haar ogen halfdicht en haar handen om de reling geklemd. Ze deed net of het schip een strijdwagen was die werd getrokken door een wild

paard. Ze daagde de golven uit om nog hoger te springen en het schip harder te raken. Ze behield haar evenwicht en bewoog met het schip mee terwijl het zoute water als tranen over haar gezicht stroomde.

Thomas, die zich opeens herinnerde dat hij zich had voorgenomen op dat kleine kreng te passen, klom over de bange, dicht bij elkaar gekropen passagiers en trok zichzelf langs de reling verder tot hij bij de boeg kwam. Hij riep haar, maar zijn woorden werden teruggegooid door de wind, en toen hij dichterbij was gekomen, werd hij tegengehouden door haar trotse gezicht. Het leek wel of ze in trance was. Hij vroeg zich af waar ze aan dacht. Hij draaide zich om en ging naar beneden om de paarden te kalmeren.

7
Frankrijk

E VELDEN WAREN GROEN, DE HEUVELS BEZAAID met dikke schapen en koeien en de lucht was hoog en prachtig blauw. De weg liep soepel tussen hoge populieren en de hoeven van Mab maakten een helder klepperend geluid op de gladde straatkeien. Het is hier in Frankrijk ordelijker dan thuis, dacht Elenor verbaasd.

Thomas zag de maatschappelijke ordening die hij in het verleden vanzelfsprekend had gevonden. Hij vond die ordening zowel efficiënt als irritant. De weg was ongeveer tweeënhalve meter breed. Als de reizigers uit de ene richting reizigers uit de andere richting tegenkwamen, ontstond er een vergelijking van standen: de boeren, hoe oud en zwak ze ook waren, gingen van de weg uit eerbied voor iedereen op een paard. De schildknapen en ridders te paard passeerden elkaar rakelings met een knikje en de hand stevig aan de teugel. Iedereen maakte plaats voor een koets. Een draagkoets kon even breed zijn als de weg en alleen iemand van stand verplaatste zich in een draagkoets. Op de grote weg naar Parijs kende ieder mens zijn plaats.

Laat die avond kwamen ze achter een man te rijden die liep te zingen met zijn hoofd achterover en zijn ogen halfdicht. Zijn zwarte baard wees naar voren en hij had een luit op zijn rug hangen. Zijn paard sukkelde geduldig mee en leek de weg te kennen. Ze gingen allebei aan een kant van hem rijden en luisterden. Een hele tijd later schreef Elenor zo goed als ze zich kon herinneren, de woorden op die hij had gezongen:

De mooie Doëtte staat bij haar venster.
Ze leest in een boek, maar haar hart is ver weg.
Ze moet steeds weer denken aan haar vriend,
Die ten strijde is getrokken in het Heilige Land,
En haar hart treurt.

Een schildknaap is aangekomen en opent zijn tas.
De mooie Doëtte komt aangelopen, haar gezicht bleek.
Ze wil het nieuws horen, goed of slecht,
En haar hart treurt.

Waar is hij van wie ik zoveel hield?
Helaas, ik kan het niet voor u verbergen.
Mijn meester is dood; gedood in de strijd.
Haar hart treurt.

De tranen stroomden over Elenors gezicht. Thomas keek naar haar. Dat kleine kreng was een rare. Ze huilde niet van angst toen ze op zee was in een gammele boot. Ze huilde niet van pijn toen Mab op haar voet stond toen ze van de boot kwamen in Le Havre. Ze huilde om de mooie Doëtte, die niet eens bestond.
De laatste klanken van het liedje stierven weg. De zanger deed zijn ogen open. 'Adam,' zei hij en stak zijn hand uit naar Thomas. 'Minstreel van beroep, op weg naar Parijs.' Een levendig, sprankelend gezicht. 'En u, goede heer?'
'Thomas van Thornham, op pelgrimstocht.'
'De weg is mijn huis,' zei Adam en keek naar Elenor. Zijn ogen bleven lang en liefdevol op haar gezicht rusten. 'Ik zie dat deze dame mijn lied "De mooie Doëtte" waardeert.' Adam zweeg even en legde zijn hand op zijn hart. 'De mooiste liedjes zijn liedjes over verdriet. Zonder verdriet zouden we' – hij trommelde opbeurend op zijn borst – 'zwak zijn, heel arm.'
Ze reden samen verder.
'Hoe komt u aan uw liedjes?' vroeg Thomas.
'Uit het hart, uit de ziel,' antwoordde Adam luchtig, 'en niet te

vergeten van mijn vrienden en kennissen... Studenten, bijvoorbeeld, van de Universiteit van Parijs, maken heel veel liedjes. Kom naar Parijs, dan gaan we samen wat drinken en zingen. Dan zul je Ruteboeuf ontmoeten, de schrijver van klaagliederen. Ik zal er een voor jullie zingen om deze dame weer aan het huilen te maken.'

Adam schraapte zijn keel en keek Elenor zo diep in haar ogen, dat ze weg wilde galopperen.

Wat is er van mijn vrienden geworden.
Mijn beste vrienden.
Van wie ik zoveel hield?
Hun wortels waren te dun.
Ik denk dat de wind ze heeft weggeblazen.
De liefde is dood.

Maar Elenor werd juist vrolijk van Adams droevige lied. Ze glimlachte toen ze aan haar vrienden dacht; aan Carla, Elise, Helen, Maude, vader Gregory. Die hadden stevige wortels. De wind zou hen nooit wegblazen.

Net toen de zon onderging, kwamen ze bij een gedenkplaats langs de weg.

'Abbeville,' zei Adam en wees een geplaveide zijweg aan. 'Een hospitium voor pelgrims, een van de mooiste in ons mooie Frankrijk. Wees onze gast.' Zelf bleef hij op de grote weg. 'De fraters hebben het niet zo op minstrelen. Ik sla mijn kamp wel alleen op en zing mijn liederen voor de maan. Maar, lieve, nieuwe vrienden, we zullen elkaar in Parijs weerzien.'

Adam omhelsde hen allebei terwijl de paarden ongeduldig stonden te trappelen. Zijn baard kietelde op Elenors gezicht.

Het hospitium van Abbeville doemde op in de schemering. Torentjes stonden om een binnenhof. Ongeduldig geloei gaf aan waar de melkstal was. Er kwam rook, gekletter van pannen en flarden van een gesprek uit wat de keuken moest zijn. In het midden stond een mooie zwarte torenspits van een kapel scherp tegen de oranje lucht afgetekend.

Een stalknecht verdween met de paarden.

'Welkom, pelgrims.' Een schemerige gedaante in monnikspij en met monnikskap leidde Thomas en Elenor een trap op. Stenen zuilen en booggewelven vormden drie grote zalen. Een was er voor de heren reizigers, vertelde de kloosterbroeder, en de andere voor de dames en hun dienstmeisjes. De geur van eten lokte hen naar de derde zaal, de refter of eetzaal.

Drie elegant geklede dames zaten aan een tafel, en toen een dienstmeisje Elenor gebaarde erbij te gaan zitten, deed ze dat graag; Thomas ging aan een andere tafel zitten. Elenor werkte hongerig het brood en de preisoep naar binnen en pas toen ze om zich heen keek of er nog meer was, dacht ze aan haar manieren.

'De Fransen kunnen goed koken,' had Carla haar verteld. 'Kijk maar wat je van hen kunt leren.' Elenor wendde zich tot de dame aan haar linkerhand.

'Kunt u me alstublieft vertellen welke kruiden er worden gebruikt om deze heerlijke soep te maken?'

Het bleef even stil terwijl de dame met verfijnde gebaren haar vingers aflikte en ze aan het tafelkleed afveegde. Toen vroeg ze, haar hoofd schuin: 'Houden dames in Engeland zich bezig met koken?' Ze lachte vrolijk, evenals de andere dames.

'Ik wel,' zei Elenor geërgerd.

Ze probeerde naar het gesprek aan tafel te luisteren alsof ze verwachtte erin betrokken te worden.

'De boeren kennen hun plaats tegenwoordig gewoon niet meer,' klaagde een van de dames met een gevoelige zucht.

'Mijn schildknaap moest vandaag een boerenvrouw van de weg af duwen. Lieve hemel, we stonden stil door haar! Daar stond ze dan, midden op de weg, zo breed als een huis, stinkend naar uien, en ze gaapte ons alleen maar roerloos aan...'

'Neem me niet kwalijk,' zei Elenor en stond op. 'Ik moet even met mijn paard gaan praten.'

Met bonzend hart glipte ze de zaal uit en liep de trap af naar de hoofdingang.

Het was donker op het binnenhof. Als Carla hier was, zou ze me verbieden alleen naar buiten te gaan, dacht Elenor. Maar ze kon niet terug naar boven en ze moest eraan wennen alleen te zijn.

Er scheen licht vanuit de stal. Ze wilde Mab echt even roskammen. Als ze er lang genoeg over deed, sliepen de dames misschien al tegen de tijd dat ze terugkwam.

Er leek niemand in de stal te zijn, hoewel er op een laag tafeltje een lantaarn stond te branden en er een paardetuig lag uitgespreid alsof iemand eraan had gewerkt. Elenor pakte een borstel en ging op zoek naar Mab. Door gehinnik in het schemerdonker wist ze waar Mab was. Elenor aaide haar en praatte met haar en kriebelde het paard op de rug waar het zadel had gezeten en liet haar handen over de paardebenen glijden. Ze was blij dat de spieren goed aanvoelden en niet al te opgezwollen waren door al het reizen. Ze borstelde en zong onderwijl zachtjes om de moed erin te houden.

> *Roep je mannen, dilly, dilly, zet ze aan het werk,*
> *Een paar aan de kar, dilly, dilly, een paar aan de ploeg.*
> *Een paar om te hooien, dilly, dilly, een paar om te wieden,*
> *Terwijl jij en ik, dilly, dilly, onszelf lekker warm houden.*
> *Lavendel is blauw...*

Mab verstijfde opeens en hinnikte. Op hetzelfde moment kwamen er een paar zware handen op Elenors schouders neer, die haar zo stevig vasthielden, dat ze zich niet om kon draaien. Een gevoel van angst en spijt overviel haar. Een mannenstem vroeg iets en een paar handen zochten ruw hun weg in haar hemd. Ze kon de adem van de man op haar hals voelen. Adem die stonk naar knoflook en rotte tanden. Ze bleef stokstijf staan en greep de borstel vaster beet. Als ze zich omdraaide om met hem te vechten, zou de man haar alleen nog maar steviger vastpakken. En ze wilde zijn gezicht niet zien.

Blijf stilstaan, Mab, probeerde ze Mab zwijgend haar wil op te leggen. Plotseling liet ze zich op haar knieën vallen, kroop onder Mabs buik door en rende naar de deur. Ze holde over het binnenhof en rende de trap op naar de zaal voor de dames, een en al bonkend hart en snelle voeten.

8
Ambrosius

HOMAS WILDE DAT HIJ BIJ ADAM WAS. WAT HOUT verzamelen, een val zetten, eten klaarmaken. Dit hospitium was te groot, te kil. Waarom moest er zo'n drukte gemaakt worden om pelgrims? Toen hij in de eetzaal kwam, zag hij een frater alleen zitten. De frater schoof een stukje op voor Thomas.
'Welkom, medereiziger, ga zitten, ga zitten. Ik ben broeder Ambrosius, op weg naar Amiens.'
Het zachtmoedige, bescheiden gezicht van broeder Ambrosius beviel Thomas.
'Ik geef les op een jongensschool een stuk ten noorden van hier en ik ben al heel lang geleden van huis weggegaan.'
'Dus Amiens is uw thuis?'
'Altijd, het maakt niet uit dat ik al heel lang geleden ben vertrokken. Ik wil mijn zuster opzoeken en de jongens met wie ik op school heb gezeten en die nu grootvader zijn. En ik wil heel graag onze kathedraal zien. Ik heb gehoord dat die groter is geworden en goed gedijt.'
Er kwam een jongen langs die soep voor Thomas opschepte.
'Waren ze met de bouw van de kathedraal begonnen toen u wegging?'
De pater leunde voorover. Zijn ogen glansden in het kaarslicht.
'Ja, dat klopt,' zei hij.
'In het jaar dat ik werd geboren, werden de huizen in het centrum van Amiens met de grond gelijk gemaakt; ons huis was er ook bij. Ze sloegen palen in de grond en maakten er touwen aan vast. De touwen en de palen vormden een patroon op de grond dat zo mooi en ingewikkeld was als een spinneweb. Ik leerde lopen door

me vast te houden aan de touwen die het patroon voor de absis, de koorsluiting vormden: halve cirkels, de een ging in de ander over als de kleuren van een regenboog. Als mijn beentjes het niet meer volhielden, gingen mijn zus en ik altijd op het gras naar de wolken liggen kijken en dan zei ze altijd: "Dit is onze kathedraal. We liggen in onze eigen kathedraal."'

Thomas at zijn soep en luisterde naar Ambrosius.

'Later werden er op dezelfde plek gaten gegraven voor de funderingen, en bij de rivier groeven ze andere grote gaten om steen uit te halen voor onder de kathedraal.'

De frater lachte en er verschenen een heleboel rimpeltjes om zijn ogen. 'Ik herinner me nog dat ik – het moet op de een of andere familiebijeenkomst zijn geweest, want al mijn ooms waren er en sommige ooms waren steenhouwer en er klaagde er een over rugpijn – vroeg waarom hij zo hard werkte om stenen uit het ene gat te halen en ze vervolgens in het andere gat te stoppen. De hele familie lachte me uit tot mijn moeder me optilde en ik mijn gezicht kon verbergen.'

Thomas voelde zich opeens triest. Hij had zijn moeder nooit gekend. Toen hij nog maar een baby was, was ze het klooster ingegaan om aan Heer Robert te ontsnappen. Hij dwong zichzelf weer naar het verhaal van Ambrosius te luisteren.

'Tegen de tijd van mijn derde Kerstmis waren de gaten zo groot als drakemuilen; de mannen lieten er witte kalksteen in zakken en zetten de stenen naast elkaar in rijen, net tanden. En daarna maakten ze de stenen aan elkaar vast. Wij, de kinderen die boven aan de uitgraving lagen, konden zien dat iedere steen op maat was gehouwen en paste; er waren stenen voor booggewelven en stenen voor stevige steunmuren. Iedere steen moest helemaal recht liggen en iedere keer als er een op zijn plaats werd gehesen, klom mijn oom er bovenop, ging er op zijn buik op liggen, liet zijn schietlood naar beneden hangen en controleerde of de hele zijkant recht en verticaal was.'

'En wat als dat niet zo was?' vroeg Thomas.

'Ach!' zei de broeder. 'Geschreeuw! Gekreun! De steen werd er

dan weer uit gehesen, opnieuw bewerkt of vervangen. En meestal was er dan wel een steenhouwer die zijn baan kwijtraakte.'
Het idee om iedere steen te controleren om er zeker van te zijn dat hij perfect in de aarde lag, beviel Thomas.
'De stenen waren zo glad,' zei broeder Ambrosius. 'Ik herinner me nog het koele gevoel van pas gehouwen steen op mijn wang toen ik nog maar een peuter was.'
'U heeft meegeholpen?'
Broeder Ambrosius lachte. 'Nou ja, meegeholpen. In de herfst mestten mijn zus en ik altijd de stallen uit. We brachten dan het stro en de mest naar de bouwplaats om het steenwerk mee te bedekken, zodat het in de winter niet zou gaan scheuren.'
'Was de kathedraal al hoog toen u wegging?'
'Hemeltjelief, zoon. Ik werd weggestuurd om oblaat te worden toen ik twaalf was. Toen stonden de zuilen en de steunberen al overeind en die waren meer dan 18 meter hoog. Het waren net stenen bomen, reusachtige bomen van steen.'
'Bewogen ze in de wind?'
'Nee, God zij dank niet!' Broeder Ambrosius lachte. 'Maar ik denk wel dat de mensen in de stad weer beter sliepen toen de steunberen aan de zuilen waren vastgemaakt.'
Ambrosius geeuwde en Thomas schoof zijn bank naar achteren.
'Mag ik u nog iets vragen, broeder?'
Ambrosius knikte opgewekt, maar zijn ogen traanden van de slaap.
'Rijdt u morgen met ons mee?' vroeg Thomas.
'Graag, mijn zoon.'

Thomas ging op de brits liggen en was al snel in een diepe slaap gevallen. Hij droomde dat hij op een grote, platte steen stond, een steen waar hij als jongen in Thornham bootje mee had gespeeld. In zijn droom werd die steen neergelaten in een gat in de grond als fundering voor een grote kathedraal. Hij liep heen en weer over de steen en stampte om te voelen of de steen sterk en stevig was. Plotseling schoot de steen naar voren als een rondzwalkend

schip. Zijn knieën begaven het en hij kreeg een misselijk makend visioen van afbrokkelende muren en scheurende spitsbogen. Hij liet zich languit voorover op de steen vallen en greep zich vast aan de randen. Hij smeekte de steen met al zijn wilskracht om stil te blijven liggen en heel te blijven.
Badend in het zweet werd hij wakker en legde zichzelf een klusje op om zo het holle gevoel van angst, dat bleef hangen, te kunnen verdragen. Hij vond wat talk en wreef zijn laarzen ermee in om ze waterdicht te maken.

Elenor werd wakker van het opgewekte gezang van de vogels en bleef even liggen kijken naar het fijne maaswerk van de boogramen. Ze wist niet waar ze was. Toen herinnerde ze zich de stal weer en voelde zich vreselijk opgelaten. Een monnik stak een hand met een bel erin om de deur van de slaapzaal van de dames en maakte een flink kabaal. Elenor trok haar deken over haar hoofd. De dames moesten hun bed uit gesprongen zijn: van onder haar deken vandaan hoorde Elenor een vrolijk geklingel in po's. Ze stak haar handen uit en dirigeerde mee.

Er werd een hoogmis opgedragen ter ere van het feest van Hemelvaart. Elenor zat in de sierlijke kapel in het koor voor de dames, op een galerij die over de mannen uitkeek en over het altaar en de priester. De glas-in-loodramen achter het altaar vormden een halve schelp van licht. Het was prachtig maar kil, en Elenor verlangde naar de eenvoudige kapel in Ramsay met de zuilen die zo dik waren dat er drie kinderen voor nodig waren – zijzelf, Elise en Helen – om er een van te omspannen. Ze kon Thomas beneden zien zitten, zijn haar zwart en een beetje springerig, alsof hij het met zijn vingers had gekamd. Hij stond naast een kale frater. Ze kon hun stemmen boven die van de anderen uit horen toen ze met de priester de oude psalm meezongen:

Alle volkeren, klapt in de handen,
jubelt voor God met blij geroep.

Want groot is de Heer en alom geducht,
een machtig vorst over heel de aarde.

Ze zag hoe ze hard in hun handen klapten. Toen ze na de mis met haar spullen het binnenhof op liep, stond Thomas al klaar met de paarden.
Elenor wreef haar neus tegen die van Mab en hees zich in het zadel. Met veel gekraak van leer en gerinkel van stijgbeugels reden ze de gebogen poort van Abbeville uit. Elenor was er blij om.
Thomas stelde haar voor aan broeder Ambrosius.
'Heb jij ook zoveel vragen? Je had er gisteren bij moeten zijn.'
'Eigenlijk wel,' zei ze.
Gewend als hij was aan zijn school vol jongens sprak broeder Ambrosius Elenor en Thomas samen aan met 'jongens'. Ze vond het niet erg.

9
Hemelvaart

OE HIJSEN ZE DE STENEN OMHOOG?'
'Hoe worden de bogen op hun plaats gehouden voor de sluitsteen op zijn plaats wordt gezet?'
'Maar als je dan een katrol wilt gebruiken, dan moet je...'
Elenor hoorde met verbazing hoe Thomas allerlei vragen stelde en keek naar zijn beweeglijke gezicht en zijn druk gebarende handen.
'Wie bedenkt dat allemaal?' vroeg Elenor ten slotte. 'Hoe weten ze hoe alle delen bij elkaar passen?'
'Ah,' zei Ambrosius. 'Tientallen jaren geleden heeft onze meesterbouwer tekeningen gemaakt en ze aan de bisschop, aan de raad en aan de mensen laten zien. Op de tekeningen kon je zien hoe hoog en hoe breed het schip van de kathedraal moest worden, waar de ramen kwamen, hoeveel pijlers en zuilen en steunberen er nodig waren. Maar... hoe konden tekeningen nu echt laten zien hoe het in werkelijkheid zou worden? Een kathedraal groeit, net als een plant, als een familie. Iedere ambachtsman maakt zijn onderdeel zo mooi als hij kan en zo dat alles nog steeds in elkaar past. En dan gebeuren er nog altijd onverwachte dingen. De meesterbouwer maakt alles tot een geheel.'
'En de meesterbouwer, leeft hij...?'
'Zolang meester Roger nog een grammetje levenskracht in zich heeft, zal hij aan de kathedraal werken.'
Plotseling ging Ambrosius rechtop zitten en zijn mistroostige paardje begon vrolijk te draven. Door de bomen heen, ver weg achter het diepgroene klaver, verhieven zich booggewelven die nog niet helemaal bedekt waren, reusachtige stenen bomen die tot hoog in de blauwe lucht reikten. Er stonden huizen en schu-

ren omheen als kuikentjes om een kip. De strooien daken glansden in het zonlicht.
Ambrosius liet zich van zijn paard glijden en viel op zijn knieën. Thomas en Elenor knielden naast hem neer. De tranen stroomden over de wangen van de frater. Toen hij opstond, greep hij zijn metgezellen bij de schouder.
'Nu gaan we mijn zus Mathilde zoeken. Kom met me mee.'

Pas geploegde velden strekten zich vanuit de stad in allerlei richtingen uit, maar niemand was aan het werk. Nu de mis voorbij was, rustten de boeren wat uit in het lentezonnetje, wisselden verhalen uit en keken naar de mannen die aan het worstelen waren of aan het hardlopen of stokvechten. De jongere vrouwen hesen hun lange rokken wat op om een beetje zon op hun benen te krijgen. De oudere vrouwen verstopten hun neus goed onder hun hoed. Baby's kropen rond en kregen op hun kop omdat ze gras aten en lege eikeldopjes.
Broeder Ambrosius liep verdwaasd rond, op zoek naar oude bekenden. Thomas leidde de paarden. Elenor liep achteraan en maakte zich zorgen om Ambrosius en bad dat zijn zuster nog in leven zou zijn.
Onder een eikeboom zaten twee mannen te dammen. Hun profiel, hun grote witte oren en de vage uitdrukking op hun gezicht waren bijna eender.
'Goedemiddag, broeders,' groette Ambrosius hen. 'Kunnen jullie me de weg wijzen naar het huis van Mathilde, vrouw van Henri?'
De mannen keken elkaar over het dambord aan en keerden zich toen tegelijkertijd naar Ambrosius.
'Dat zou dan Mathilde van bij de bron moeten zijn?' vroeg de een.
'Nee, nee,' zei de ander. 'Die Mathilde is getrouwd met Pierre de timmerman. Hij zal Mathilde van het bos bedoelen.'
'Nee, Guillaume. Mathilde van het bos is nooit getrouwd geweest, hoewel ze al honderd moet zijn.'
'Dan is het nu zeker te laat.'
'Het is nooit te laat, zeg ik altijd. Denk eens...'

Een andere oude man die met zijn rug tegen de boom had zitten dutten, ging rechtop zitten, tilde zijn hoed op en vroeg verongelijkt: 'Zou dat Henri de wijnboer moeten zijn of Henri de schoolmeester?'
Ambrosius gooide zijn handen in de lucht. 'Wie zal het zeggen? Beschrijf Henri de schoolmeester eens.'
'Die heeft geen vrouw.'
'Maar dat zal snel veranderen, naar wat ik heb gehoord.'
'Kalm, kalm!' zei broeder Ambrosius. 'Wie kan me de weg wijzen naar het huis van Henri de wijnboer?'
Een van de broers stond langzaam op, nam broeder Ambrosius bij de arm en wees.
'Je kunt het hiervandaan goed zien. Het is de enige wijngaard hier, maar die ligt nog te veel naar het noorden, als je het mij vraagt. Ik haal mijn wijn ergens anders als het kan, van...'
Broeder Ambrosius bedankte hem haastig, maakte zijn arm los en sprong in het zadel.

Het huis van de wijnboer was gebouwd van grote stenen en wit gepleisterd. Er was een rookgat in het dak en er waren nog andere stenen die het stro van het dak op z'n plaats hielden. Er scharrelden een paar kippen in de deuropening. Broeder Ambrosius sloop als een kat naar de deur. Hij zag bleek. Elenor bleef staan en beet op haar nagels.
Ze zag een lange, stevige vrouw met een witte hoofddoek in de deuropening verschijnen die haar handen aan haar schort afveegde. De vrouw groette broeder Ambrosius beleefd en gooide toen opeens haar armen om zijn hals. Kakelend van schrik sprongen de kippen weg.
'Kom maar hier, pelgrimsvrienden! Dit is mijn grote zus!'
Mathilde was grootmoeder. 'Noem me maar Nana,' zei ze tegen Elenor. 'Dat doet iedereen.'

Jeannot, de kleinzoon van Mathilde, rende weg om het nieuws rond te vertellen dat Ambrosius thuis was gekomen en al gauw zat het hele huis vol familie en nieuwsgierige buren.

'Er is vanavond groot feest van op het stadsplein,' zei iedereen tegen Elenor. 'Je hebt geluk dat je vandaag bent gekomen, Hemelvaartsdag! We gaan muziek maken en dansen!'
Die avond bereidden ze zich voor om naar de stad te lopen. Elenor kreeg een kruik wijn om op haar hoofd te dragen. Mathilde had een mand vol brood; Jeannot droeg een kleed, een kaars en houten snijplanken, en Ambrosius en Thomas droegen Mathilde's grote keukentafel tussen hen in. Henri de grote, een man met kromme benen en een vriendelijk gezicht, leidde de stoet; hij duwde een kruiwagen met een wijnvat voort. De hele weg van de heuvel naar beneden voegden zich buren bij hen. Iedereen had iets voor het feest bij zich en het werd zo druk dat Elenor achteraan bij Jeannot moest gaan lopen en haar kruik met beide handen vast moest houden om hem niet in het gedrang te laten vallen.
Het portaal van de kathedraal was al gedeeltelijk gebouwd. Een deel van het houtsnijwerk was af, maar nog niet alles, sommige nissen waren al uitgehouwen, maar leeg. De ondergaande zon verlichtte het steen, zodat het portaal glansde boven het klaarzetten van de tafels, het begroeten van vrienden en het uitdelen van eten en wijn.
Een priester ging op een tafel staan om zijn zegen uit te spreken over het eten en de mensen. 'Dit feest is ter ere van iedereen,' zei hij en wees met een brede zwaai naar alle mensen die voor hem stonden. 'Jezus Christus, die op deze dag zijn werk op aarde beëindigde; het volk van Christus dat al zo lang en hard aan deze kathedraal werkt; en zijn pelgrims, de rustelozen.'
Thomas schuifelde zenuwachtig heen en weer. Hij had een hekel aan preken en wou dat de priester zijn mond hield, zodat ze konden eten. Naast hem slaakte Mathilde een zucht van tevredenheid, boog zich naar hem toe en fluisterde in zijn oor: 'Vind je dit niet de mooiste plek van het hele christendom?'
Thomas knikte beleefd. Het woord 'christendom' gaf hem een stevige buikpijn, maar hij mocht de kleurige menigte, de wijn en de honden. En hij mocht Mathilde.

'Hoe denk jij dat de hemel eruitziet?' vroeg Mathilde aan Elenor na de zegen.

Elenor haalde haar schouders op, maar haar ogen twinkelden. 'Ik denk, misschien een grote, groene weide, Jezus in het midden, een heleboel dieren, grote geelbruine en kleine harige...'

'Wat vind je ervan, Thomas?'

Thomas, die enigszins verbaasd naar Elenor had staan kijken, draaide zich om naar zijn gastheer. 'Gezondheid, Henri! Je wijn is...' Hij maakte een goedkeurend gebaar met zijn vuist.

Henri gaf hem een dreun op zijn schouder en schonk zijn beker nog eens vol.

Een groepje mannen kwam door de menigte heen naar een eretafel in het midden van het plein gelopen. Broeder Ambrosius boog zich naar Elenor.

'Kijk! Daar is Roger, onze meesterbouwer.'

Midden tussen de burgers zag ze een heel oude man staan, helemaal in het zwart gekleed, met een mooi profiel en een bescheiden glimlach. Dit was dus de man die alles rond de kathedraal had begeleid, vanaf het prille begin tot aan haar huidige pracht. De avond viel en de vleermuizen doken en scheerden tussen de zuilen door. Iedereen had heerlijk gegeten, de kruimels waren op de grond geveegd voor de honden en de vogels en er werden nu een paar tafels weggeschoven om plaats te maken voor het dansen.

Terwijl de muzikanten hun instrumenten stemden, nam broeder Ambrosius Elenor aan zijn ene hand en Thomas aan de andere en stelde hen voor aan meester Roger. Het was nu helemaal donker. De oude man keek hen onderzoekend aan in het licht van de toortsen en hield Elenors hand vast tussen zijn koude, dunne, perkamentachtige vingers. Ze kon zijn beenderen voelen.

'Uw kathedraal... uw werk is prachtig,' zei Thomas.

'We werken allemaal aan een gebouw, in onze geest of in steen.'

Thomas keek naar de grond.

Roger glimlachte. 'Ik heb alleen het geluk dat ik mijn gebouw de hele dag kan zien,' zei hij en gaf Elenors hand een kneepje.

Toen ze terugkwamen bij de tafel van Mathilde, sleepten haar dochters hen mee om mee te doen aan een rondedans; de vrouwen aan de binnenkant en de mannen aan de buitenkant. Elenor schopte haar pelgrimssandalen onder een tafel. Ze werd door een paar handen bij de schouders gepakt en in andere richtingen gedraaid; ze leerde de dans met haar voeten en wilde dat die nooit zou ophouden. Die nacht sliep ze bij de dochter van Mathilde en deelde een bed met een heleboel kinderen.
Thomas raakte met een paar ambachtslieden van de kathedraal aan de praat en hielp mee Henri's wijn op te drinken. Ergens midden in de nacht merkte hij dat hij met zijn linkervoet probeerde de kathedraal weer recht te zetten.

'Je loopt een beetje mank,' zei Thomas tegen Elenor toen ze hem de volgende dag weer zag. 'Ik heb gisteravond een metselaar ontmoet. Hij probeerde me uit te leggen hoe je steen zo kunt bewerken dat je er een boog mee kunt maken; hij zal het me laten zien.'
Matthieu wachtte hen op bij een van de brede stenen pijlers in de kathedraal. Elenor herkende de metselaar van het dansen van de vorige avond. Hij bewoog zich heel licht en balanceerde op zijn voeten als een kat die klaarstaat om zijn prooi te bespringen. Hij had de beheerste opwinding van iemand die houdt van wat hij doet. Hij begroette Elenor door haar handen in de zijne te nemen. 'Ik heb het aan meester Roger gevraagd en hij zegt dat je hier naar het werk mag blijven kijken, Elenor. Hij herinnert zich jou nog en heeft alleen gezegd dat je eraan moet denken dat er stilte en concentratie voor nodig is.' De ogen van Matthieu glansden. 'Ik heb hem verzekerd dat je zo stil zou zijn als een stenen heilige en dat ik Thomas niet al te lang boven zou houden. Is dat goed?'
Ontwerpen in de lucht schetsend legde Matthieu het werk uit. Er werden houten balken stevig aan de bovenkant van verschillende pijlers vastgemaakt in de vorm van de stenen gewelfbogen die nog moesten komen. Er werden zorgvuldig gehouwen stenen boven op de houten geraamten of formelen gelegd; ze kwamen stevig

aan elkaar vast te zitten door mortel en door hun eigen gewicht en pasvorm, zodat er niet één uit kon vallen als ze er allemaal op zaten. Daarna kon het houten geraamte worden weggehaald en bleven de stenen zitten.

In de pijler waar ze naast stonden zat een stenen wenteltrap die 30 meter omhoog spiraalde naar de plek waar de zuil begon te vertakken om gewelfbogen te vormen. 'Vandaag,' zei Matthieu en wees naar boven, 'werken we vanaf het triforium daar.'

Matthieu verdween de trap op, direct gevolgd door Thomas, en het duurde wel even voor ze weer boven aan de pijler te voorschijn kwamen. Ze zaten nu zo hoog dat ze voor Elenor net kleine, bewegende poppetjes leken. Ze kon nauwelijks de een van de ander onderscheiden. Ze telde zes mannen op de boog. Een van de mannen was tot haar grote verbazing meester Roger zelf. Hij leek zo licht als een distelpluisje.

Je werd er duizelig van als je lang naar boven keek. Elenor ging aan de voet van de pijler zitten met haar rug tegen het koele steen. Ze durfde niet rond te gaan lopen uit angst dat ze iemand in de weg zou lopen, maar vanaf de plek waar ze zat kon ze beeldhouwwerk zien. Aan de bovenkant van een van de zuilen was de zachtaardige kop van een koe te zien die aan blaadjes stond te grazen; boven aan een andere zuil stond een steigerend paard met uitslaande hoeven. Op stenen blokken die in de vorm van een regenboog rond de absis waren gelegd, waren episoden uit het leven van Christus uitgehouwen. Op één ervan, waarop Hemelvaartsdag werd afgebeeld, stonden de apostelen van Jezus in een veld met open mond naar een wolk te kijken waarin de voeten van Jezus verdwenen. Ze staarde naar die afbeelding tot ze het gevoel had dat ze hem in haar hoofd had getekend. Ze stopte de verbazing van de apostelen in haar geheugen, de manier waarop hun voeten stonden, zwaar op de grond.

Elenor was moe. Ze deed haar ogen dicht en luisterde naar de geluiden boven haar. De wind die om de zuilen floot, hamers en beitels op steen, af en toe ver weg het geloei van koeien.

Dichterbij hoorde ze zacht praten. Ze deed haar ogen open en zag twee identieke, stevige mannen in het midden van de absis op een steen zitten. Ze dacht eerst dat haar ogen haar bedrogen, maar ze groette de mannen beleefd toen ze naar haar keken. Ze hadden allebei dun, springerig haar, een breed rood gezicht en stevige spierballen. Elenor zag het voor zich: een baby-tweeling in luipaardvellen aan het worstelen met beren en met een enorme moeder die hen aanmoedigde. Ze zaten op twee stenen van een rij op maat gemaakte stukken die naar boven gehesen moesten worden. Naast hen stond een enorm houten rad op zijn kant dat was verbonden met een reeks katrollen. Daar zaten touwen omheen die waren vastgemaakt aan een houten platform. De tweeling keek naar de werklieden boven, hun monden een stukje open, en luisterde of ze aanwijzingen hoorden. Elenor luisterde mee.

Toen kwam er eindelijk een dunne schreeuw van boven. Een van de touwen bewoog met drie korte rukjes. De stevige mannen stonden op, hesen de eerste steen van de rij op het platform en maakten hem vast met touwen. Daarna liepen ze naast elkaar het houten rad in waar ze een handvat beetpakten en voorover leunden. Met iedere moeizame stap voorwaarts kreunde het rad en draaide, eerst heel langzaam, en toen sneller naarmate de vaart erin kwam. De touwen trokken strak om de katrollen tot het platform uiteindelijk loskwam van de grond en de lucht in ging. Het ging steeds verder omhoog, terwijl de tweeling beneden stevig doorstapte. Het zweet droop van hun behaarde rug. Er kwam een ander platform met een tegengewicht naar beneden, en toen het op de plaats terechtkwam waar het eerste platform had gestaan, stopte de tweeling met het geren en kwam hijgend uit de tredmolen om te gaan zitten wachten op de volgende schreeuw. Elenor keek naar de nietige figuurtjes boven. Een van de mannen, waarschijnlijk Matthieu, was op het platform gesprongen en duwde de steen naar zijn plaats in het booggewelf. Vier anderen hielpen hem. Thomas stond een stukje verder op de boog. Meester Roger stond op zijn gemak aan de andere kant van de houten overspanning, op het schuin aflopende hout dat zo hoog was als een regenboog. Na een paar aanpassingen, die zo behoedzaam en langzaam gingen dat Elenor ze vanaf de grond niet kon volgen, werd de steen op zijn plaats gezet. Ze hoorde een flauwe kreet. De tweeling stond weer op voor de volgende klus. Ze rolden de volgende steen het platform op en kuierden met de gratie van de heel sterken naar de tredmolen. Met haar ogen volgde Elenor de steen naar boven, waar de mannen erop wachtten.

Ze zag hoe het platform heen en weer zwaaide en werd recht gehouden; ze zag Matthieu weer naar beneden springen en toen opeens weer terug op het booggewelf. Elenor ging staan en rekte zich zo ver mogelijk uit om te kunnen zien wat er aan de hand was. Ze dacht eerst dat ze een zwarte vogel door het schip van de kathedraal naar beneden zag duiken. Het volgende ogenblik hoorde ze de vogel neerkomen op de stenen vloer en realiseerde ze zich dat het het lichaam was van een oude man. Ze zag het liggen; de broze enkels staken onder de uitgespreide zwarte cape uit.

Er hing een volledige stilte in het schip van de kathedraal. De tweeling kwam uit het wiel en de beide mannen knielden naast elkaar neer. Elenor was ook op haar knieën gaan zitten en voelde zich misselijk en duizelig. Een gebrul als van de wind suisde in haar oren. Het bos van stenen pijlers danste en zweefde en viel uiteindelijk om, zodat ze steeds sneller omhoog vloog tussen de zuilen. Konijnen, gnomen en dwergen keken haar verbijsterd aan terwijl ze langs vloog; een stenen stier hield even op met het kauwen van koren om te glimlachen; een serene engel met halfgesloten ogen hief een lange dunne hand op als groet. Ze viel naar boven en draaide door bogen licht in allerlei kleuren; het paars van de voorjaarsiris, het diepe kastanjebruin van de vacht van Mab, het groen van het mos bij de beek in Ramsay, het rood van wijn waar het licht doorheen scheen. Met een pijnlijk en vreugdevol gekraak dook ze door de bovenkant van de kathedraal terwijl ze beneden geschreeuw en applaus hoorde. Ze zag de kleine zwarte laarsjes van meester Roger in een witte wolk verdwijnen. Ze voelde hoe ze zelf een vogel werd en met gebogen vleugels de blauwe lucht in wiekte.

Thomas had staan kijken hoe Roger aanwijzingen gaf over het

plaatsen van de steen. Hij zag hoe de oude man opeens zijn hand tegen zijn hart drukte, van de boog af gleed en verdween. Zo snel hij kon was Thomas de donkere wenteltrap af gerend, en toen hij beneden kwam, viel hij op zijn knieën, niet alleen omdat iedereen naast het lichaam geknield zat, maar ook omdat zijn benen hem niet meer konden houden. Het was Matthieu die Elenor het eerst in een hoopje op de grond zag liggen en die Thomas bij de schouder schudde en haar door hem weg liet dragen van de plek waar zich nu een menigte mensen verzamelde. Het was Matthieu die haar steeds zachtjes in het gezicht sloeg en haar armen bewoog om haar kleur weer terug te brengen en de bloedsomloop weer op gang te krijgen. Thomas wreef haar koude handen en toen dat niet hielp, haalde hij een emmer water en plensde dat over haar heen. Elenor deed haar ogen open en zag Matthieus gezicht, leeg van verdriet. Ze was nog niet zichzelf, maar keek hem aan en mompelde: 'Matthieu, Matthieu. Alles is in orde.' Matthieu hield haar blik even vast en hoewel haar grijze ogen helemaal niet op de vaalblauwe ogen van Roger leken, had hij het gevoel dat Roger hem aankeek.

Plotseling gaapte Elenor flink en ze kreeg weer kleur op haar gezicht.

10
Rivier

E DRUIVEBLADEREN BEGONNEN UIT TE KOMEN in de wijngaard van Mathilde en Henri. Het waren net kleine handjes die naar de zon reikten. Toen Thomas Daisy zadelde, zag hij hoe bleek het kleine kreng nog was en hij vroeg aan Mathilde of er een manier was om de grote weg een tijdje te mijden en een andere weg naar Parijs te nemen.
Mathilde dacht even na. 'De hoofdweg is druk in deze tijd van het jaar, maar er loopt een pad dat de oude marktweg volgt en naar de rivier toe loopt. Het is te drassig voor karren. Er zijn geen herbergen langs het pad, maar het is een heel rustige weg en er is genoeg drinkwater voor de paarden.'
Thomas keek Elenor aan.
'Ja,' fluisterde ze en legde haar gezicht tegen Mabs hals.

Twee dagen lang reisden Elenor en Mab, Thomas en Daisy vredig en bijna zonder te praten over de oude marktweg die naar de rivier de Oise leidde en daarna de kronkelige loop van de rivier volgde.
Het water was niet diep. Op de meeste plaatsen kon Elenor er doorheen waden zonder dat het hoger kwam dan haar knieën. Op een avond sloegen ze hun kamp op onder een bosje populieren op de zanderige rivieroever; iemand had er een vuurring achtergelaten. Ze zetten de paarden vast en Thomas ging zwemmen terwijl Elenor hout sprokkelde. Hij ging ver genoeg stroomopwaarts om uit het zicht te zijn, maar Elenor, meer nieuwsgierig dan beleefd, gluurde door de wilgetakken om hem bloot in het water te zien spartelen. De grapjes in de keuken in Ramsay spookten door

haar hoofd. Ze had problemen met de tondel en het vuur was nog maar net aan toen Thomas terugkwam.
'Mijn beurt,' zei ze.
Thomas fronste zijn wenkbrauwen. 'Ben je van plan je haar los te doen?' vroeg hij.
'Ja natuurlijk, ik ga het wassen.' Ze had haar haar de hele dag in een haarnet gedragen, zodat de wind er geen vat op kreeg. Thomas keek haar aandachtig aan en ze fronste haar wenkbrauwen, een en al ernst.
'Weet je,' zei hij, 'ik denk dat ik met dat haarnet een vis zou kunnen vangen.'
Opgelucht schudde Elenor haar haar los en gooide het net naar hem toe. 'Ik zal het tegen vader Gregory zeggen.'
'Jij hebt zelf dat frivole ding meegebracht,' kaatste Thomas terug. Zijn ogen stonden even heel levendig, alsof hij ging lachen. Toen keek hij de andere kant op en ging een val voor vissen maken.
Door het haarnet tussen twee kleine zandrichels vast te zetten en het met wilgetwijgen open te houden, ving Thomas een forel. Hij roosterde de forel boven het vuur en ze deelden de vis, die ze met het laatste brood van Mathilde opaten.

De regen maakte kleine sissende geluidjes in het vuur. Thomas vond een jong boompje dat klein genoeg was om te buigen en stopte de top van het boompje in het zand. Hij gooide zijn cape over het boompje en ze kropen eronder. Elenor lag heerlijk. Ze hoorde de paarden schuifelen en ademen en de rivier murmelde zachtjes voorbij. Zij en Thomas roken naar natte wol en wilde bieslook. Thomas knarste met zijn tanden in zijn slaap. Ze vroeg zich af waar hij van droomde.
Zelf droomde ze van vissen die over de rivierbodem rond flitsten in het snelstromende water.

Elenor was alleen toen ze wakker werd. Ze had honger. De lucht was helder en hoog. Een leeuwerik zong. De weg was één grote modderpoel. Ze ploeterde door de modder het bos in om te plas-

sen en zag Thomas in de rivier kijken of er iets in zijn val zat. Hij schudde zijn hoofd. 'Het is te helder. Ze zien het net.'
Ze pakten hun spullen in en sprongen weer in het zadel, kauwend op twijgjes. Toen ze langs een weg voortploeterden, raakten ze de kantachtige zachtheid van het loof van worteltjes en Elenor wist dat als ze in de zachte, koude aarde zou woelen er kleine, nieuwe worteltjes onder de planten zouden zitten. Ze dacht aan worteltjes, gekookt, warm.
'Gij Zult Niet Stelen,' hoorde ze zichzelf fluisteren. Ze zag zichzelf weer in de studeerkamer van vader Gregory zitten, in een streep helder zonlicht. De grote bijbel lag op een tafeltje en zij zat op een hoge, bewerkte stoel met haar voeten op een kruk omdat ze niet bij de grond kon. Ze vond het heerlijk haar vingers over de bobbelige geschilderde letters te laten glijden. Vader Gregory had haar leren schrijven door haar de tien geboden te laten overschrijven. 'Gij Zult Niet Stelen.' Dat was haar lievelingsgebod omdat het een korte was en ze vond het leuk om de letter S te maken en de uiteinden in slakkehuisjes te laten krullen.
Thomas kwam naast haar rijden. 'Kijk eens,' zei hij, zijn brede gezicht ernstig als altijd. 'Ik heb een paar worteltjes voor ons gestolen.'

11
Parijs

ARIJS WAS DE EERSTE STAD DIE ELENOR BIJ AVOND zag. Haar hele leven lang was ze naar bed gegaan als de zon onderging, behalve tijdens de feesten in de ridderzaal van haar eigen vader, en dat was zo lang geleden dat ze zich die nauwelijks kon herinneren. Zelfs als ze naar Peterborough gingen, had vader Gregory haar altijd voor het donker mee terug naar huis gesleept. Ze was helemaal opgewonden van alle mensen die voorbijkwamen, hun gezichten half verborgen, en van de donkere steegjes waar de katten rondslopen. Ze bleef maar ronddraaien in de straat om in alle richtingen tegelijk te kunnen kijken. Ze vond het heerlijk om bij de warmverlichte ramen binnen te kunnen kijken. Ze zag allemaal kleine toneelstukjes, momentopnames van een gezinsleven.
Thomas pakte voorzichtig de onderkant van haar cape beet om haar langs gaten in de straat te sturen, weg van de ramen. Het was net alsof hij een speels hondje aan de lijn had. *Volg.* Hij liet zijn hand weer vallen toen ze het merkte.
Ze vonden het plein waar ze met Adam hadden afgesproken. Het was een plein dat omzoomd werd door hoge stenen huizen die allemaal tegen elkaar leunden. Een grote fontein klaterde over het plein. Er zaten drie oude mannen op een bankje een luchtje te scheppen.
'Goedenavond,' zei Thomas. 'Spelen er vanavond muzikanten hier?' Een van de mannen lachte; hij had nog één tand over, midden onderin zijn kaak, net als bij een baby. 'Misschien noemt een buitenlander ze wel muzikanten!' zei hij amechtig.
'Moet ik me nu beledigd voelen?' vroeg Thomas aan Elenor, of aan zichzelf.

Thomas praat tegen mij zoals hij tegen Daisy praat, dacht Elenor. Dat gaf haar een fijn gevoel.

Ze gingen naast elkaar zitten op een blok om paarden aan vast te maken en wachtten geduldig af. Al gauw kwamen er steeds meer mensen het plein op geslenterd. Er klonken allerlei geluiden van opwinding en Adam kwam statig het plein op geschreden, omringd door vrienden. Hun zwarte fluwelen capes zwierden om hen heen en bontgekleurde linten vielen over hun schouders. Er waren er een heleboel die instrumenten onder hun arm geklemd hielden. Adam omhelsde Thomas en Elenor met veel enthousiasme. Hier, tussen zijn uitbundige vrienden en de menigte die om zijn aandacht vroeg, deed zijn vriendelijkheid wat gekunsteld en overdreven aan.

De menigte werd stil toen Adam op de rand van de fontein ging zitten en zijn luit stemde. Er kwam een jongen aan zijn voeten zitten met een trommel en een been. De andere muzikanten kwamen er omheen staan of verspreidden zich in de menigte.

Elenor kon de eerste liedjes niet verstaan. Ze werden meerstemmig gezongen, waardoor de woorden niet meer te onderscheiden waren. Ze keek naar de bladeren van de bomen, die zich zwart aftekenden tegen de vervagende avondhemel, en naar de balkons van de stenen huizen om het plein. Op een van die balkons zat een klein kind op zijn hurken te luisteren en gooide kastanjebloesem op de hoofden van de mensen. Een van de drie oude mannen viel in slaap met zijn hoofd op de schouder van zijn oude vriend, zijn mond wijd open. Ze keek naar de ingewikkelde bewegingen van de handen van de muzikanten, de houding die de trommelaar aannam toen hij ging staan en een voet op de rand van de fontein zette, zijn ontspannen concentratie.

Toen het donkerder werd en er steeds meer mensen het plein op kwamen gelopen, gingen ze staan om beter te kunnen zien en te luisteren – Elenor op een stoeprand en Thomas achter haar met zijn handen op haar schouders, zodat ze niet omver werd geduwd.

Na een lang en ingewikkeld instrumentaal stuk begon Adam een solo. Hij zong langzaam; Elenor keek naar zijn mond en probeerde zo de woorden te volgen. Dit deed ze ook om zijn ogen te mijden, die altijd te lang in de hare bleven kijken.

> Op de trappen van het paleis
> Staat een jong meisje.
> Zoveel mannen houden van haar
> Dat ze niet weet wie ze moet kiezen.
> Een kleine schoenlapper
> Is de uitverkorene.
> Toen hij haar haar schoen aantrok
> Vroeg hij haar:
> Mijn schoonheid, als je wilt
> Slapen we samen
> In een groot, vierkant bed
> Bedekt met witte lakens.
> Op de vier hoeken van het bed
> Liggen vier bosjes lavendel.
> In het midden van het bed
> Is de rivier diep.
> Alle paarden van de Koning
> Kunnen er samen drinken
> En we zouden daar slapen
> Tot het einde der tijden.

Het lied gaf Elenor een gevoel alsof ze droomde, alsof ze een stok was die rondwervelde in snelstromend water. Om weer tot zichzelf te komen, wilde ze wegrennen en schreeuwen. In plaats daarvan leunde ze tegen Thomas aan, die zijn armen over haar schouders kruiste. Ze kon zijn hart voelen kloppen als het been van de trommelaar. De menigte, die nog steeds groeide, duwde hen nog dichter tegen elkaar aan. Thomas leunde met zijn kin op de bovenkant van het hoofd van het kleine kreng en moest de neiging onderdrukken om met zijn kin door haar haar te woelen.

De volgende ochtend vroeg zadelden ze de paarden, rekenden af met de herbergier en gingen op weg naar de Toren van Sint Jacobus, waar de pelgrims die naar Santiago gingen zich verzamelden, de zegen kregen en waarvandaan ze naar het zuiden trokken. Elenor bleef met Mab op een hoek van het plein staan omdat ze bang was dat het paard zou gaan steigeren en iemand zou schoppen. Hoog op de rug van het paard gezeten keek ze onderzoekend naar de gezichten in de menigte. Sommige mensen hadden een uitdrukking van vroomheid op hun gezicht, geleend van stenen heiligen, maar de meesten zagen eruit als feestgangers met een blos van opwinding op het gezicht, klaar om te vertrekken. Naast Elenor omhelsde een dikke man een vrouw in een laaguitgesneden jurk; tranen vol zwarte oogverf liepen over haar wangen. De man had de wallen en de rode neus van een zware drinker, maar hij had een nieuwe, bruine franciscaner pij aan.

Veel pelgrims waren zó oud dat ze zeker zouden sterven onderweg. Eén stokoude, halfblinde man nam op zijn eigen manier afscheid van het plein; hij staarde naar de stralen zonlicht die door de kastanjebloesem schenen, liet zijn verweerde handen over het beeldhouwwerk van de toren glijden en legde ze op ongeduldige kinderhoofdjes. Met een vage glimlach en halfgesloten oogleden die zo dun waren dat ze blauw leken, kwam hij naar Elenor toe, die van Mab was afgegleden en naast het hoofd van haar paard stond. Toen hij zijn handen op haar hoofd legde zei ze: 'Ik ga met u mee, eerwaarde; ik ga ook naar Compostela.' Hij leek haar niet te horen. '*Benedicite*, God zegene je, mijn kind,' zei hij en liep door.

Er was een heleboel kabaal in een van de zijstraten en een groep mensen werd opzij geduwd. Er kwamen vier gerechtsdienaren het plein op gemarcheerd. Ze hadden zes bleke mannen bij zich die kreupel liepen en met hun ogen knipperden als pasgeboren jonge hondjes. Hun magere schouders zaten vol striemen en hun benen waren bont en blauw. Misdadigers die op bedevaart werden gestuurd om de gevangenissen leger te maken. Elenor staarde hen aan en rilde van angst.

Priesters liepen te zingen en wolken wierook vermengden zich met de rook van de kookvuren. Nonnen en fraters, franciscanen in verstelde bruine pijen, dominicanen in het donkergrijs – sommigen te paard, sommigen te voet.
Muzikanten kwamen hen begeleiden tot aan de rand van Parijs. Elenor hees zich in het zadel om beter te kunnen kijken, juichte en zwaaide. Adam was er ook bij.
'We vonden de liedjes gisteravond prachtig,' zei ze tegen hem toen hij zich een weg naar haar toe gebaand had.
'O ja, vonden we dat?' plaagde Adam. 'En, moest Thomas ook huilen?' Hij greep Thomas in zijn nek en ze stoeiden wat. Er brak een kakofonie van muziek uit die geleidelijk in een danswijsje overging. De pelgrims gingen achter de muzikanten en de priesters lopen. Adam liep naast Elenor en gaf de wijs aan tussen allerlei grappen en oneerbiedig commentaar door.
Plotseling ging Adam ervandoor. Hij wrong zich door de menigte naar een groep studenten en sleepte een van hen mee terug naar Thomas. Het was een jonge man met een lichte huid en roze wangen, een donkere, woeste haardos en blauwe ogen. Hij werd door Adam aan zijn elleboog meegetrokken en deed net of hij zich hevig verzette tegen de bazige Adam. Toen hij opkeek om Thomas de hand te schudden, was Thomas verrast door zijn doordringende en intelligente blik en zijn stevige handdruk.
'Etienne is student, een hele serieuze student, heel geleerd,' zei Adam. Hij vouwde zijn handen voor zijn borst en keek hen allemaal welwillend aan.
'Lieve vrienden, als afscheidsgeschenk geef ik jullie elkaar als goed gezelschap voor onderweg!'
Elenor ving de blik van Etienne op en haalde haar schouders op zoals Adam dat kon doen, handpalmen omhoog. Etienne grinnikte en legde zijn hand op zijn hart. Ze schudden elkaar allemaal de hand. De muziek bereikte een hoogtepunt qua lawaai en verwarring en iedereen knielde op de ruwe weg voor de laatste zegen. En duwend en trekkend op de smaller wordende weg begonnen de pelgrims hun tocht naar het zuiden.

12

Pipeau

E WEG VAN PARIJS NAAR HET ZUIDEN LIEP DOOR een dicht, somber bos. De menigte pelgrims, waarvan de meesten nog niet gewend waren aan hun bijna twee meter lange staf, bewoog zich voort als een troep onhandige schurken op het dievenpad.
'Deze bossen zijn berucht om hun agressieve, wilde zwijnen,' zei Etienne, de student, tegen Elenor en grijnsde vrolijk. 'Als er een aanvalt, kruip ik achter jou weg.'
De lucht waar je hier en daar door de dikke bomen een glimp van kon opvangen, was grijs geworden, en toen ze het bos uit kwamen begon het te regenen. Er ging een gerucht dat er verderop een hospitium was, dat geleid werd door monniken uit Cluny; de monniken zouden gul zijn met soep. Elenor rilde. Mab ploegde stilletjes verder. Uiteindelijk kwamen ze bij een stenen gebouw met boven de deur uit graniet gehouwen schelpen ter verwelkoming. Het was al druk aan de tafels; aan beide uiteinden van de eetzaal stond een enorme ketel te stomen. Zodra een pelgrim genoeg had gegeten, bracht hij zijn kom terug zodat deze opnieuw met soep gevuld kon worden voor iemand anders, en ging naar een van de slaapzalen die naast de eetzaal lagen.
Elenor wurmde zich aan tafel naast een jonge vrouw met twee kleine kinderen en een baby. Ze bood aan de baby vast te houden terwijl de vrouw at. Hoewel hij nat was en stevig schopte, was het een mooie baby. Elenor speelde met hem door gezichten te trekken en zich achter haar hoed te verstoppen.
'Hoe kunt u nu op pelgrimstocht gaan met drie kinderen?' vroeg ze aan de vrouw. De vrouw stopte een sliert steil bruin haar achter haar oor, keek om zich heen en fluisterde toen tegen Elenor:

'Ik ben niet echt een pelgrim. Dit is de enige veilige manier die ik kon bedenken om met de kleintjes te reizen. Hun vader is in Bordeaux, hij is daar aan het werk, en we gaan hem opzoeken.'
Ze at haar soep en keek tevreden naar haar kinderen, die stukken brood in hun kom doopten en die gulzig opaten. De jongen was zo mager dat zijn ellebogen uitstaken als de poten van een sprinkhaan, maar hij had levendige ogen, en toen een pelgrim aan de andere kant van zijn moeder verstrooid een korst brood neerlegde, greep de jongen de korst en stak hem in zijn hemd.
'Hoe heet uw zoon?' vroeg Elenor aan de moeder.
'We hebben hem Bernard gedoopt, maar we noemen hem Pipeau omdat zijn stem klinkt als een fluitje. En ik heet Marthe.'
'Ik heet Nora,' zei Elenor, en proefde haar nieuwe naam op haar tong. Ze had genoeg van Elenor – dat klonk zo koninklijk en Ellie was een babynaampje.
'Je reist toch niet alleen, Nora? Zelfs met de pelgrimsmantel is dat niet echt veilig.' Elenor schudde haar hoofd, haar mond vol brood. Ze had goed naar Pipeau gekeken en ook een korst brood in haar sjerp gestopt.
'Ik reis samen met een Engelsman. Het is een plechtige belofte voor ons dorp in Engeland. De priester heeft ons weggestuurd om vergeving te vragen voor iedereen. Au!' De baby had zijn handje in haar haar gewikkeld en trok er uit alle macht aan. Marthe maakte zijn handje los, trok haar blouse omhoog en legde hem aan haar borst.
'Wat doet hun vader in Bordeaux?' vroeg Elenor.
Het gezicht van Marthe werd zachter. 'Hij is een jongleur-muzikant. Hij werkte altijd op deze weg en vermaakte de reizigers, maar hij heeft nu een vaste baan bij de burgemeester van Bordeaux.'
'Is dat een grote stad, Bordeaux?'
'Ja, ik vind van wel. Groot genoeg om met muzikanten de uren aan te geven vanaf het bordes van het stadhuis. Het is ook echt een mooie stad met al die banieren. Niet als Parijs, hoor, maar toch een mooie stad.'

'Je bent er dus al geweest?'
'Nee. Jean-Loup heeft het me verteld. Dat is hun vader.'
Er kwamen nog meer pelgrims de eetzaal binnen, de regen van hun kappen schuddend.
'Tijd om een slaapplek te zoeken,' zei Marthe tegen haar kinderen.
'Even wachten, ma!' antwoordde haar zoon met een hoge, heldere stem. Hij glipte onder de tafel en raapte gevallen broodkorsten op.
'Hoe oud is hij?' vroeg Elenor.
'Zes, met de kerst,' zei zijn moeder. 'Ik zou niet weten wat ik zonder hem moest beginnen.'
De pelgrims spreidden hun mantels op de met biezen bedekte vloer van de slaapzaal uit. De grijze stenen zuilen welfden boven hun hoofden. Al gauw nadat ze was gaan liggen, ontdekte Elenor dat er vlooien in de biezen zaten. Om zichzelf af te leiden, vertelde ze Pipeau en zijn zusje Guillemette een verhaal dat Carla haar eens had verteld; over een jongen die zijn koe had geruild voor drie toverbonen, en over een reus die boven de wolken woonde en een kip had die gouden eieren legde. Toen ze het verhaal verteld had, was het stil en ze voelde zich trots. Maar toen piepte er een stemmetje in het donker: 'Mag ik morgen op jouw paard?'
'Ssstttt!' zei Guillemette. 'Dat mag je niet vragen, Pipeau.'
'Jullie mogen allebei een stukje op het paard rijden als jullie moeder het goed vindt,' fluisterde Elenor.
'Dat vindt ze vast niet goed,' zei Guillemette.

De andere pelgrims te paard vertrokken meteen na de ochtendmis en reden voor de wandelaars uit, maar Elenor en Thomas bleven wachten zodat Pipeau en Guillemette om de beurt bij Elenor op Mab konden zitten. Thomas vroeg Marthe niet erg enthousiast of ze bij hem op het paard wilde met de baby, maar ze weigerde.
'Ik heb nog nooit van mijn leven op een paard gezeten en ik ga er nu ook niet meer aan beginnen.'

Omdat Marthe en Etienne te voet waren reisden ze allemaal in een wandeltempo. Elenor zong vrolijke liedjes uit Ramsay om Mab te laten dansen.

> *Haver, gerst, erwten en bonen*
> *Haver, gerst, erwten en bonen*
> *Weten jij of ik of andere personen*
> *Iets van haver, gerst, erwten en bonen?*

Pipeau en Guillemette keken naar Elenor en deden de klanken na; ze zongen hard mee bij het woord 'haver'.
Thomas zag Etienne bewonderend naar Daisy kijken en bood hem een ritje aan.
'Voor een student doe je het niet slecht,' merkte hij op toen Etienne in het zadel sprong.
'Ik ben opgegroeid als ruiter, Thomas van Thornham. Pas onlangs ben ik student geworden en ik moest mijn paard en mijn zwaard verkopen om dat te kunnen doen.' Hij klopte Daisy liefkozend op de hals.
Thomas tilde Pipeau op en zette hem voor Etienne op het paard.
'En hoe komt iemand tot zoiets?'
Etienne lachte. 'Dat is een heel verhaal.'
'Vertel op,' zeiden Elenor en Marthe in koor.
Etienne maakte een buiging en haalde eens diep adem.
'Toen ik jong was,' zei hij, 'wilde ik op kruistocht gaan en de strijders tegen de ongelovigen leiden. Mijn vader leidde me heel goed op en leerde me zwaardvechten en worstelen en kocht een paard voor me toen ik tien was. Mijn moeder had zo haar eigen ideeën. Zij leerde me schrijven, zingen en zowel Grieks als Latijn en Frans lezen. Ze heeft me geleerd van denken te houden. Toen ik achttien was, kregen wij bericht dat Bisschop Hiëronymus tijdens de Paasmis in Parijs zou preken. "Ga," zei mijn vader. "Hij zal voor een kruistocht preken." "Ga," zei mijn moeder met haar glimlach. Ik ging.
De bisschop preekte inderdaad een soort kruistocht, maar dan

een beetje anders. "Aangezien het christendom een religie is die gebaseerd is op geloof, op idealen, op het voorbeeld van een vredelievende Christus," zei de bisschop, "moeten we dan niet onze wapens neerleggen en de Islam bestrijden met onze geest en met woorden?"'

Etienne draaide zich om in het zadel en keek recht in de blauwe ogen van Thomas. Het verbaasde Elenor Thomas een moment lang roerloos op de weg te zien staan, tot stilstand gebracht door Etienne's woorden.

'Die vraag spookt nog steeds door mijn hoofd,' ging Etienne verder. 'Ik vind dat mijn opleiding niet volledig is, dat ik de taal van de Ongelovigen moet gaan leren en het woord van God en de gedachtengang van de christenen in het Arabisch moet gaan vertalen, zodat het volk van de Islam er kennis van kan nemen.' Hij glimlachte en kreeg kuiltjes in allebei zijn wangen. 'Mijn moeder was blij dat ik student werd.'

Thomas zette het nu op een lopen om Etienne in te halen.

'Heb je Arabisch gestudeerd in Parijs?' vroeg hij met zijn hand op de flank van Daisy.

'Niemand leert je Arabisch in Parijs, Thomas, al zijn er velen die de taal beheersen. Als je Arabisch probeert te leren, word je behandeld als een spion en een ongelovige. In Parijs heb ik de preken van Bernard van Cluny bestudeerd, de argumenten van Abélard, de leer van Thomas van Aquino; allemaal teksten die ik graag in het Arabisch zou willen vertalen. Maar om Arabisch te kunnen leren moet ik naar Spanje.'

'Carla heeft een keer een boek gezien,' zei Elenor, 'een boek dat iemand had meegebracht van een kruistocht, en ze zei dat er alleen maar krullen en stippeltjes in stonden.'

'Zo schrijven zij hun ideeën op,' zei Etienne.

'Dan vinden zij onze woorden vast op kleine doosjes lijken,' zei Elenor.

Etienne keek haar plotseling aan.

'Waar ga je Arabisch leren?' vroeg ze.

'In Toledo, in Zuid-Spanje. Arabische en christelijke geleerden studeren daar samen. Er zijn ook joodse geleerden. Ze werken allemaal samen om teksten te vertalen.' Hij keek voor zich uit alsof hij naar de Heilige Graal keek.

Hoog op de rug van Mab, met kleine Guillemette gezellig tegen zich aan, keek Elenor toe en luisterde. Etienne straalde energie en goede wil uit zoals een vuur warmte geeft. Als Etienne een paar jaar geleden achttien was, moest hij nu bijna even oud zijn als Thomas. Dit vond ze verbijsterend.

En Thomas, die zo statisch had geleken als een gedetailleerd portretschilderij, viel weer uiteen in een serie schetsen. Ze had gedacht dat hij van gewichten en katrollen hield, van stenen en gereedschap. Nu hoorde ze hem dezelfde vasthoudende vragen stellen over studies aan een universiteit.

'Hoe scherp je je vaardigheden aan zonder krachtmetingen?' vroeg hij. 'Zijn er geen toernooien?'

Etienne dacht even na. 'Het dispuut of debat is het toernooi voor een student, en het is even moeilijk om je daarop voor te bereiden als op een steekspel.'

'Hoe gaat dat dan?'

'De eerste jaren van je studie leer je uit je hoofd wat de grote geleerden hebben gezegd. Pas als je docenten weten dat je de gedachtengang van anderen begrijpt, word je geacht zover te zijn om een dispuut te leiden. Je kiest een filosofische kwestie uit en presenteert die aan het gezelschap geleerden. Op de dag van jouw dispuut zijn er geen colleges. Iedereen komt luisteren naar wat je te vertellen hebt en ze stellen je de moeilijkste vragen.'

'Hoe kun je je nu voorbereiden als je niet weet wat de mensen gaan vragen?'

Etienne trok zijn wenkbrauwen op, beet op zijn lip en knikte. 'Je moet goed nadenken over elk aspect van de gedachte die jouw tekst en jouw kwestie kan oproepen, en de mogelijkheden zijn natuurlijk oneindig. De ingewikkeldheden zijn oneindig.'

Ondanks dat – of misschien was het wel dank zij dat – leek Etienne net zo gelukkig te zijn met zijn studie als Matthieu met het passen van steen.

Toen het avond werd had Elenor nog steeds jeuk en ze besloot dat ze liever buiten sliep dan dat ze met de vlooien van het volgende hospitium geconfronteerd werd. Buiten slapen was niet zo fijn als het bij de rivier was geweest. Er waren hier al te veel mensen geweest. De bermen stonken naar menselijke uitwerpselen; alles wat de wind van de bomen waaide was al als brandhout gesprokkeld voor het de grond raakte.

Thomas volgde een stroompje en ontdekte een lege plek met gras. Verschillende vuurtjes gaven aan dat er andere groepjes pelgrims in de buurt waren. Ook Marthe's vuurtje was erbij. Elenor waste zich in de beek. Thomas ving tot zijn grote verbazing een konijn in een strik en het was helemaal geweldig toen hij in het bos wat vlooienkruid vond om in Elenors mantel te stoppen.

'Wegwezen, vlooitjes,' zei ze en wreef het kruid stevig in de plooien van de zware stof van haar mantel. 'We hebben een hele tijd samen gereisd, maar nu gaan jullie maar op eigen houtje verder.' Ze kamde haar haar en liet het in de lichte bries om haar gezicht waaien tot het droog was. Ze vlocht het in een dikke vlecht en gooide die over haar schouder.

'Ik heb gehoord dat er wolven zijn in deze bossen,' zei Thomas, die naast haar kwam zitten op de plek waar ze een klein kookvuurtje had gemaakt. Hij keek haar even snel aan en vroeg zich af hoeveel ze wist over wolven; hij wilde niet op een grote broer lijken die altijd alles beter wist. Omdat er zoveel schapen in Ramsay waren, vielen de wolven de mensen zelden lastig. Elenor was kleiner dan de meeste schapen.

'Wolven hebben een hekel aan vuur,' zei hij en pakte een stok waarvan het uiteinde in het vuur lag. Hij trok de stok uit het vuur en tekende er zwaaiend oranje cirkels mee in de lucht. 'Dit schrikt ze af.'

Hij had het konijn gevild en roosterde het boven het vuur. Elenor zat verstrooid twijgjes op de vlammen te gooien en voelde zich loom worden.

'Waar is Etienne?' vroeg ze aan Thomas.

'Ik denk dat hij wegblijft tot we hebben gegeten.'
'Zal ik hem gaan zoeken?'
'Nee. Dan voelt hij zich misschien opgelaten.'
'Laten we dan maar iets voor hem bewaren, vind je niet?'

Thomas lag heerlijk te dromen. Geluk omhulde hem als een cocon, een lamswollen cocon. Plotseling werd alles verscheurd door een schreeuw.
Hij werd wakker en stond al op zijn benen, treurig en bevend, hoorde de schreeuw weer en wist toen dat die van buiten hemzelf kwam. Hij rende in de richting van de schreeuw. Marthe stond bij haar slaapplek, haar handen over haar schouders gekruist, haar gezicht wanhopig. Ze greep hem bij de arm en schudde eraan.
'Een wolf heeft Pipeau meegenomen! Ik droomde ervan en toen ik wakker werd, was hij weg! *Aiiee! Pipeau!*
Thomas greep haar bij de schouders.
'Weet je welke kant hij uit ging?'
Marthe rende naar een grote struik en viel op haar knieën. Thomas zag dat het gras was platgedrukt alsof er iets over heen was gesleept. Hij greep een tak uit het vuur van Marthe en tuurde gespannen om het platgedrukte gras te kunnen volgen of welk ander spoor dan ook. Voorzichtig liep hij het bos in.
'Pipeau!' schreeuwde hij. 'Roep, Pipeau, zing, Pipeau!' Met heel zijn wezen concentreerde hij zich op het opvangen van een teken van een kind of van een dier, een geluidje, een vlaag warme lucht. Niets.
'Pipeau! Pipeau! Zing!'
Hij bleef roerloos staan en spitste zijn oren in het donker.
Tot zijn grote verbazing hoorde hij toen een heel dun, klein stemmetje, slechts een paar meter van hem vandaan, 'haver!' roepen. Thomas draaide zich zo snel om dat hij met zijn hoofd tegen een tak liep. Hij vond Pipeau op de grond, koud en verdwaasd. Zijn ene been lag gedraaid. Hij raapte het kind op, dat bijna niets leek te wegen, maar dat zich als een klit aan hem vastklampte. Tho-

mas bleef heel even in het donker staan, wiegde het kind en probeerde een hartslag te voelen, een polsslag.
'Pipeau! Ben je daar?' Eindelijk hoorde hij een heel lichte ademhaling, een soort hikje.
'Niet bang zijn, Pipeau.' Hij riep zacht: 'Marthe, kom! Hij leeft!'
In het donker gaf Thomas Pipeau aan haar over. Marthe praatte zachtjes tegen hem en wiegde hem net zo als Thomas had gedaan. Thomas kwam terug uit de duisternis, zijn gezicht onder het bloed. Elenor was hem tegemoet gerend om te helpen, maar voelde plotseling hoe ze stond te beven. 'Verdomde hoofdwond,' zei Thomas en gebruikte een natte sok om het bloed weg te vegen. 'Ik liep tegen een boom aan.'
Elenor ging zitten, wikkelde haar mantel stijf om zich heen en keek toe. Ik zou hem moeten helpen, dacht ze. Als ik iemands vrouw zou zijn, zou ik hem helpen. Maar ze kon zichzelf er niet toe brengen om naar hem toe te gaan of hem aan te raken. Het grote, bleke gezicht van Thomas gloeide lelijk als een monster in de schemering op. Het bloed dat langs zijn oog liep leek zwart.

Toen ze de volgende ochtend hun kamp opbraken, zag Elenor dat Marthe Pipeau in een draagdoek op haar rug droeg alsof hij nog een baby was, terwijl Guillemette, die net zo tenger was als haar broer, worstelde met de baby op haar heup. Ze ging op zoek naar Thomas. De lelijkheid en de goedheid die vannacht allebei zo sterk in hem waren geweest dat ze bang was geworden, waren in het daglicht verborgen als een geheim.
'Mag ik de kinderen van Marthe vragen met ons mee te rijden?'
'Dan moeten we wel langzaam reizen.'
Elenor knikte. 'Het is maar tot Bordeaux.'
'Goed,' zei Thomas, die begreep dat ze geen idee had hoe ver Bordeaux was. Ze ging met Marthe praten.

13
Boeken

IJ EEN BAKKER, DIE DOORDRENKT WAS VAN HET zweet en helemaal wit was van het meel, kocht Thomas een brood dat de vorm had van een kroon en een dun stokbrood, een baguette. Hij zette de kroon op het hoofd van Guillemette en presenteerde het stokbrood aan Pipeau als een zwaard.
'Jullie mogen op Daisy rijden,' zei hij. Zelf liep hij naast zijn paard met de teugels in de hand om haar aan de twee kinderen op haar rug te laten wennen en kletste met Etienne.
Op de weg door Etampes zag je een vierkante toren overal bovenuit steken. Het was net of de toren de mensen die langskwamen door de dunne pijlgaten bespioneerde.
'Wie woont hier?' vroeg Elenor en tuurde naar boven.
'Een heks,' zei Pipeau; hij wees met zijn zwaard en tuurde net als Elenor naar boven.
'Heel lang geleden, bijna honderd jaar, heeft de koning van Frankrijk hier zijn vrouw opgesloten,' zei Thomas, die naast de stijgbeugel van Elenor liep.
Hij legde zijn hand om haar enkel en omspande hem als een beschermend manchet of een keten.
'Waarom?' vroeg Guillemette.
'Omdat ze een heks was, domoor,' zei Pipeau. 'Vraag maar aan Thomas.'
Elenor schopte zich los en ging voor hen rijden.
'Ik heb nooit...' Thomas schudde zijn hoofd en Pipeau schoot in de lach.

Bij een kruising op de weg buiten Etampes zagen ze een stenen kruis en een watertrog voor paarden. De ene weg leidde naar het zuiden, naar Orléans, de andere naar het westen, naar Chartres.
'Santiago is die kant uit,' Thomas wees naar een punt ergens tussen de twee wegen. 'De zuidelijke weg brengt ons sneller naar Bordeaux.' Hij had het tegen Marthe, die op het gras haar baby zat te voeden.
'Thomas...' Etienne keek op van de plek waar hij een kiezel uit zijn sandaal probeerde los te peuteren. 'De kathedraal van Chartres is de mooiste kathedraal van de wereld. En bovendien...' Zijn ogen glansden. 'Er zijn daar boek-kopiisten! Over twee dagen is het Onze-Lieve-Vrouwe-Visitatie. Wat is nu een betere plek om dat te vieren?' Hij sloeg zijn handen ineen op een manier die hij van een beeld moest hebben afgekeken.
Iedereen keek elkaar aan en daarna keerden ze zich naar Thomas.
'Laat Guillemette maar beslissen,' zei Elenor.
'Goed, Guillemette? Kijk, ik doe mijn sjerp voor je ogen en draai je rond; we kiezen de weg die jij aanwijst.'
'Neem mijn zwaard maar, Guillemette,' zei Pipeau.
'Ja,' zei Thomas. 'Dat is de juiste manier om dit op te lossen.'
'Komen jullie wel allemáál met me mee, waar ik ook heen ga?'
'Ja, ja,' verzekerden ze haar allemaal.
Elenor deed de sjerp om het hoofdje van Guillemette en zette haar midden op de weg; ze draaide het kind bij haar schouders om, deed een stap achteruit en liet het meisje met haar blote voeten de stoffige weg aftasten, haar rok in haar ene hand geklemd en het dunne stokbrood als een toverstaf in de andere.
'Draai maar rond, draai maar rond, Guillemette,' zongen ze en klapten in hun handen, en toen riep ze: 'Die kant op!' Ze koos de weg naar Chartres.

Er verscheen een wankelende vlek op de weg voor hen. Hij was ongeveer zo groot als een breed mens, roodbruin en hij bewoog zich voort met sprongetjes. De twee kinderen op Daisy's rug leunden met wijd open mond en opengesperde ogen naar voren.

'Hoe groot worden de vlooien in deze streek?' vroeg Elenor.
'Groot,' zei Etienne.
'Ze vreten zich vol aan de pelgrims,' voegde Thomas eraan toe.
Guillemette keek zenuwachtig van de een naar de ander. Ze naderden de springende gedaante en zagen toen dat het een man in een grote zak was. Met allebei zijn handen hield hij de rand dicht tegen zijn kin; zijn korte grijze baard piepte er net boven uit. Hij stopte, buiten adem. Elenor keek even naar beneden en zag dat de man behalve de zak niets aan had.
'Gegroet, broeder,' zei Elenor beleefd.
'Gegroet, zuster, heer, vrouwe,' antwoordde de man in de zak en knikte iedereen afzonderlijk toe.
'Gaat u naar Chartres?' vroeg Thomas.
'Ja, en nog in deze zak ook,' zei de man.
'Waarom?' vroeg Pipeau, die de man vanaf het paard vragend aankeek en namens iedereen sprak. 'Waar zijn uw kleren?'
'Jongeman,' zei de man waardig, 'het gaat jou niets aan waar mijn kleren zijn. Mijn biechtvader heeft me in deze zak op bedevaart gestuurd om mijn zonden weg te nemen.'
'*Benedicite*,' zei Thomas toen ze hun weg vervolgden.
'*Benedicite*,' mompelden ze allemaal, en iedereen zweeg tot ze buiten gehoorsafstand waren. Guillemette was de eerste die iets zei.
'Nora, wat is een biechtvader?'
'Dat is de priester die de biecht afneemt.'
'Dus de priester heeft zijn kleren afgenomen?'
'Zou kunnen,' zei Marthe kalm.
'En wat is een visitatie? Is daar een verhaal over, Nora?'
'Ja.'
Guillemette nestelde zich tegen Elenor aan op de brede rug van Mab. 'Vertel eens,' zei ze.
'Heel lang geleden,' begon Elenor, 'was er eens een vrouw die Elizabeth heette en die oud was en geen kinderen had. Ze bad en bad en God besloot dat ze een baby zou krijgen. God besloot dat haar baby een grote heilige zou worden.'
'Wie?'

'Wie de baby van Elizabeth werd?'
'Ja, wie?'
'Sint Johannes de Doper. Hij is de man die Jezus doopte en hem hielp met preken.'
Guillemette kronkelde weer tegen Elenor aan.
'Vertel eens over toen hij een baby was.'
'Goed... vóór Johannes werd geboren, verscheen de engel Gabriël aan zijn vader, die Zacharias heette, net toen Zacharias bezig was wierook op het vuur in de tempel te doen. De vlammen van het vuur schoten omhoog. De engel Gabriël sprak als een trompet: "Zacharias, je wordt vader!" De oude Zacharias geloofde hem niet. Hij zei: "Dat moet een vergissing zijn." Toen zei de engel: "Je zult vader worden en je zoon zal Johannes heten en hij zal groot zijn in de ogen van de Heer." Zacharias was met stomheid geslagen en zijn mond viel open, net als bij jou. Dus zei de engel Gabriël nog: "Tot het moment dat hij zijn naam krijgt, zul jij niet meer kunnen praten." Toen Zacharias de engel wat probeerde te vragen, ging zijn mond wel open en dicht, maar hij kon geen woord uitbrengen.
Toen Elizabeth op de geboorte van haar zoon wachtte, kwam haar nicht haar opzoeken. En weet je wie haar nicht was?'
'Een heks?' vroeg Guillemette.
'Nee! Denk eens aan de beste vrouw van de hele wereld.'
'De heilige Moeder Maria!' riep Guillemette.
'Precies!' zei Elenor. De heilige Moeder Maria was de nicht van Elizabeth, en daarom wordt haar bezoek de Visitatie genoemd.'
'Die had even geluk,' zei Guillemette jaloers.

De jonge tarwe langs de weg werd door de wind in groene, grijze en witte linten gedraaid. De kathedraal van Chartres in de verte voer als een eenzaam schip op rollende golven van tarwe onder een grijze, winderige lucht.
'O!' Elenor ging in haar stijgbeugels staan en leunde voorover. De vochtige wind streek in haar gezicht en de tranen sprongen in haar ogen. De kathedraal was als een lapje in een lappendeken

dat de aarde met de lucht verbond en een stukje was van allebei.
'De kathedraal verbindt hemel en aarde,' zei ze.
'Hoe hebben ze dat gedaan?'
'Vakmanschap en trots,' zei Thomas. 'Ze hebben waarschijnlijk hun ziel aan de duivel verkocht.'
'Is kennis de verboden vrucht, Thomas?'
Etienne draaide zich om en liep achteruit om Thomas aan te kunnen kijken. Zijn mantel flapperde in de wind.
'Alleen een kleinzielige en jaloerse god zou de mensen de vrijheid ontzeggen om te proberen mooie dingen te maken.' Thomas voelde zich vrij om dit te zeggen, omdat de wind zijn woorden toch deed verwaaien.
'Of een kleingeestige kerkorde, die bang is haar macht over de mensen te verliezen?' zei Etienne, die nog steeds achteruit liep en met gefronste wenkbrauwen naar Thomas opkeek. De manier waarop hij met zijn handen gebaarde, gaf Elenor het gevoel dat hij Thomas' twijfels weghaalde en het masker van sarcasme van zijn gezicht af trok.
'Het verhaal van Adam en Eva...' Thomas aarzelde en Elenor draaide zich om om te luisteren. Thomas trok een gezicht alsof hij in een kweepeer had gebeten.
'Ik vraag me wel eens af,' zei Etienne, 'hoe erg dàt verhaal verdraaid is.'
'Wat...?' begon Elenor.
'Gebruikt om macht uit te oefenen, bedoel ik, in plaats van te begrijpen. Ik hoor dat verhaal en kan de waarheid niet meer vinden.'
Elenor rilde. Als verhalen verdraaid konden worden... Plotseling ging ze rechtop zitten. Die scène van het stuk in Peterborough kwam weer terug – Eva, die met uitgestrekte hand Adam probeerde te verleiden.
'Het was niet de schuld van Eva!' barstte Elenor uit. Etienne en Thomas staarden haar aan.
'Nee,' zei Etienne langzaam. 'Als de man even menselijk is, even verantwoordelijk als de vrouw, hoe zou dat dan ook kunnen?'

Thomas keek naar Elenor en zag dat ze bleek was en op het punt stond in tranen uit te barsten. 'Maar het staat wel in de bijbel,' fluisterde ze.
'Wees maar niet bang, Nora!' zei Etienne rustig, 'Het is menselijk om je dingen af te vragen.'
Ze liepen zwijgend verder en toen zei Etienne: 'Er waart een nieuwe wijsheid op de wereld rond. Op de universiteit van Chartres was een professor die Bernard heette...'
'Net als ik!' zei Pipeau, die wakker werd.
'Ja. Deze Bernard was een vroom, nederig man en een wijze theoloog. Zoals jij misschien kunt worden, Pipeau. Hij leerde zijn studenten dat de mensheid door God werd geschapen om hem te helpen de wereld te scheppen. Bernard schreef dat de scheiding tussen de mensheid en de natuur verkeerd was, omdat de mensheid deel uitmaakt van de natuur en een bijzondere, noodzakelijke intelligentie en vaardigheid heeft. Bernard zei dat als je weigert die vaardigheid te gebruiken, of dat nu is uit nederigheid of uit luiheid, dat je dan Gods bedoeling ontkent.'
Thomas dacht na. 'Bernard geloofde dat de schepping nog steeds doorgaat?' vroeg hij.
'Ja,' zei Etienne.
'En dat het een zonde zou zijn om daar geen deel aan te nemen?'
'Ja!'
Ze reden een poosje in stilte verder, heel langzaam, om gelijk te blijven met Etienne en met Marthe, die zoals altijd liep en de baby droeg.
'Toen ik zeven was,' zei Elenor hardop denkend, 'beplantte ik mijn eerste tuintje. Ik plantte erwten. Vader Gregory liet me zien hoe ik een soort hekje voor de erwten moest maken opdat ze konden klimmen. Ik haalde al het onkruid weg en zorgde iedere dag voor de erwten en beschermde ze tegen ongedierte en konijnen. De blaadjes ontvouwden zich; de ranken wikkelden zich om het hekje; ze werden langer en gingen bloeien. Toen zag je de vormen van de doppen onder de bloemen te voorschijn komen en in de doppen groeiden de erwten. Als ik de doppen tegen het licht

hield, kon ik de erwten zien. Ik was zo trots op mijn erwten dat ik er niet van kon slapen, en als ik wel sliep, droomde ik van erwten. En toen schoot het me opeens te binnen: trots zijn is een zonde. Ik schaamde me dat ik gelukkig was. Ik ging naar de biecht om te zeggen dat ik had gezondigd.'
'En wat zei de priester?' vroeg Etienne.
Elenor grijnsde en stak haar kin in de lucht. 'Hij zei tegen me dat ik meehielp aan de schepping van God. Hij zei dat zelfs God trots was geweest op de zesde dag. "En Hij zag dat het goed was."'
Thomas zag de dikke vingers van vader Gregory voor zich die voorzichtig de ranken opbonden.
'Is er eigenlijk wel een plek om te overnachten?' kwam Marthe er tussen. 'Is er een hospitium in Chartres?'

Gezamenlijk gingen ze onder het portaal door; het was een en al kleur door de beschilderde beelden. Ze liepen door hoge, met leer bedekte deuren. Koele lucht kwam hun tegemoet, en de geur van mensenlichamen, wierook en rook. Ze stapten een magische plek met stenen bogen binnen die hoger waren dan welk bos dan ook. Warme, prachtige kleuren spatten in sterren en bloemen uiteen. Pipeau klapte in zijn handen en sprong rond van verrukking. Guillemette bleef stokstijf staan, haar handen ineengeklemd en haar mond open. Marthe liet zich met baby en al op haar knieën vallen.
Er werd hun gezegd dat ze in de kathedraal mochten slapen. Toen het licht van de ramen vervaagde, vlamden er talloze kaarsen op. De kaarsen stonden op scherpe ijzeren punten. Het waren er zóvéél dat het net doornen aan een doornstruik leken. De kaarsen wierpen een zacht licht op allerlei voorwerpen. Hier een barmhartige Moeder met Kind, daar een strenge Sint Petrus en in een hoek Sint Nicolaas, de patroonheilige van de studenten.
Een diaken trok piepend een kar over de stenen vloer. Met een hooivork verspreidde hij stro, waar de pelgrims en de armen hoopjes van maakten om te slapen. Thomas ging water halen en kijken waar de paarden konden worden gestald voor de nacht.

Toen hij weer terugkwam in de kathedraal waren de anderen al in slaap gevallen.
Elenor lag met haar hoofd op de rok van Marthe; Guillemette lag met haar hoofd in een holletje in Elenors arm.
Thomas ging tegen een pilaar aan zitten en keek naar de donzige welving van de wang van Guillemette, de dunne hals van Pipeau, de mooie boog van Elenors wenkbrauw. Toen ging hij tevreden op zijn rug liggen met zijn hoofd op zijn mantel. Hij sliep vast en werd maar één keer wakker: van het geluid van de monniken die de ochtendgebeden zongen. Het geluid wervelde als wierook naar het duister van de hoogste bogen.

Een diaken maakte alle pelgrims wakker voor het eerste gebedsuur. Ze stonden nog maar nauwelijks op hun benen, toen er jonge oblaten langskwamen die het stro opveegden en water sprenkelden over de vloer waar iedereen op had geslapen. Pipeau en Guillemette probeerden het labyrint te volgen dat in gekleurde stenen in de vloer van het schip van de kathedraal was ingelegd. Elenor volgde hen, maar was halverwege al duizelig.

Thomas stond recht overeind terwijl de Visitatie-mis werd gezongen in een zee van kleurvlekken, die werden veroorzaakt door de opkomende zon die door het oostelijke roosvenster van de kerk naar binnen scheen. Hij schommelde heen en weer op zijn voeten en neuriede. Wierook, gezangen, lange stukken Latijn.
Thomas wilde graag iemand vinden die hij iets kon vragen over de jachtwetten. Hij was in de buurt van Beauvais gewaarschuwd dat je neus kon worden afgesneden als je een konijn strikte; je werd opgehangen als je een hert schoot. Door die waarschuwingen kreeg hij er juist zin in om het te riskeren.
Nee, nu niet. Hij was verantwoordelijk voor de anderen... Maar toch, ten zuiden van Chartres lag een woud met wild waar ze doorheen moesten. Daar waren ook kastelen. Dat betekende dat er verschillende kasteelheren waren die allemaal op hun eigen manier de wetten ten uitvoer brachten.

Terwijl het Latijn doordreunde, dagdroomde Thomas van een vuur dat groot genoeg was om een hert te roosteren, een hert dat vet genoeg was om hun groepje meer dan genoeg te eten te geven. Elenors gedachten zweefden met de muziek en met het spel van licht in de kathedraal mee en opeens kreeg ze een idee: ze zou een boek voor Thomas te pakken zien te krijgen over de leer van Bernard, de man over wie Etienne het had gehad. Als ze Etienne nu maar even alleen te spreken kon krijgen; hij wist vast waar ze ernaar moest vragen. Ze had nog nooit zoiets kostbaars als een boek gekocht en de gedachte alleen al deed haar hoofd tollen.
'*Ite! Missa est*,' zong de priester die de mis opdroeg.
'*Deo gratias!*' brulde de menigte. De mis was voorbij.
Toen Thomas Marthe en de kinderen meenam om naar de heiligen in de zuilengang te gaan kijken, bleef Elenor wat achter en vertelde Etienne haar plan.
'Thomas!' riep hij. 'Nora en ik gaan de paarden halen!' Ze glipten een zijstraatje in, rennend en huppelend als een stel spijbelende kinderen toen ze uit het zicht waren.
Rond de kathedraal waren een heleboel kopiisten-winkels. Het was niet moeilijk ze te vinden, want iedere winkel had z'n ramen en deuren wijd open gezet om zoveel mogelijk licht binnen te laten.
Schrijvers zaten aan tafels met inktpot en ganzeveer bij de hand; de originelen waren voorzichtig op een soort katheder gelegd dat Elenor ook wel bij koorleiders had gezien. Elenor en Etienne keken door een raam toe hoe een kopiist behoedzaam een vierkant vel perkament uitzocht en met een lineaal en een puntige, zwartgemaakte stok fijne, rechte lijnen maakte om de positie van de letters te kunnen bepalen. Daarna tekende hij boven aan het vel een vierkantje. Dat is voor de eerste letter, dacht Elenor. Hij liet het vierkantje leeg, keek nog eens uitgebreid naar zijn origineel, doopte zijn ganzeveer in de inkt, probeerde een paar pennestreken uit op een smoezelig stukje perkament, sneed de ganzeveer nog eens bij en eindelijk tevreden begon hij aan zijn regel tekst.

Het was muisstil in de werkplaats. Etienne gebaarde zwijgend naar de eigenaar en wachtte tot de man de straat op kwam voor hij hem warm begroette met een gebarenspel. De boekverkoper had een knap gezicht met opmerkzame ogen en lijnen van concentratie die zijn mondhoeken naar beneden trokken. Zijn schouders hingen. Toen hij Etienne bij de ellebogen vastgreep en glimlachte, gingen alle lijnen in zijn gezicht naar boven.
'Nora,' zei Etienne rustig, 'dit is ook een student, Aimery. Als iemand ons kan vertellen waar we een kopie van de leer van Bernard kunnen vinden voor een prijs die een pelgrim kan betalen, is hij het wel. Aimery is een man voor wie boeken net lammetjes zijn. Hij weet waarheen ze dwalen.'
Aimery glimlachte, zijn hand op de arm van Etienne. 'Ik heb een paar kopieën te koop. Het goedkoopst is een kopie waarvan de vierkantjes nog niet versierd zijn. Zou je dat erg vinden?'
Elenor vond het een prima idee. Het boek dat Aimery te voorschijn haalde, was aangenaam eenvoudig en gebruikt. Als ze weer terug was in Ramsay, kon ze zelf in de vierkantjes de eerste letter van ieder hoofdstuk schilderen en die versieren met bloemen, dieren en de mensen die ze onderweg zag.
Om het boekje te kunnen kopen, gebruikte ze het goud voor noodgevallen dat Maude in piepkleine muntjes in de zoom van haar cape had genaaid.
Voor ze het boek kocht had ze er niet aan gedacht dat het vreemd zou kunnen zijn om Thomas een cadeautje te geven. Ze had altijd al cadeautjes aan mensen gegeven – bloemen aan vader Gregory, mooie kiezelsteentjes aan Carla, appels aan Mab. Maar toen ze de boekverkoper en Etienne eenmaal had bedankt voor hun hulp en het boekje in handen had, werd ze opeens bezorgd. Hoe geeft een dame een boek aan haar verloofde? Ze rechtte haar schouders. Tot Etienne's verbazing zette ze het op een lopen, vond Thomas daar waar ze hem had achtergelaten en stopte het boek in zijn handen. 'Hier, Thomas, we hebben een cadeautje voor je gekocht. Ik hoop dat je het mooi vindt.'
Thomas ging op de rand van de fontein zitten en bladerde door

het boek. De kleine, gedrongen vorm van het boekje en de zachtheid van gebruikte bladzijden bevielen hem wel. Hij vond het fijn de pagina's om te slaan en de woorden er als ridders met opgeheven lans overheen te zien marcheren. Hij vond het fijn om eraan te denken welke ideeën er in zo'n boek zouden staan, ideeën waar hij aan zou kunnen denken zoveel hij wilde als hij zichzelf eenmaal weer had geleerd hoe je moest lezen.

14
Kikkers en uilen

E BOMEN HINGEN ZWAAR VAN AL HUN WEELderige groen over de weg en streken langs de gezichten van de paardrijders. Er waren herten in het bos die hen met zachtmoedige ogen aankeken, maar ook op hun hoede waren. Het was uitdrukkelijk verboden te jagen. Marthe, Elenor en de kinderen zochten paddestoelen in het bos en gebruikten hun hoed als mandje. Marthe liet Elenor zien welke paddestoelen eetbaar waren en liet haar haar zware sandalen uittrekken en met haar tenen in de zachte, koele bosgrond wriemelen. Diep in de grond vonden ze zwarte truffels, die Marthe de lekkerste wilde, eetbare paddestoelen noemde.
Een dag lopen ten zuiden van Chartres had de Orde van Sint Benedictus een pleisterplaats voor pelgrims. Elenor en Guillemette gaven hun paddestoelen aan de keuken van de abdij en kregen er van de kok heerlijke zoete koekjes voor.
De volgende avond kwam het pad uit op een open plek in het bos; ze hoorden een hoog gegons waarvan Thomas eerst vermoedde dat het bijen waren. Terwijl hij bedacht hoe hij de wilde honing te pakken kon krijgen en wat ze ermee konden doen zonder brood, en of het het risico van bijensteken wel waard was, veranderde het gegons in zingende kinderstemmen. Op de open plek in het bos stond een kasteel met kegelvormige torentjes en met de banieren van een kerkvorst. Het kasteel werd prachtig weerspiegeld in een slotgracht vol waterlelies en andere waterplanten. Rond de buitenkant van de gracht stonden kinderen. Ze hadden allemaal een lange stok waarmee ze in de maat op het water sloegen terwijl ze een liedje zongen. Ze draaiden allemaal hun hoofd

om toen ze de pelgrims aan zagen komen. Het liedje stierf weg.
'Goedenavond, vrienden. Wat zijn jullie aan het doen en wat zingen jullie daar voor lied?' vroeg Elenor.
In het begin bleven de kinderen een beetje staan giechelen en onder elkaar staan mompelen. Toen duwden twee kinderen een meisje met ongekamd haar en een haveloze jurk naar voren. Ze keek naar haar voeten en zei snel: 'Madame, we slaan de kikkers zodat ze vannacht niet kwaken en onze heer abt wakker houden.'
Ze keek op en Elenor kreeg een korte, prachtige glimlach.
'Zingen jullie voor de kikkers?' vroeg Elenor met haar hoofd schuin.
'Ja. Zodat ze weten dat we ze te grazen nemen.' Een paar kinderen schoten in de lach.
'Mogen we luisteren terwijl jullie werken?'
Het meisje rende terug zonder antwoord te geven, pakte haar stok en riep naar de anderen: 'Kom op, we moeten de kikkers te grazen nemen. Zingen!'

Stil, kikker, nu geen kik meer.
Daar komt de abt,
Beschermd door de Heer.

'Doen ze de kikkers pijn?' vroeg Guillemette bezorgd.
'Ik denk dat de kikkers slim zijn en onder water blijven, waar ze niet geraakt kunnen worden,' zei Elenor.
Thomas dacht daar anders over. Hij zei niets, maar hield een stukje verder op het pad stil, en terwijl de anderen hout gingen sprokkelen voor het vuur, pakte hij zijn hoed en rende terug naar de kasteelgracht. Hij raapte onderweg een tak op om als hark te kunnen gebruiken. Toen hij bij de gracht aankwam, zag hij daar een paar kinderen die op het punt stonden om naar huis te gaan. Aan een jongen die hem wantrouwig aankeek, legde hij uit: 'Ik ben bang dat sommige dode kikkers vies zullen ruiken voor Monsieur l'Abbé, dus wou ik ze in het bos gooien.'
Terwijl hij het zei, harkte hij behoedzaam een paar dozijn kikkers

bij elkaar, legde ze in zijn hoed, gooide de tak het bos in en zwaaide naar de kinderen. De jongen die had staan toekijken knikte wijs.

'Dat doet mijn vader ook,' zei hij.

Thomas was tevreden. Hij had al snel een kookvuurtje aan de gang en maakte een heerlijk maal klaar van kikkerbilletjes, truffels en wilde knoflook. Het was bijna net zo goed als jagen.

Tegen de avond kwamen ze bij een piepklein kerkje in het bos aan. Boven de deur was een portret uitgesneden van Sint Joris die een draak doodde.

'Kijk, Pipeau!' zei Guillemette. 'Een man op een paard die een vlo doodt.'

'Welkom,' zei de priester van de kerk. 'Er liggen strozakken voor pelgrims in de kloostergang. Jullie mogen daar slapen.'

'Dank u, eerwaarde.' Thomas deed het woord. 'Als we onze waterflessen mogen vullen bij uw bron, zouden we graag hier vlakbij een kamp opslaan.' De priester hief zijn hand voor de zegen. Marthe en haar kinderen bleven in het klooster slapen. 'Ik wil graag een paar stevige stenen muren om me heen als je het niet erg vindt,' zei ze en hield de kinderen stevig vast. En tegen Elenor voegde ze er fluisterend aan toe: 'De kok zegt dat er geesten in die bossen zijn. Wees voorzichtig en blijf bij de anderen.'

Etienne en Elenor sleepten afgevallen takken op een stapel terwijl Thomas een tondelvonkje tot vlam probeerde om te toveren door het met droge bladeren en houtschaafsel te voeden en er zachtjes tegen te blazen. Terwijl ze om het vuur zaten uit te rusten, liet Etienne iets in Elenors hand vallen. 'Voor het boek,' zei hij. Het was een heel klein boomslakje met een fijn gestreept huisje. Elenor hield het in de palm van haar hand, bekeek het van alle kanten en grifte alle streepjes in haar geheugen. Ze hoopte maar dat er een hoofdstuk in het boek van Thomas was dat met een 'O' begon.

Het vuur vlamde plotseling op.

'Dat moet de wolven uit de buurt houden,' zei Thomas.
En de geesten, dacht Elenor. 'Ik vraag me af... Wat voor soort geesten bedoelde Marthe?'
'Daar kun je maar beter niet aan denken,' zei Etienne, maar Thomas rekte zich uit, een glans in zijn ogen.
'Een geest zoals de Maagd van Peterborough,' zei hij.
'Wie is dat?' Elenor ging dichter bij het vuur zitten, dichter bij haar metgezellen.
Thomas keek haar eens streng aan vanonder zijn zwarte wenkbrauwen. 'Ken je het verhaal van de Maagd van Peterborough niet?'
Elenor schudde haar hoofd.
'Je bent nog te jong.'
'Vertel nou, vertel nou,' zei Etienne. Hij deed Guillemette na en keek van de een naar de ander.
Thomas staarde plechtig in het vuur.
'Het verhaal werd me verteld door een jonge man die ik tegenkwam op de markt in Peterborough. Een man die er verdrietig uitzag, een student misschien, altijd te diep in zijn boeken gedoken om van het leven te genieten. Hij vertelde me dat hij een jaar daarvoor, op de avond voor Allerheiligen, van Thornham naar Peterborough was gereden over de open weg. Het was een donkere, stormachtige avond. Tot zijn grote verbazing zag hij een meisje langs de kant van de weg staan, alleen. Ze had haar cape strak om zich heen getrokken, maar haar gezicht was zo mooi dat het leek te stralen in het sombere duister. Hij dacht dat ze in nood was en hield zijn paard in. "Wat kan ik doen om u te helpen?" vroeg hij. Het meisje, wier lieflijke, bleke gezicht hij nauwelijks kon onderscheiden, zei dat ze, samen met de zoon van een heer bij wie ze in dienst was, op weg was geweest naar het huis van haar vader. De zoon van de heer had avances gemaakt. Ze had zijn avances afgewezen, maar toen was hij zo kwaad geworden dat hij haar van zijn paard had gezet en alleen was verder gegaan.
De student kreeg medelijden met haar. Hij was bang dat haar iets zou overkomen, alleen in dat noodweer, en vroeg haar of ze ach-

ter hem op het paard wilde zitten. Hij zei: "Laat mij u tot aan uw vaders deur brengen." Ze steeg achter hem op het paard, legde haar handen om zijn middel en zo reden ze samen weg. De student kon haar warme adem in zijn hals voelen. Hij richtte zijn gedachten op psalmen, op bijbelverzen, op de preken van bisschop Hiëronymus... Uiteindelijk zag hij een licht in de verte, een toorts die walmde in de deuropening van een boerenhut. Hij draaide zich om en vroeg aan het meisje: "Is dit het huis van uw vader?" Maar hij merkte dat hij tegen de wind sprak. Hij draaide verschillende rondjes op de weg. Kon het meisje in slaap zijn gevallen en van het paard af gegleden zijn? Er was niemand op de weg te zien zover zijn oog reikte. Verbijsterd steeg hij af en klopte op de deur van de hut. Na lang wachten werd de deur tot op een kier geopend door een oude man met een waterig oog. "O! Mij zeker weer lastig vallen, hè! Ga weg! Ja, ze was mijn dochter, maar ze is nu al tien jaar dood. Eén keer per jaar, op de avond voor Allerheiligen, de avond dat ze stierf, houdt ze iemand op de weg aan om hem te vragen haar naar huis te brengen."'

Het bleef stil en die stilte werd alleen verbroken door het gekwaak van kikkers. Het vuur knetterde. Elenor had overal kippevel.

'En nu,' zei Etienne, 'laat me jullie nu het verhaal vertellen van de man met het gouden been...'

Midden in de nacht werd Elenor wakker van de doordringende, spookachtige roep van een uil. De angst vloog haar naar de keel en hoe langer ze stil bleef liggen, hoe banger ze werd. Ze dacht aan het meisje op de weg en wilde huilen. Als ze zich omdraaide zou ze het meisje vast zien staan, bleek en verdrietig.

De rug van Thomas doemde als een rots naast haar op. Ze schudde hem tot hij zich slaperig omdraaide. Het vuur was uit, dus kon ze zijn gezicht niet zien.

'Ik hoor een uil.' Hoe kon ze het nu uitleggen zonder als een baby over te komen?

Na een poosje sloeg Thomas een arm om haar heen en draaide haar om tot ze met haar rug tegen hem aan lag. 'Het is goed om te weten dat er een uil in de buurt is,' zei hij bedachtzaam, 'want, zoals je weet, beschermen uilen ons tegen geesten en duivels. Geesten blijven uit de buurt van de plek waar een uil is geweest.' Daar wist Elenor niks van, maar ze deed net of hij Carla was, die altijd alles wist, kroop tegen hem aan en viel in slaap.

15
De dame in de kruiwagen

AAR HAAR WAS ZO WILD ALS HET PLUIS VAN EEN paardebloem, maar dan witter. Haar ogen waren rond en zwart als die van een vogel. Ze kwamen haar tegen op de weg naar Vendôme. In een kruiwagen. Ze zat trots boven op een kussen, haar handen om de randen van de kruiwagen geklemd, terwijl een stevige, opgewekte man haar voortduwde en langs de putten en gaten in de weg zigzagde.
'Wat heb je daar een mooie baby, dochter!' riep de oude vrouw naar Marthe.
'Ik hoop dat hij net zo sterk zal worden als uw zoon,' antwoordde Marthe.
'Waar gaat u heen?' vroeg Thomas.
'Hij werkt in Vendôme,' zei de oude dame en wees met haar hoofd naar de man achter haar, 'aan de kathedraal.'
'Ik ben glasblazer,' zei hij. 'Heb altijd in een pension gewoond met de andere ambachtsgezellen, maar nu komt ma bij me wonen, ik heb een huisje.'
'Hoe is het werk?' wilde Thomas weten.
'Wat?' De glasblazer zoog zijn wangen naar binnen en stak zijn lippen naar voren. Het effect was zo intrigerend dat Elenor het ook probeerde en zich net een vis voelde. 'Vendôme is een goede plek voor alles wat nodig is om glas te maken. Er groeien beuken langs de rivier. We verbranden de bomen om hitte te krijgen en gebruiken dan de as om het met zand te vermengen voor het glas.'
'Die ovens zijn nog heter dan de hel,' onderbrak zijn moeder hem met een tevreden knikje.
De man zweette.

'We hebben water bij ons,' zei Elenor. 'Wilt u een slokje?'
Ze hielden halt in de schaduw van een boom. De man tilde zijn moeder uit de kruiwagen met het gemak waarmee iemand een vogeltje uit een nest haalt en zette haar op haar voeten. Terwijl hij dat deed, blies hij zijn wangen op, net als een hagedis. Marthe nam de oude dame bij de arm en hielp haar wat heen en weer lopen om haar benen weer op gang te krijgen na de reis in de kruiwagen. Terwijl ze met elkaar aan de kant van de rivier zaten, ging Elenors waterfles van hand tot hand en goot iedereen het koele bronwater gemengd met wijn door zijn dorstige keel. De man schepte een handvol zand van de kant van de weg. Wit en fijn gleed het door zijn vingers en glinsterde het in de zon.
'Kijk eens,' zei hij. 'En het zand van de bodem van de rivier is nog beter. Ik ben Jacques en mijn moeder hier heet Sybille.'
'Maar jullie mogen me Nana noemen,' zei Sybille.
'Dank u,' zei Elenor. Nu had ze twee nana's.
'Wat doet u precies?'
'Ik houd de ovens aan de gang. Soms blaas ik. Soms draai ik.'
'Wat draait u?'
'De schijven.'
'Wat zijn dat?' vroeg Thomas.
'Geduld,' zei Jacques.

Het huisje dat Jacques had gehuurd stond op de oever van de rivier, had één kamer en was vierkant en stevig.
'Blijf toch alsjeblieft! Jullie allemaal!' drong Nana Sybille aan.
Etienne plukte een handvol planten en bond ze bij elkaar tot een bezem. Hij veegde eerst de haard uit en hield daarbij de stukjes houtskool apart waarvan hij wist dat Elenor ze graag wilde hebben om ermee te tekenen. Alle andere dingen – as, vogelnestjes, spinnewebben – veegde hij naar buiten. Daarna legde hij met zorg een vuur aan.
Elenor ging drinkwater halen bij de stadsfontein en Thomas ging de paarden laten drinken in de rivier. Marthe maakte een bed klaar voor Pipeau in een hoek van de kamer. Thomas gaf Elenor

wat geld voor boodschappen voor het avondeten en Sybille leende haar de kruiwagen. Ze reed Guillemette wiebelend, lachend en roepend in de kruiwagen over de weg naar de markt. Thomas hoorde steeds maar Guillemette's stemmetje zeggen: 'Kunnen we worteltjes kopen, Nora? En aardbeien?'

Thomas was met stomheid geslagen door de uitbarsting van huiselijkheid van zijn metgezellen in zo'n kleine ruimte. Toen hij de bezem, het waswater en iemand die op zoek was naar de kookpot wilde ontwijken, stapte hij bijna op Pipeau. Hij ging naar buiten en voelde zich nutteloos. Hij trok wat onkruid uit rond het huis van Sybille. Zonder dat hij het wilde klonk de stem van zijn vader in zijn oren. 'De plicht van een edelman is om de mensen te beschermen en recht te spreken.' Ja! Ja! Hij zou er best wat voor over hebben iets nuttigs te kunnen doen zoals koken, steenhouwen of zand veranderen in glas...
'Nu!' zei Jacques, die achter Thomas aan kwam lopen. Onbevangen en dankbaar voor de afleiding volgde Thomas hem naar de werkplaats van de glasmakers.
Hoewel het al laat in de middag was, waren de mensen nog steeds aan het werk. Twee grote witte ovens stonden te roken.
'Kijk maar gewoon,' zei Jacques. Hij pakte de blaasbalg en blies de rode kolen nog verder aan, waardoor ze opvlamden. Hij controleerde een vloeibaar mengsel dat stond te bubbelen in de oven. Hij pakte een lange pijp die tegen de muur stond en stopte het ene uiteinde in het mengsel en draaide de pijp rond tot het gesmolten glas in een dikke prop aan het uiteinde bleef hangen. Hij haalde de pijp uit de oven, hield hem als een trompet recht voor zich uit en terwijl hij het geheel rond bleef draaien, blies hij aan het andere uiteinde van de pijp. Het glas aan de andere kant begon uit te zetten. Toen de glazen ballon zo groot was als het hoofd van een mens, stopte Jacques met blazen, maar bleef wel draaien, zodat de ballon niet kleiner werd. Toen Jacques knikte, pakte een andere man een passer en sneed snel het uiteinde van de ballon los. Jacques draaide nog harder. De ballon werd vlak en

veranderde in een ronde schijf van glas, twee vingers dik en zo groot als het wiel van een kruiwagen. Jacques ging door met draaien, langzamer nu het glas hard begon te worden. De spieren in zijn armen zwollen op, puilden uit, bewogen, werkten. Het glas was nu helemaal hard. Jacques bracht het naar een bank en maakte het voorzichtig los van de pijp.
'Schijf,' zei Jacques en klopte op de schijf.
Jacques nam Thomas mee de werkplaats in met de nieuwe schijf. Op de werkbanken, die waren bedekt met een dikke witte gipslaag, was het ontwerp van delen van de ramen van de kathedraal in dikke, zwarte lijnen getekend. Op een van die werkbanken had een man een schijf rood glas op het ontwerp gelegd en het glas op maat gesneden om een stukje van het beeld af te maken, de bovenkant van de mantel van een man. Op een andere tafel paste een man verschillende stukken glas aan elkaar met stroken lood. Thomas kon de armen, handen en baard van de afbeelding zien; er was ruimte voor het stukje rode mantel.
Jacques gaf Thomas een paar stukjes gekleurd glas zo groot als een kiezelsteentje. Thomas stopte ze in zijn zak om aan Guillemette en Pipeau te geven. Of om misschien een keer een halsketting voor het kleine kreng te maken.

Toen Thomas en Jacques terugkwamen in het huisje, was het eten klaar, stonden er bloemen op de vensterbank en pruttelde er stoofpot op het vuur.
Toen ze na het eten rond het vuur zaten, wilde niemand gaan slapen, hoe moe ze ook waren. Elenor zat op de grond naast Nana Sybille en probeerde niet naar de armen van Jacques te staren. Ze had ze al eerder geprobeerd te tekenen, in houtskool proberen te vangen hoe de aderen over zijn spieren liepen als water over stenen, en dat was jammerlijk mislukt.
'Vertel ons eens een verhaal, Nora,' zei Guillemette.
Elenor schudde haar hoofd. 'Mijn hoofd is leeg. De verhalen zijn op.'
Het bleef stil.

'Ma kent een heleboel verhalen,' zei Jacques. Nana Sybille keek hen aan met haar glanzende, zwarte ogen. Ze gooide haar hoofd achterover en lachte met haar hoge lach. Haar gezichtje bloosde van de warmte van het vuur en over haar haar speelde het schijnsel van de vlammen.

'Ik zou jullie het verhaal kunnen vertellen van de trotse ridder en de Weerzinwekkende Vrouwe,' zei ze, en plotseling klopte ze op Elenors knie en voegde er fluisterend aan toe: 'Vind je *mij* een weerzinwekkende vrouw, alleen maar omdat ik oud ben?'

'U bent een mooie vrouw,' fluisterde Elenor. Sybille vouwde haar handen en begon haar verhaal. Ze praatte nu anders, dromerig en langzaam.

'Er was eens, heel lang geleden, toen er nog elfen en feeën waren, een heel akelige ridder, trots en wellustig, zonder een spoortje hoffelijkheid. Toen hij op een dag door het bos reed, kwam hij een jong meisje tegen, dat helemaal alleen was, en hij nam haar met geweld mee naar zijn kasteel. Ze was niet dom en ontdekte een manier om aan hem te ontsnappen, en toen ze was ontsnapt, ging ze naar de koning toe en vroeg hem haar eer te wreken en de ridder te straffen. Toen de koning de zaak onderzocht, ontdekte hij dat het meisje deugdzaam en eerlijk was en dat de ridder zulke slechte dingen eerder had gedaan. Er werd besloten dat hij voor straf met zijn leven moest betalen. Het hele hof was verzameld toen de ridder kwam om zijn vonnis te horen. Hij schreed zo dapper naar voren en was zo knap, dat de koningin het niet kon verdragen dat hij onthoofd zou worden, en ze smeekte de koning: "Aangezien het om een vrouw gaat die kwaad is aangedaan, zou je dan niet een vrouw over het vonnis laten beslissen?" De koning besloot dat dit inderdaad rechtvaardig was. De koningin zei toen tegen de ridder: "Heer Ridder, u heeft iets heel slechts gedaan en het is terecht dat u hiervoor moet sterven. Maar omdat wij vrouwen genadig zijn, geef ik u een kans uw leven te redden. Als u binnen een jaar het antwoord kunt vinden op mijn vraag, een antwoord dat geen enkele vrouw zal betwisten, dan krijgt u uw leven en uw vrijheid terug."

"Ik dank u, majesteit," zei de ridder en maakte een diepe buiging.
"Wat is de vraag?"
"U moet uitzoeken wat vrouwen het liefste willen," zei de koningin.
Nu had de ridder nog nooit over die vraag nagedacht. Hij had geen idee wat het antwoord kon zijn. Hij galoppeerde door het hele koninkrijk, stelde iedereen de vraag en hij kwam niet één dorp, één stad tegen waar twee mensen het eens konden zijn over het antwoord. Op de laatste avond voor hij terug moest naar de koningin, reed hij door een woud en hoorde vreemde en prachtige muziek. Het leek eerst uit de lucht te komen, maar hij keek naar boven en zag niets ongewoons. Daarna leek het uit de grond te komen, dus stapte hij van zijn paard om beter te kunnen luisteren. Op de grond dacht hij dat hij feeën in een kring zag dansen, maar toen hij zich vooroverboog om beter te kunnen kijken, waren ze verdwenen. Duizelig en in de war keek hij op en zag toen de meest weerzinwekkende oude vrouw die hij ooit had gezien voor hem staan. Krom als een pad stond ze naast een grote boom.
"Gegroet, Heer Ridder," kraakte ze.
Zonder ook maar terug te groeten, sprong de ridder op zijn paard om zo snel mogelijk weg te rijden.
"Ik weet het antwoord op uw vraag," kraakte de oude vrouw.
De ridder hield zijn paard in.
"Als u me het antwoord op mijn vraag kunt geven," zei de ridder, "Zou ik bij u in het krijt staan."
"Ja, dat klopt," zei het oudje. "Je zou me zelfs je leven schuldig zijn. En als ik je het antwoord geef en als mijn antwoord geaccepteerd zou worden door de koningin en alle dames uit haar hofhouding, belooft u dan dat u alles voor mij zult doen wat in uw vermogen ligt?"
Zonder aarzeling zei de ridder: "Natuurlijk, vrouwe."
"Buig uw hoofd, dan zal ik het antwoord in uw oor fluisteren."
Onwillig stapte de ridder van zijn paard en hield zijn oor vlak bij de mond van de oude vrouw en zij fluisterde hem het antwoord in.

De ridder reed de volgende dag stevig door en kwam 's avonds bij het kasteel van de koning en de koningin aan. De koningin had alle dames uit haar hofhouding om zich heen verzameld; edele, getrouwde vrouwen, onstuimige, jonge meisjes en wijze weduwen. Er waren ook boerenvrouwen en alle dienstmeisjes en kokkinnen. Onder hen was een oude en foeilelijke vrouw, de vrouw uit het bos.

De koningin beval de ridder aan iedereen te vertellen wat het was dat vrouwen het liefste wilden.

Het antwoord van de ridder schalde door het kasteel: "Uwe Koninklijke Hoogheden," zei hij, "een vrouw wil onafhankelijkheid: zij wil haar eigen beslissingen kunnen nemen."

Er klonk geroezemoes door het kasteel en de koningin vroeg de dames van de hofhouding: "Mag hij blijven leven?"

En allemaal antwoordden ze: "Ja, hij mag blijven leven, want hij heeft de waarheid gesproken."

Toen, voor de feestelijkheden konden beginnen, sprak de oude vrouw uit het bos: "Uwe genadige majesteit, onze koningin. Voor het hof uiteengaat, smeek ik u: doet u mij alstublieft recht! Ik ben degene die de ridder het antwoord heeft gegeven, en hij heeft mij bezworen dat hij alles voor mij zal doen wat in zijn vermogen ligt. In uw aanwezigheid vraag ik hem of hij mij tot vrouw neemt." Er viel een stilte over het gezelschap.

"Oude vrouw, uit liefde voor God, bedenk een ander verzoek!" smeekte de ridder. "Neem al mijn goederen, maar laat mijn lichaam vrij."

"Nee," zei het oudje. "Ik mag dan oerlelijk zijn, ik mag dan arm en oud zijn, toch wil ik in plaats van al het goud van de wereld uw vrouw zijn, nee, uw lief."

"Mijn lief," mompelde de ridder grof. "Mijn ondergang, zul je bedoelen."

Maar alle aanwezige dames stonden erop dat hij zijn woord hield en dus werden hij en de oude vrouw in een droevige en waardige plechtigheid in de echt verbonden. Hij nam zijn stokoude vrouw bij de arm en ze trokken zich terug in hun kamer, waar hij

zich verstopte. De ridder lag die nacht aan zijn kant van het bed te woelen. Zijn stokoude vrouw lag glimlachend naast hem. Ten slotte zei ze: "God zegene ons! Is dit hoe ridders en hun vrouwen hier met elkaar omgaan? Zijn alle ridders hier zo minachtend? Vertel me eens: hoe kan ik de dingen rechtzetten?"
"De dingen rechtzetten!" kreunde de ridder. "Voor mij kan niets meer worden rechtgezet."
"En waarom niet?" vroeg zijn vrouw.
"Omdat je oud en lelijk en arm en van lage afkomst bent, daarom."
"Ik ben oud en jullie heren beloven wel plechtig leeftijd te eren. Ik ben lelijk en als je een lelijke vrouw hebt, hoef je je geen zorgen meer te maken om de afgunst en verlangens van anderen.
Wat mijn armoede betreft, die jij zo verwerpelijk vindt, God de Almachtige zelf koos een leven van armoede. De mensen die werkelijk arm zijn, zijn de mensen die jammeren en zeuren en begeren wat zij niet kunnen krijgen. Voor anderen is armoede een stimulans om middelen van bestaan te zoeken en een hulp voor het verkrijgen van wijsheid.
Jij verwijt me mijn lage afkomst, maar edelmoedigheid is niet iets dat je mee erft met de titel van graaf of ridder. Je komt vaak jonge edelmannen tegen die vol kwaad en schaamte zitten. Verdorvenheid en slechte manieren maken iemand tot een boerenkinkel, niet een lage afkomst. Aan hem die van plan is edelmoedige dingen te doen waar hij maar kan, geeft God edelmoedigheid. Edelmoedigheid krijgen we door genade."
De ridder bleef stil liggen, zijn arm over zijn ogen.
"Als je kon kiezen," ging zijn vrouw verder met een stem die zowel streng als zachtmoedig was, "zou je dan willen dat ik oud en lelijk bleef tot aan mijn dood, maar wel een trouwe, wijze en nederige vrouw was, of wou je liever dat ik jong en mooi was, en onwetend, en er maar het beste van hopen als de mensen om mij naar je toe komen? Wat zal het zijn? De keus is aan jou."
De ridder dacht diep na over alles wat ze had gezegd. Uiteindelijk zei hij: "Vrouwe, ik laat de zaak aan jouw wijze beslissing over.

Doe maar wat je het beste lijkt en wat ons beiden het meest tot eer strekt. Wat jou behaagt, voldoet voor mij."
"Dan heb je mijn onafhankelijkheid erkend," zei ze.
"Ja," zei de ridder en haalde zijn arm van zijn ogen.
"En je hebt een goede keus gemaakt," zei ze, "want nu zul je zien dat ik zowel een mooie als trouwe vrouw voor je zal zijn."
De ridder keek naar zijn vrouw en zag dat ze mooi en wijs was, en aangezien hij nu zelf wijzer was geworden dan hij ooit was geweest, leefden ze samen nog lang en gelukkig.'

Er bleef een plezierige stilte om het vuur hangen. Pipeau snurkte en bewoog zich in zijn slaap. Elenor, die op de grond naast de stoel van Nana Sybille zat, pakte de hand van de oude vrouw en hield hem tegen haar wang.
'Dat was een goed verhaal,' zei ze.
'De ridder kwam er te gemakkelijk van af,' zei Marthe. 'De vrouwen hadden gewoon...' Ze haalde haar vinger langs haar keel.
'Denk je dat alle vrouwen hetzelfde willen?' vroeg Thomas.
Elenor zag dat hij het aan haar vroeg.
'Ik denk dat de meeste vrouwen over hun eigen leven willen kunnen beslissen, maar dat er maar een paar zijn die ook over het leven van hun man willen beslissen.'
Er gleed een glimlach over het gezicht van Thomas. Hij keek weer in het vuur.

16

Moerbeibomen

HOMAS LEUNDE MET ZIJN ELLEBOGEN OP EEN tafel, die bij een taveerne buiten onder de takken van een moerbeiboom stond. Guillemette had een ketting van moerbeibladeren gemaakt en Pipeau raapte de donkerrode bessen op om te eten. Vadsige kippen met donkerrode vlekken scharrelden om hun voeten. Op een potscherf die ze onderweg had gevonden, schetste Elenor met houtskool het ronde gezichtje van Guillemette, haar dunne hals en de ketting van bladeren. Etienne keek over haar schouder mee, maar bleef op afstand.

'Dit zijn mooie grote bomen,' zei Thomas tegen de eigenaar van de taveerne. 'Ik heb nog nooit zulke bomen gezien.'

De vrouw van de eigenaar begon trots: 'O, maar dit zijn moerbeibomen...'

'Houd je mond, stom mens,' fluisterde de eigenaar. 'Buitenlandse spionnen.'

'Zijn de bessen goed voor uw gevogelte?' vroeg Thomas aan de vrouw en deed net of hij het niet had gehoord. Tourraine was tot vijftig jaar geleden nog een Engels leengoed geweest en de mensen haatten de Engelsen. 'Uw kippen zien er lekker stevig uit.'

De eigenaar van de taveerne gromde wat en bood hun wijn aan. Etienne had geen verhalen meer te vertellen; de kinderen waren zeurderig. Marthe dronk zwijgend haar wijn. Ze kon ieder moment omvallen en met haar hoofd op tafel gaan liggen snurken, dacht Thomas. De regen viel gestaag naar beneden, maar kwam nog niet door het dikke gebladerte boven hun hoofd heen.

'Is er ergens een plek waar wij pelgrims onze mantels kunnen uitrollen om te kunnen slapen?' vroeg Thomas. De eigenaar gebaarde met zijn hoofd naar zijn vrouw die hem naar binnen volgde. Ze fluisterden met elkaar.

'Je moet die aap-man niet vertrouwen,' klonk de stem van de eigenaar. 'Hij praat als een Engelsman en nog als een Engelse heer ook. Hij vraagt te veel en ziet alles.'

Thomas zat buiten met zijn kin in zijn hand en luisterde aandachtig. Elenor glimlachte in zichzelf. Aap-man.

'De kinderen zijn erg moe, en de anderen ook. Wat kan het voor kwaad als we ze hier laten slapen?' vroeg de vrouw van de eigenaar. Er klonk een schurend geluid terwijl de man aan zijn kin krabde. 'Laat ze toch in het huis slapen,' vroeg zijn vrouw smekend met haar zachte, fluisterende stem. 'Ze zullen je kostbare wormen heus niets doen!'

'Het hoofd van het gilde zegt toch dat het geheim is? Weet je wat een geheim is, vrouw?'

Thomas fronste zijn wenkbrauwen naar Elenor. Ze liep op haar tenen naar de deur om beter te kunnen luisteren.

'...Dan kan ik ze in de gaten houden en misschien betalen ze ons ook nog iets. De tarwe is vandaag de dag zo duur dat het al een week geleden is dat...'

'*Ssst!*'

Elenor sprong achteruit.

'Goed dan, vrouw, deze keer geef ik je je zin. Maar jíj bent degene die wakker blijft en ze in de gaten houdt.'

Elenor liep snel terug naar de tafel; de eigenaar en zijn vrouw kwamen weer naar buiten met een schijnheilige glimlach en nodigden hen uit om binnen te komen.

Vroeg in de ochtend ging Thomas naar buiten en liep tegen een bak op poten aan die vol moerbeibladeren zat. Tussen het groen krioelde het van leven. Hij vroeg zich af of zijn ogen hem bedrogen en keek nog eens goed. Wormen! Talloze wormen kropen door de bak en vraten de bladeren op. Ze lieten slechts dunne kantachtige skeletten van de bladeren over. Thomas keek vol walging en toch ook vol bewondering toe. Waarom gaf iemand in tijden van honger voedsel aan wormen? Kookte de eigenaar ze misschien

en gaf hij ze aan reizigers? Thomas moest aan de soep van gisteravond denken. Wacht eens even – er werd zijde gesponnen van de fijne draad die de wormen maakten. Maakte de eigenaar soms zijde? Als dat zo was, dan moest hij met andere mensen samenwerken. De eigenaar was niet het soort man dat zo'n plan zelf bedacht. En het was een briljant plan, want schepen wedijverden met elkaar om voor veel geld zijde uit het Oosten te halen.
Geïnteresseerd in zijn ontdekking draaide Thomas zich om om terug naar het huis te lopen. Hij hoopte dat de anderen inmiddels klaar zouden zijn om te vertrekken.
'Ho!'
'Stop!'
'Ho!'
Drie mannen sprongen voor hem en prikten met hooivorken naar zijn borst. Een van de mannen was de eigenaar van de taveerne zelf. De tweede man was breed en had een baard en kleine oogjes. De derde had van die grote, angstige herte-ogen, een slappe kin en pareltjes zweet op zijn voorhoofd.
'Spion!' spuugde de eigenaar eruit. 'Wat heb ik je gezegd? Kom met ons mee!'
'Waar nemen we hem mee naar toe, Henri?' vroeg de man met de grote herte-ogen. Hij prikte Thomas als een zwijn dat naar de markt moest.
'Naar het gilde, zou ik zeggen.'
'Ja, breng hem naar het gilde.'
'Of...'
Thomas kreeg een waas van woede voor zijn ogen. Hij greep de dichtstbijzijnde hooivork beet, wrikte hem los uit de greep van de man en zwaaide hem omhoog. Hij voelde de tevredenheid van een klap die goed aankwam toen de hooivork de kaak van de man met de herte-ogen raakte en hem de lucht in zwiepte.
Thomas gooide de hooivork op de grond: hij had zijn hand opgeheven tegen een ander terwijl hij een eed had afgelegd dat hij dat niet zou doen. De eigenaar en de man met de kromme benen waren opzij gesprongen. Toen ze de Engelsman stokstijf zagen

staan, kwamen ze behoedzaam terug, en toen ze zagen dat hij geen weerstand bood, bonden ze zijn handen vast.

'Je hebt de pelgrimscode verbroken, Engelsman,' zei Henri vol leedvermaak toen de handen van Thomas op zijn rug waren gebonden.

'Je bent niet zo stom als ik dacht, Henri,' zei Thomas in het Engels. De derde man spuugde wat bloed uit en keek Thomas dreigend aan. De drie mannen ruzieden met harde stemmen. Toen duwden ze Thomas in de richting van het huis.

'Neem hem mee naar de Tempeliers,' zei de vrouw van Henri. 'Die zijn verantwoordelijk voor het gedrag van pelgrims. En ze zijn rijk; ze zouden ons moeten belonen voor onze moeite.'

De andere mannen knikten.

'Je vrouw heeft gelijk. Als we hem voor het hoofd van het gilde brengen en hij is inderdaad een spion, dan zitten we in de pur...' Henri onderbrak hem snel. 'Maak dan wat eten voor onderweg klaar, vrouw. We nemen het hele zooitje mee naar de Tempeliers en kijken welke genoegdoening we kunnen krijgen.'

Bij het eerste geschreeuw hadden Pipeau en Guillemette snel hun kleren aangetrokken en de kleertjes van de baby van de lijn gehaald waaraan ze hingen te drogen, en hingen nu aan Marthe's rokken. Elenor stond apart. Thomas gaat naar de gevangenis, dacht ze. Ik heb geen keus; ik moet met hem mee.

'Marthe.' De tranen stonden in Elenors ogen. 'Misschien kunnen we jullie verderop weer inhalen.'

Marthe keek om zich heen naar de anderen, beet op haar nagel en kamde het haar van Guillemette. 'Nee,' zei ze. 'Het duurt dan misschien wat langer voor we in Bordeaux zijn, maar we blijven liever bij jullie.' Pipeau en Guillemette knikten ernstig.

'En jij, Etienne, jij kunt beter...'

Etienne schudde zijn hoofd. 'Het hoofdkwartier van de Tempeliers is in Ozon, in het zuiden. Het ligt op onze weg, Nora! Ik moet weten wat die Tempeliers met mijn wilde vriend Thomas gaan doen.'

'Ik sla ze in elkaar,' zei Pipeau.

De Tempeliers, de zelf-aangestelde hoeders van de Weg van de Pelgrims, hadden hun hoofdkwartier naar hun eigen beeld gebouwd. Ruw, grijs en trots torende Ozon boven de weg uit. Elenor dacht dat de koning zelf zich nog een smekeling zou voelen als hij Ozon naderde en was verbaasd dat Henri genoeg lef had om hen er naar toe te brengen. Ze zat kaarsrecht op Mab, een brok in haar keel. Als de Tempeliers hen nu allemaal in een kerker zouden stoppen? Ze keek naar haar reisgenoten: het leek wel een troep toneelspelers, nog steeds verkleed. Henri speelde de schurk met zijn wantrouwige gezicht, zijn draaiende ogen en zijn versleten boerenkleren; Guillemette en Pipeau waren kindermartelaren met hun smalle gezichtjes boven hun knuistjes die de rand van Henri's kar omklemden. Marthe zat op wat stro in een hoek van de kar haar baby te voeden, een scène uit een kerstspel. Etienne zat naast Antoine, de man die door Thomas was geraakt. Hun voeten bungelden over de achterkant van de kar. De kaak van Antoine was opgezwollen en paars en zijn grote ogen keken een beetje scheel. Thomas reed naast de kar en mijmerde tevreden over de goede eigenschappen van zijn paard Daisy. Ze had Henri geschopt toen hij had geprobeerd op haar te rijden en ze had een stomende hoop precies voor zijn deur achtergelaten. Zelfs nu steigerde ze, strekte haar hals en sloeg haar hoeven trots uit.

De ribben van Thomas deden pijn van het geprik van Henri's hooivork. Hij probeerde zichzelf in een berouwvolle stemming te brengen, maar strekte in plaats daarvan zijn vingers en keek uit naar de dag dat hij geen pelgrim meer zou zijn en van die vervloekte belofte van geweldloosheid af was.

De meester van de Tempeliers van Ozon keek langs zijn lange dunne neus op Henri neer en stuurde hem weg met een zakje munten dat hem hooghartig werd toegeworpen. Toen hij Thomas naar voren riep, glipte Etienne er ook bij en ging naast Thomas staan als getuige. De stem van de meester was kortaf en precies, en terwijl hij sprak keek hij Thomas met zijn lichtblauwe ogen aan om te zien hoe nuttig hij kon zijn, alsof hij een zwaard of een zadel was.

'Het overtreden van de code is een ernstig misdrijf, ongeacht de provocatie. Het land tussen de Pyreneeën en hier is in staat van onrust. Je zult ongetwijfeld hebben gehoord dat er droogte heerst in Poitou en dat de mensen honger lijden. Pelgrims zijn niet welkom. Vooral pelgrims die alleen of in kleine groepjes reizen worden gewantrouwd. Ik heb de bevoegdheid jou bepaalde sancties op te leggen en dat zal ik ook doen. Ik wil dat je je voegt bij de groep pelgrims die op dit moment in Poitiers op een escorte wacht en dat je de totale verantwoording neemt voor die groep. Ik eis dat je deze groep begeleidt tot je de grens bij Navarre over bent en gezorgd hebt dat ze veilig zijn aangekomen bij het hospitium van Sancti Spiritus en dat je ervoor zorgt dat niemand zich van de groep losmaakt en alleen probeert te reizen. Je zult hier biechten en deze nacht hier blijven. Morgen vroeg zal er een mis worden opgedragen.'
Nee, dacht Thomas. Stop me in het schandblok. Geef me honderd zweepslagen. Zet me niet aan het hoofd van een kudde gelovige fanatiekelingen.
Zonder te wachten op vragen draaide de meester zich om en liep weg.

In Poitiers zette Thomas zijn reisgenoten aan het werk. 'Haal de pelgrims bij elkaar, jongens,' zei hij met evenveel enthousiasme alsof hij het over egels of bloedzuigers had. Elenor, Guillemette en Pipeau staarden hem aan.
'Wij gaan naar het hospitium,' zei Marthe. 'Nora en ik kunnen daar met de mensen gaan praten.'
'Ik neem de kerken en straten aan de noordkant, en Etienne, jij neemt het zuiden. We vertrekken morgenochtend na de mis vanaf de kerk van de Benedictijnen.'
'Begrepen, heer!' zei Elenor. 'In de pas, kapitein Pipeau.'

Het hospitium van de benedictijnen zat vol; het was er benauwd en overal klonk het zielige gehuil van kinderen. Pelgrims hingen onderuit op bedden of leunden tegen een muur, moe en rusteloos en met rode ogen van het stof van de droge wegen. Kinderen lagen plat op de stenen vloer met hun gezicht op de grond om te proberen zo wat verkoeling te krijgen.

Etienne verzamelde zeven Vlaamse studenten die voor de Weg hadden gekozen en vier Duitse burgers die allemaal lid waren van het slagersgilde.

Thomas vond zes van de gevangenen die in Parijs waren losgelaten bij elkaar; ze waren minder bleek en veel luidruchtiger nu ze een maand op pad waren.

Elenor vond vier nonnen, iemand die zichzelf heilig had verklaard, een snuisterijen-koopman en een stokoude frater.

In totaal vormde zich een groep van meer dan vijftig pelgrims voor de reis van Poitiers naar de Pyreneeën.

Na de mis, de volgende ochtend, verlieten ze de stad, een bont, ongeduldig gezelschap. Thomas reed op en neer langs de weg en probeerde mensen te tellen, gezichten in zijn geheugen te prenten en uit te zoeken of iemand hulp nodig had en of hem dat iets kon schelen.

17

Poitou

ET WAS LENTE IN POITOU, MAAR HET VOELDE AAN alsof het laat in de zomer was. De wandelaars en paarden wierpen een dikke worm stof op boven de droge weg. Elenor liep nu, een hemd voor haar gezicht gebonden, zodat de kinderen hoog op het paard konden zitten en frisse lucht konden inademen. Helemaal aan het einde van het konvooi zocht Thomas voorzichtig zijn weg, telde de mensen en droeg het water van degenen die slecht mee konden komen. Daisy's wimpers waren wit van het stof.
Aan beide kanten van de weg verschrompelden de jonge oogsten op het veld. Er was nergens een plek om even halt te houden. Achter lemen muren trokken gemene en hongerige honden aan hun kettingen en blaften tegen de pelgrims om ze weg te jagen, en toen Thomas de honden trotseerde en ergens om water vroeg, kwamen er boeren met hooivorken op hem af. Boos en beleefd kocht hij voor iedereen water voor buitensporig hoge prijzen.
Ze geven ons de schuld van de droogte, dacht Elenor. Toen ze naar de rij pelgrims keek die zwijgend voor haar voort ploegde, kon ze het zich goed voorstellen. Het waren net insekten, een plaag grote, zwarte, hongerige mieren. Verdoemden. Ze rilde, haar lichaam was warm en haar ziel was koud.
Ze hielden één keer halt op een koele plek, in een kerk waar zelfs het wijwater was opgelikt door een hond of een pelgrim. Er kwam geen priester naar buiten om hen te zegenen, maar de kinderen gingen op de grond liggen of drukten hun vermoeide gezichtjes tegen de stenen zuilen en veel pelgrims kropen in de donkere hoeken om uit de zon wat te gaan slapen. Ze baden om het te overleven, erdoorheen te komen, en ze baden om regen.

Jean-Paul, de baby van Marthe, leek te krimpen. Het zachte plekje op zijn hoofd, onder het kleine beetje haar dat hij had, werd groter en zijn ogen zakten diep in hun kassen. Elenor vond hem er heel oud uitzien en zag dat hij dood kon gaan, en hoewel ze duizelig was van de dorst, deed ze net of ze nergens last van had. Ze gaf haar rantsoen water aan Marthe, zodat die melk in haar borsten zou hebben. Marthe zei niets, maar sleepte zich vastbesloten voort. 'Over vier dagen,' zei Thomas tegen haar, 'zouden we in Bordeaux moeten zijn.'

Een dag later bleven een oude frater, die Pietro heette, en een kreupele ex-gevangene zo ver achter, dat sterkere pelgrims hen om beurten op hun rug moesten dragen. Het zou iedereen in gevaar brengen als het tempo van de groep verlaagd werd. Toen ze in de verte een dorp zagen liggen, hoopten ze allemaal tegen beter weten in op brood, water, een slokje wijn, een zegen in de kerk. Toen ze dichterbij kwamen, hoorden ze hoe alle luiken van de huizen werden dichtgedaan. Hoewel de Weg door het centrum van de stad liep, waren er maar weinig mensen buiten, en de mensen die er waren, beschimpten de pelgrims en schreeuwden tegen hen om te voorkomen dat ze stopten. Toen Elenor met Guillemette en Pipeau, alle drie op Mab, een groep vrouwen passeerde, draaide één vrouw zich om en spuugde naar hen. Hongerig en woedend stuurde Elenor Mab behendig naar Thomas toe en was voor het eerst blij dat ze boven de mensen uitkeek.
'Ik haat die mensen!' zei ze. 'Ik heb niets aan haar gevraagd. Ik zou haar brood niet eens opeten, ook al bracht ze het me op een mooi bordje.'
'Ik wel,' zei Thomas. Hij had al twee dagen niets gegeten en zelfs denken aan brood deed pijn. 'Ze haten ons niet. Het is de honger.' Elenor schudde zijn hand van zich af. 'O, *juist*, heer,' zei ze sarcastisch. 'Honden grommen als ze honger hebben. Ik dacht dat dit *mensen* waren!' Ze schopte haar hielen in Mabs flanken.
Guillemette duwde haar hoofdje in Elenors rug. 'Heer is Thomas?' vroeg ze.

Thomas draaide zich om en Elenor hield haar paard in; ze voelde zich verdrietig en gemeen. Ze gromde zelf ook en haar woede was niet gericht op Mab of Thomas.
Geschreeuw en stof stegen op.
'De bron,' zei Thomas. Ze kwamen dichter bij de herrie. Pelgrims stroomden samen om hun waterflessen te vullen, hun gezichten een masker van stof, hun handen uitgestrekt. Boeren stonden met hooivorken en knuppels in een kring met hun rug naar de bron en bewaakten zo hun kostbare water. Vrouwen gluurden vanachter de luiken vandaan. Mannen en jongens glipten hun huizen uit met knuppels en messen onder hun arm. Elenor zag het allemaal vanaf de rug van Mab. De pelgrims die nog ver van de bron waren, konden niets zien en verlangden alleen maar naar water. Ze duwden naar voren. Elenor kon het geschuifel van hun voeten horen en het gekreun van de pelgrims die dicht bij de bron waren, en ze zag de knuppels die alles probeerden tegen te houden.
Elenor zag hoe Thomas zijn handen aan zijn mond zette zodat de gewapende boeren hem konden horen.
'Mensen van Poitou,' riep hij, 'we komen in vrede, op bedevaart, zoals jullie kunnen zien. Hebben jullie wat water dat je met ons kunt delen?'
De mannen om de bron bewogen zich niet. Sommige mannen verschoven hun knuppel om een hek te vormen. Thomas begon opnieuw.
'Hebben jullie een tekort aan water?'
'Ja, we hebben een tekort aan water!'
'En we hebben ook genoeg van pelgrims.'
'We hebben onze buik vol van jullie, vrome bloedzuigers.'
'Van jullie en niets anders!'
'Wat voor goeds brengen jullie gebeden ons? Wij zijn al omgekomen van de honger voor jullie in Compostela aankomen.'
Het geschreeuw veranderde in een snerpend lawaai. Thomas hief zijn hand op.
'Wat hebben we dat we jullie kunnen geven in ruil voor water? Wat kunnen we jullie aanbieden behalve... gebeden?'

Elenor voelde haar hart in haar schoenen zinken. Ze wist wel wat ze hadden.
Een man met een bijl gaf als eerste antwoord.
'Je zou ons je mooie paard kunnen geven.' Zijn vrienden juichten.
Thomas moest geweten hebben wat er van hem gevraagd zou worden, want met een kalmte die Elenor verbaasde, zei hij: 'Mijn mooie paard blijft bij jullie als jullie haar goed behandelen en haar goed kunnen gebruiken en als jullie alle pelgrims hier toestemming geven om te drinken en hun flessen te vullen.'
Er klonk een geruis als van de wind van de kant van de pelgrims, een geruis van ongeloof. Een ridder deed nooit zo maar afstand van zijn paard. Zijn paard betekende rang, klasse, erfgoed.
'Hoe kan hij Daisy nu achterlaten bij deze ontzettend gemene mensen?' vroeg Elenor aan Etienne terwijl de tranen over haar gezicht stroomden.
'Ze zullen haar niet opeten,' zei Etienne. 'Ze is veel te waardevol.'

Een paar pelgrims die te zwak waren om die dag nog verder te lopen, sliepen in de dorpskerk. Thomas wilde heel graag alleen zijn. Te veel mensen bemoeiden zich met hem. Een vrouw had zijn voet gekust. Thomas, Elenor en Etienne sloegen hun kamp op buiten het dorp en stookten hun vuur flink op, zodat de andere pelgrims zich niet verlaten zouden voelen. Elenor aaide Mab en kalmeerde en borstelde haar. Etienne en Thomas zaten dicht bij het vuur met elkaar te praten. Elenor keek hoe de vlammen op hun gezicht speelden en diepe schaduwen maakten. Ze zagen er allebei uitgemergeld uit. Het was fijn om Thomas te zien lachen.
'Hé, kom eens. Etienne heeft een gids voor pelgrims uit zijn hoofd geleerd die is geschreven door een priester uit deze streek. Kom eens horen wat hij over de mensen van Poitou te zeggen heeft.'
Thomas had haar mantel naast zich uitgerold. Ze ging op haar buik liggen, haar handen onder haar kin, en zag hoe Etienne een overdreven plechtige houding aannam en zijn hand op zijn hart legde.

'De mensen uit Poitou zijn krachtige mensen en goede krijgers, vaardig met pijl en boog en oorlogsspeer, moedig in de strijd; ze kunnen heel hard lopen en zijn elegant gekleed' – Etienne rolde overdreven kieskeurig zijn mouwen op – 'ze hebben een mooi gezicht, zijn geestig, edelmoedig en... zeer gastvrij.'
O, Etienne, als je me aan het lachen maakt, ga ik vast huilen, dacht Elenor, maar in plaats daarvan legde ze haar hoofd neer en viel in slaap.

18
Helden

'IJ ZIJN DE GROTE STOFRUPS, GRENDEL DE RUPS, met wel honderd pootjes,' zei Elenor tegen Guillemette.
Pipeau hoestte en deed zijn ogen dicht. Hij wankelde voor Elenor uit en ze hielp hem zijn evenwicht te bewaren met armen die zo stijf als stokken voelden.
De karavaan spoedde zich naar het zuidwesten, sneller, lichter. Drie dagen naar Bordeaux, toen nog twee. Een van de burgers ruilde zijn mantel voor genoeg water voor iedereen. Een van de gevangenen gaf zijn schoenen weg. Hij had ze nodig, maar water betekende in leven blijven.

Er kwam een briesje uit het westen en het rook naar de zee. Vroeg in de middag kwamen ze op de top van een heuvel aan en keken naar beneden, naar de brede arm van de rivier de Garonne, die zich uitstrekte tot aan de horizon, met allemaal kleine eilandjes in het midden.
'Als we hier oversteken, zijn we dan in Spanje?' vroeg iemand. Elenor was verbaasd dat zij wist dat ze dan nog in Frankrijk zouden zijn en dat iemand anders dat niet wist.
Uiteindelijk hielden ze halt bij een kerk en vonden een priester, een mis, de zegen.
'Roeland spleet dat rotsblok met één haal van zijn zwaard doormidden,' fluisterde Etienne tegen Pipeau tijdens de mis. Pipeau draaide zich langzaam om, staarde naar het rotsblok naast de deur en likte zijn gebarsten lippen.
'Is Roeland hier?'
'Zijn lichaam. Hij is dood en ligt begraven in deze kerk.'

Ze sloegen hun kamp op aan de oever van de rivier. Het schemerde nog steeds. Het water was half rivierwater, half zeewater, warm en brak. Elenor leerde Guillemette en Pipeau drijven en vond het heerlijk de hele avond in het water te liggen terwijl haar onderrok opbolde als de zeekwallen die voorbij dreven. Marthe leende een naald van een van de nonnen en een scherp mes van een student en vermaakte een van de rokbroeken van Elenor. Ze knipte de extra stof van de pijpen weg en gebruikte die om de rok aan de onderkant voller en langer te maken. Toen Elenor de rok paste, sloeg Guillemette haar handjes ineen.
'O! Nora! Je bent lang en mooi zo!'
Elenor danste op blote voeten met Guillemette om het vuur. Haar nieuwe rok waaierde wijd uit en ze maakte lange, dansende schaduwen.
'Vertel ons nu eens over Roeland,' vroeg Pipeau smekend aan Etienne toen ze op hun rug bij het vuur lagen en de vonken de nachthemel in spatten.
Het was heerlijk koel bij de rivier. Het vuur hield de insekten op afstand. Zelfs Marthe wilde wel buiten slapen met haar kinderen, zolang iedereen maar dicht bij elkaar bleef. Guillemette lag opgekruld in Elenors arm. Elenor had ook wel zin in het verhaal: ze wilde nog niet aan Bordeaux denken. Ze keek naar Etienne en hoe de spelende vlammen zijn beweeglijke gezicht, zijn bos krullen en zijn lange, levendige handen accentueerden.
'Karel de Grote, christelijk keizer van de Franken is oud. Zijn baard is zo wit als appelbloesem,' begon Etienne. 'Hij is het vechten beu. Zeven jaar lang heeft Karel de Grote tegen de Moren gestreden en zijn sterkste krijger is Roeland, zijn neef. Ze hebben heel Spanje van de Moren gered, behalve Zaragoza, op de top van de berg, waar Marsile, koning van de Moren, nog steeds heerst. In Zaragoza is een mooie tuin vol schaduw waar Marsile zich met zijn ridders terugtrekt.
"Hoe komen we van Karel de Grote af?" vraagt Marsile.
Zijn raadsheer draait eens aan zijn zwarte snor en antwoordt: "Bied hem kostbare geschenken aan: goud en zilver, leeuwen,

beren en kamelen. Lieg tegen hem. Zeg tegen hem dat u het christelijk geloof zult aannemen als hij zich terugtrekt naar Frankrijk."
De boodschappers van Marsile worden naar Karel de Grote gezonden. Ze vertrekken op tien witte muilezels en hebben olijftakken in hun handen.
In een tuin in Córdoba ontdekken ze Karel de Grote, die naast een wilde roos zit te schaken met Roeland.
"Wat vinden jullie ervan?" vraagt Karel de Grote aan zijn raadsheren.
"U moet Marsile niet vertrouwen," zegt Roeland. "Doorgaan met de oorlog!"
Karel de Grote zit met neergeslagen ogen en strijkt zwijgend over zijn baard. Hij wil dolgraag terug naar Frankrijk.
Ganelon, de derde bevelhebber van het leger van Karel de Grote, is het niet met Roeland eens: "Marsile heeft aangeboden uw vazal te worden en houdt heel Spanje als leengoed. We mogen eigenlijk niet weigeren." Andere ridders zijn het met hem eens. Zij vinden dat Roeland te veel van oorlog voeren houdt.
"Laten we een verdrag sluiten met Marsile," zegt Karel de Grote. Hij zegent Ganelon met het kruis en overhandigt hem de staf en een brief voor Marsile. Ganelon doet gouden sporen aan en rijdt met de boodschappers van Marsile mee.
In Zaragoza komt Ganelon bij Koning Marsile, die in de schaduw op een met zijde behangen troon zit. En Ganelon de verrader zegt tegen de koning van de Moren: "Stuur een groot leger en laat het zich verbergen in de bossen van de pas bij Cize. Laat het eerste deel van het leger van Karel de Grote door de pas gaan. En dan, als alleen nog de achterhoede aan de Spaanse kant van de bergen is, vallen jullie aan. Roeland zal sterven. Als Roeland er niet meer is, is Karel de Grote ook een groot deel van zijn macht kwijt. Zo komt er vrede voor iedereen."
In Córdoba zit Karel de Grote op nieuws van zijn boodschapper te wachten. Vroeg in de ochtend komt Ganelon aan. Trompetgeschal weerklinkt overal. De Franken breken hun kamp op; ze gaan op weg naar Frankrijk.'

Etienne keek naar zijn luisteraars. Thomas was weggeglipt om nog wat hout te halen. Guillemette was in slaap gevallen. Elenor legde een mantel over haar heen.
'Je houdt niet erg van dit verhaal, hè, Etienne?' zei ze zacht. Het was meer een vraag.
Etienne ging verzitten en keek verbaasd. 'Laat me het eerst maar vertellen,' zei hij, 'zoals het altijd verteld wordt.' Hij glimlachte vaag naar haar, alsof hij iets wilde uitleggen, maar Pipeau ging rechtop zitten en zei ongeduldig: 'Ik wil horen hoe Roeland vocht.'
Elenor zag hoe Etienne eens diep ademhaalde en verder ging met het verhaal en verwonderde zich erover hoe hij het verhaal kon weven als een tapijt en toch niet oordeelde.
'De volgende dag komen de Franken bij de voet van de bergen aan. "Hier is de pas," roept Karel de Grote. "Wie leidt de achterhoede?"
"Roeland!" antwoordt Ganelon meteen. "U heeft geen dapperder edelman dan hij." Roeland aarzelt niet en neemt de post aan. Zijn beste vriend Olivier en de andere ridders komen bij hem staan. De heuvels zijn hoog en de valleien liggen al in de schaduw. Karel de Grote en het leger laten Roeland achter in de Spaanse pas. Maar terwijl hij naar het noorden trekt, is Karel de Grote vervuld van angst en in zijn dromen ziet hij allerlei vreemde voortekens. In Zaragoza verzamelt Marsile honderdduizend soldaten. Ze trekken hun maliënkolders aan, maken hun helmen vast, gorden hun zwaarden van speciaal staal om en pakken hun schilden en lansen. De lansvaantjes wapperen. Trompetgeschal weerklinkt. Vanaf de top van een heuvel ziet Olivier de zon glinsteren op de wapens van de heidenen. Hij roept naar Roeland: "Blaas op uw hoorn zodat Karel de Grote het hoort en omkeert."
Roeland weigert. "Moet ik me als een dwaas opstellen en mijn reputatie van moedig krijger verliezen?"
Olivier antwoordt: "Ik heb Saracenen op iedere heuvel en in iedere vallei gezien. Wij hebben maar weinig mannen vergeleken bij hen."

"Zo mag ik het graag zien," zegt Roeland.
De veldslag begint in een enorme stofwolk. Roeland deelt vijftien slagen uit met zijn lans voor het ding versplinterd wordt. Dan trekt hij zijn zwaard Durendal en stormt op een Saraceense prins af. Hij splijt de helm met de glinsterende robijnen in tweeën en doorklieft de kap eronder, gaat door het hoofd tussen de ogen, door de glanzende maliënkolder en het hele lichaam, door het met goud beslagen zadel en dwars door het paard voor de kracht uit zijn slag verdwijnt.
Olivier zit ook niet stil. De schacht van zijn lans is gebroken, maar met de stomp slaat Olivier de ogen en de hersens uit het hoofd van een heiden. Roeland ziet hem.
"Vriend, waar is je zwaard?"
Olivier antwoordt: "Ik heb het te druk met het uitdelen van klappen om mijn zwaard te trekken!"
"Zo ken ik je weer!" lacht Roeland. "De keizer bewondert ons om die klappen!"
De vrienden en hun ridders vechten door. De heuvels liggen bezaaid met doden; de overblijvenden vechten stug door. In het verre Frankrijk waaien er stormen en striemen de hagelstenen door de lucht. Het hele land beeft.
Roeland zet zijn hoorn aan zijn lippen en blaast zo hard dat het dertig kilometer verderop te horen is. Karel de Grote en zijn hele gezelschap horen het. "Dat is de hoorn van Roeland. Hij is in gevecht gewikkeld."
De keizer rijdt terug naar Spanje, woedend en bang, en bidt dat Roeland veilig is.
Al zijn vrienden zijn dood. Roeland vecht door, zijn lichaam doordrenkt van het zweet en met een heftige pijn in zijn hoofd. Roeland voelt hoe de dood hem overmant. Hij pakt zijn zwaard Durendal en wil het tegen een rotsblok kapotslaan zodat het nooit in handen kan komen van een heiden. Zo hard hij kan slaat hij met het zwaard op een rotsblok. Het rotsblok splijt in tweeën.
Roeland valt op de grond met zijn zwaard naast zich. Sint Michaël en de cherubijnen dragen zijn ziel naar het paradijs.'

De stilte werd slechts verbroken door het geknisper van het vuur. Pipeau zat nog wel rechtop, maar zwaaide heen en weer van de slaap.
'Heeft keizer Karel de Grote Roeland gevonden?' vroeg hij met een krakend stemmetje.
'Ja. Karel de Grote heeft Roeland en Olivier en het hele leger gevonden, allemaal dood. Hij nam de lichamen mee naar Frankrijk. Hij liet Roeland begraven in de kerk waar we vanmiddag waren.'
'Heeft hij het rotsblok ook hierheen gebracht?'
'Ja, het rotsblok ook.'
'En het zwaard Durendal?' Pipeau geeuwde en zijn ogen traanden.
'Het zwaard ook.'
'En wat gebeurde er met de slechte man?'
'Met Ganelon?'
'Ja. Wat gebeurde er met Ganelon?'
'Akelige dingen. Hij werd gedood omdat hij een verrader was.'
'O,' zei Pipeau met een zucht van tevredenheid.
'Welterusten.'
'Welterusten,' zeiden ze allemaal. Elenor kroop naast Guillemette. Wat was Roeland een sukkel, dacht ze. Ik wou dat Pipeau hem niet zo bewonderde. Ganelon was een verrader, maar hij was wel degene die vrede wilde... En toen sliep ze.

'Ik zie niet in waarom iedereen hem een held vindt,' zei Elenor toen ze de volgende ochtend stroomopwaarts reisden naar het punt waar de rivier overgestoken kon worden. Ze deed Roeland na en zei plechtig: 'De keizer zal hierom van me houden: *knal!*'
'Hij was hartstikke stom om niet om hulp te roepen toen hij die nodig had,' zei Marthe. 'Door hem stierven de andere ridders ook, alleen maar omdat hij de held wilde uithangen.'
Elenor deed net of ze het lelijke gezicht dat Pipeau trok niet zag.
'Waarom zijn helden altijd mannen?' vroeg Guillemette. 'Waarom zijn vrouwen geen helden?'
'Niet alle helden zijn mannen,' zei Thomas. 'Wat denk je van de

Weerzinwekkende Vrouwe?' Hij legde zijn hand op zijn hart en grijnsde naar Elenor. 'Zend mij, o Weerzinwekkende Vrouwe, naar alle hoeken van de aarde.'
'Maar,' zei Elenor blozend, 'als zij jou zou wegzenden, zou jij nog steeds de held zijn.' Ze dacht er even over na. 'In verhalen zijn de mannen helden door wat ze doen, maar als de vrouwen al helden zijn, is het om wat ze denken, of om wat hen overkomt.'
Ze keek even naar Thomas om te zien of hij luisterde. Dat deed hij. 'De Weerzinwekkende Vrouwe was wijs. Als je wijs bent, ben je dan ook een held?' vroeg ze.
'Niet als iemand die zo stom is als Roeland een held kan zijn,' zei Marthe.
Guillemette lachte.
'Maar nu heeft niemand jouw vraag beantwoord,' zei Elenor en sloeg haar armen om het kind heen. 'Jouw moeder is een held.' Marthe verschoof baby Jean-Paul van de ene schouder naar de andere en liep verder; ze liep altijd maar verder.
'Hebben jullie het verhaal van de Geduldige Griselda al eens gehoord?' vroeg Etienne.
Thomas kreunde. 'Ja. En één keer was genoeg.'
'*Vertel op*! zeiden Elenor, Marthe en Guillemette in koor.
'Zoals jullie willen,' zei Etienne.
'Jullie krijgen er spijt van,' zei Thomas.
Etienne gooide zijn hoofd achterover en zijn blauwe ogen sprankelden onder zijn oogleden.
'Aan de kust van Italië,' begon hij en kreeg weer een zangerige stem, 'ligt een vruchtbare vlakte die wordt geregeerd door een heer die Walter heet. Deze Walter weigert een vrouw te trouwen. Al zijn onderdanen smeken hem te trouwen zodat hun land in vrede geërfd kan worden, maar Walter kan de volmaakte vrouw niet vinden.
Niet ver van het edele paleis ligt een arm dorpje waar een oude man woont die een dochter heeft, Griselda. Ze is mooi en zachtmoedig. Als Walter op een dag door het dorp rijdt, valt Griselda hem op: haar vrouwelijkheid en goedheid vallen bij hem in de

smaak. Hij vraagt zijn baronnen een huwelijksfeest voor te bereiden zonder hun te vertellen wie de bruid zal zijn.
Op de dag van de plechtigheid rijdt Walter naar de hut van de oude man. "Wilt u mij als schoonzoon hebben?" vraagt hij.
De oude man is stomverbaasd, staat vuurrood wat te bibberen en kan nog net ja knikken. Dan spreekt Walter Griselda aan. Hij vraagt haar hem te beloven dat ze hem altijd zal gehoorzamen, wat hij ook vraagt, en hem nooit weerstand zal bieden.'
'Hè?' valt Marthe hem in de rede.
'Niet doen, Griselda,' mompelde Elenor.
'Griselda zegt ja,' zei Etienne met een serene glimlach op zijn gezicht en ging verder, zijn hand op zijn hart.
"'Heer," antwoordt Griselda, "ook al ben ik zo'n eer onwaardig, als het u goed lijkt, is het goed voor mij. Ik beloof u dat ik u altijd zal gehoorzamen, zowel in daad als in gedachte."
Walter laat Griselda in prachtige kleren kleden en brengt haar naar het paleis, waar het huwelijk op grootse wijze gevierd wordt.
Met haar gratie en wijsheid helpt Griselda Walter voor zijn onderdanen te zorgen en er heerst vrede en voorspoed in het land.'
Elenor is ontmoedigd, ziet Thomas naar haar kijken en kijkt scheel terug. Etienne gaat verder met zijn verhaal.
'Na een tijd krijgt Griselda een dochter van Walter en ze is dol op haar kind. Maar Walter wordt bevangen door een krankzinnig verlangen om Griselda's loyaliteit op de proef te stellen. Terwijl ze het kind nog aan de borst heeft, zegt hij tegen zijn vrouw dat hij heeft besloten zich van het meisje te ontdoen. Griselda zegt: "Mijn kind en ik zijn uw bezit. Doe zoals u wilt." Ze geeft het kind een kus en een kruisje op haar voorhoofd en geeft haar aan de page van Walter. Walter stuurt het kindje naar zijn zuster, maar laat Griselda in de waan dat haar kind dood is. Griselda spreekt de naam van haar dochter nooit meer uit en houdt als altijd van Walter.'
'Nee hè!' viel Elenor Etienne in de rede. 'Wat een afgrijselijk verhaal.'
'Ze is geen held, ze is een hielenlikker,' zei Marthe.
'Jij zou me toch niet weg laten halen, hè, ma?' vroeg Guillemette.

'Natuurlijk niet!'
'Willen jullie het verhaal nog verder horen?' vroeg Etienne onschuldig.
'Nee,' antwoordde Marthe.
'Ga verder,' drong Guillemette aan.
'Hou het kort,' zei Elenor.
'Dat kan ik niet,' sprak Etienne waardig. 'Ik moet het goed vertellen of anders niet. Als je een verkorte versie wilt, moet je het maar aan Thomas vragen.'
Ze keken allemaal naar Thomas.
'Verkorte versie. Laat me eens kijken. Griselda krijgt een zoon. Walter haalt de zoon weg. Griselda glimlacht. Walter zegt tegen haar dat hij genoeg van haar heeft.'
'Toe maar,' zei Elenor.
'Walter maakt van Griselda een kamermeisje en het hele paleis wordt klaargemaakt om een nieuwe bruid voor Walter te kunnen verwelkomen. Griselda schrobt de vloer en is nog steeds even opgewekt.'
Marthe sist.
'De nieuwe bruid komt, prachtig gekleed, heel jong. Ze ziet er precies zo uit als Griselda op die leeftijd.'
'De dochter! *Nee*! Zelfs die afschuwelijke Walter kan toch niet met zijn eigen dochter trouwen!'
'Met het meisje komt haar broer mee, die nu een knappe jongen is geworden. Griselda wenst Walter veel geluk toe, en uiteindelijk wordt hij overmand door emotie. Hij stelt zijn vrouw voor aan haar eigen kinderen, zij valt van vrome vreugde flauw, ze leggen alles weer bij en leven nog lang en gelukkig.'
Marthe spuugde vol afschuw op de grond.
'Is Griselda goed?' vroeg Guillemette.
'Ze wordt als held voorgesteld omdat ze zo loyaal is,' zegt Etienne met neutrale stem.
'Wat heb je eraan zo loyaal te zijn als je constant een sukkel bent?' vroeg Marthe.
'Ze overdreef,' legde Elenor aan Guillemette uit.

'Roeland was een held wat moed betrof, maar een lomperd als het om trots ging,' zei Thomas.

'De Grieken, die van gematigdheid hielden, zouden zowel Roeland als Griselda als monsters beschouwd hebben,' zei Etienne tegen de lucht.

'Dan ben ik het met de Grieken eens,' zei Elenor. 'Kom op, Guillemette, meid. Het is onze beurt om te lopen.'

19

Bezit

E OUDE FRA PIETRO STOND VOOROVERGEBOGEN om adem te kunnen halen en hield zich stevig vast aan zijn menselijke krukken; Elenor aan de ene kant en Marthe aan de andere. Hij wreef over Elenors hand die hem ondersteunde.
'Bezit, meisje, is vreselijk... het leidt ons af van de ware...' Door die paar woorden was hij al weer buiten adem. Elenor haalde de stop van haar waterfles en bood hem een slokje water aan. Hij nam het dankbaar aan, hoewel zijn handen beefden en het water over zijn kin liep. Elenor keek vooruit naar waar de andere pelgrims in een stofwolk verdwenen waren. Thomas had haar gevraagd met Fra Pietro mee te lopen en hem te helpen het tempo bij te houden, maar ze kon hem absoluut niet sneller laten lopen, tenzij ze hem op haar rug nam.
De oude man ging verder met een eentonige stem die zo onregelmatig was als de gang van een lamme ezel. 'Er was eens een man die aan Sint Franciscus vroeg of het een zonde was om een missaal te bezitten. Sint Franciscus zei tegen hem: "Koop maar een missaal als je dat wilt, maar de situatie zal er niet eenvoudiger op worden. Als je eenmaal een missaal hebt, wil je een lessenaar hebben om de missaal op te kunnen leggen en dan heb je weer een tafel nodig voor de lessenaar en... een dak boven de tafel om de missaal te beschermen tegen het weer."' De frater lachte piepend. Marthe sloeg hem zachtjes op de rug en ze stonden weer stil.
Elenor vroeg zich af of ze er verkeerd aan had gedaan om een boek voor Thomas te kopen. Ze wist dat hij er blij mee was. Hij had het altijd in zijn zak en vroeg haar soms hem te helpen met

lezen. Ze was stomverbaasd geweest toen ze ontdekte dat zij beter kon lezen dan Thomas en was blij dat hij niet te trots was om haar om hulp te vragen.

Thomas legde ruzies bij, ging op zoek naar mensen die anderen konden helpen, zocht een oplossing voor de voortdurende behoefte aan eten en onderdak en probeerde met zijn spaarzame kennis van het Latijn met de Italianen en Occitaniërs te praten die zich nu bij hen voegden. Dit waren uitdagingen waardoor hij zich scherp en vol leven voelde, als een jongleur.
Hij moest nu zestig mensen en een paard over de brede arm van de zee naar Bordeaux brengen. De bootjesverhuurders die om de pelgrims heen zwermden en aan hun mantels trokken, straalden oneerlijkheid uit. Thomas riep Etienne, die de plaatselijke taal sprak.
'Wat vragen ze voor een overtocht?'
'Alles tussen één en vier stuivers; het hangt ervan af hoe de passagier eruitziet en ze zullen proberen er zes in een boot te proppen.'
'Bied één stuiver per persoon en twee voor het trekken van het paard en zeg dat er niet meer dan vier personen in een boot mogen, twee als het paard erachter wordt gesleept. Het zal veiliger voor het paard zijn om aan een leidsel achter een boot aan te zwemmen dan te proberen op een boot te blijven staan.'
Etienne fronste zijn wenkbrauwen. 'En als die bootjesverhuurders er niet mee akkoord gaan?'
'Zeg dan maar dat we de hele karavaan verder stroomopwaarts zullen leiden naar de volgende plaats waar we over kunnen steken. Zeg maar dat ik een kaart heb.'
'Leugenaar!'
Thomas lachte. 'In mijn hoofd.'
Elenor en Marthe zaten met de andere vrouwen en kinderen op de oever. Elenor keek naar de kleine, krakkemikkige bootjes en wilde dat ze Pipeau en Guillemette beter had leren zwemmen. Pipeau redde zich wel; hij was niet bang van water en was al ver ge-

noeg om met een hondjesslag te kunnen zwemmen. Guillemette kon op haar rug drijven, maar vond het vreselijk om water op haar gezicht te krijgen. Elenor haalde de twee extra hemden uit haar tas en uit die van Thomas, legde een knoop in de mouwen en bedacht dat ze ze als reddingsvest voor de kinderen kon gebruiken als de boot zou omslaan.

Haar ogen zochten de rivier af. Ver van de kant lagen gracieuze, zeewaardige schepen; in het midden waren ze laag, maar ze hadden een hoge, sierlijke boeg en achtersteven. 'Wie vaart er in die boten daar?'

Een van de Duitsers antwoordde: 'Die schepen vervoeren wijn in grote vaten.'

'Waar vervoeren ze die naar toe?'

'Naar de schepen die over de zee naar Engeland varen en naar Vlaanderen.'

'En waar meren de schepen uit Engeland dan aan?'

'Ook in Bordeaux, maar meer naar het westen toe, waar het dieper is.'

Elenor gaf Guillemette's hand een kneepje. 'Dat moet in de buurt zijn van waar jouw vader werkt. Je zult hem nu gauw weer zien!'

Een vrouw die zich nog maar pas bij de karavaan had aangesloten trok een menigte mensen aan, want ze voorspelde de toekomst op een melodramatische fluistertoon. Haar ogen waren opvallend mooi blauw in haar ernstige, verweerde gezicht.

'Mag ik ook?' vroeg Guillemette smekend. 'Mag ik ook mijn toekomst laten voorspellen?'

'Nee,' zei Elenor, want vader Gregory had altijd gezegd dat de toekomst voorspellen flirten met de duivel was. Haalde de vrouw haar voorspellingen gewoon uit de lucht of ontving ze ze van het een of andere wezen dat alleen zij kon zien?

Plotseling zei Marthe: 'Let even op de kinderen!' Ze duwde Jean-Paul bij Elenor op schoot en klauterde over de rivieroever naar de waarzegster.

Elenor spitste haar oren om iets op te kunnen vangen, maar ze kon de woorden niet verstaan. Ze zag hoe Marthe verstijfde alsof

er een rilling over haar rug liep. Ze ving een woeste blik van de waarzegster op en een licht gekreun van de mensen om haar heen. Marthe kwam lijkbleek terug. Ze wilde de vragen van Guillemette niet beantwoorden, pakte Jean-Paul weer op en hield hem stevig vast.
En toen werd er geroepen dat ze in de boten moesten stappen.

'Gerieflijke overnachtingen, maar een stuiver per nacht!'
'Geen vlooien, geen ongedierte, wel goed eten uit eigen keuken!'
'Heeft u genoeg van de harde abdij-vloeren? Kom naar mijn huis en slaap op een veren matras!'
Op de kade van Bordeaux wemelde het van de mensen die probeerden een graantje mee te pikken van het geld van de pelgrims. Een paar mensen van het gezelschap lieten zich meevoeren, maar de meesten wachtten moe in groepjes op de aanwijzingen van Thomas. Hij zocht en vond een benedictijner broeder, die hen de weg wees naar een hospitium.
'Waar is mijn pa?'
'Heb je hem al gezien?'
'Is dat hem?'
Pipeau en Guillemette waren helemaal opgewonden. Marthe was teruggetrokken. Elenor liep naast haar en legde haar hand op haar schouder.
'Zal ik Jean-Paul dragen?'
Marthe gaf geen antwoord, maar hield de baby nog steviger vast.
'Wat is er aan de hand?'
Marthe haalde haar schouders op. 'Ik wil er niet over praten.'
'Wat heeft die enge waarzegster tegen je gezegd?' vroeg Elenor ongeduldig.
Marthe siste en de tranen sprongen in haar ogen. 'Dat serpent! Ze zei dat mijn man er met een andere vrouw vandoor was en dat ik een nieuwe man moest gaan zoeken! Ze zei dat mijn leven eruitzag als een hoge, rotsachtige berg en er niets dan problemen voor me lagen!'
Marthe's schouders, die meestal recht waren, zakten. Ze zag er

opeens oud en moe uit, dezelfde Marthe die de hele reis zo flink en dapper was geweest.

Ze stonden bij de poort van het hospitium en gingen een voor een naar binnen. De broeders wachtten hen op met kommen om de voeten van de pelgrims te wassen. Elenor kietelde met haar vinger over de wang van Jean-Paul. Hij werd weer wat dikker en ze werd beloond met een kwijlend lachje.
'Zodra we dit achter de rug hebben, gaan we hem zoeken,' zei ze tegen Marthe. 'Wat er ook gebeurd is, hij zal er trots op zijn dat je van zo ver bent gekomen om hem op te zoeken.'

Terwijl ze naar het stadhuis liepen en daarna naar een straat die hun was aangewezen, had Marthe een lege uitdrukking op haar bleke gezicht, als een gevangene die naar de galg werd geleid. Ze hield Jean-Paul zo stevig vast, dat hij begon te huilen, en zelfs Pipeau en Guillemette waren stil. Toen ze uiteindelijk bij de deur kwamen waar ze naar toe waren gestuurd, was het Elenor die aanklopte en tegen de kinderen zei: 'Kop op, dadelijk herkent jullie pa je niet eens.'
De deur werd opengedaan door een moederlijke, oudere vrouw. Elenor slaakte een zucht van verlichting en zag dat Marthe weer een beetje kleur kreeg. 'Woont hier een man uit Parijs die Jean-Loup wordt genoemd?'
'Jazeker, en bent u dan zijn jonge vrouw, op wie hij al zo lang wacht?'
Marthe leek haar tong verloren te hebben, maar Elenor schoof haar naar voren in een paar armen die haar bijna platdrukten.
De vrouw kon tegelijkertijd omhelzen en schreeuwen, en ze gilde: 'Jean-Loup!'
Jean-Paul zette het op een brullen en Pipeau trok aan het schort van de vrouw. 'Waar is hij, waar is mijn vader?'
En toen kwam er van achter het huis een uit zijn krachten gegroeide elf, een grotere uitvoering van Pipeau, aanrennend, die zijn vrouw uit de armen van zijn hospita trok. Guillemette liet Ele-

nors hand los en wrong zich tussen haar ouders in terwijl Pipeau zijn vaders been op klom. Jean-Loup gaf een schreeuw van blijdschap; de stem van Pipeau piepte als een fluit; de baby brulde harder dan ooit en werd gered door Elenor, die zich afvroeg waarom er tranen over haar wangen liepen.

Zelfs een vleugje zeewind was al opbeurend na hun lange reis over land. Thomas werd er rusteloos van en kreeg weer een heleboel energie. Hij keek naar de inhalige, schorre meeuwen die met lange halen van hun vleugels over hen heen vlogen en dacht aan het visioen waarover Elenor hem had verteld, het visioen waarin ze een vogel was geworden. Ze zou geen meeuw zijn... een mus misschien, een wilde gans, een koekoek soms... Hij scharrelde rond op de kades van Bordeaux en hielp mee met het zware werk. Hij rolde enorme vaten wijn van pakhuizen naar schepen, trok aan touwen en keek toe hoe schepen werden gelost en geladen en praatte met zeelieden van over de hele wereld.

Een schip dat even groot was als de *Lady Elwyse* kwam langzaam de haven binnen gevaren en trok een menigte nieuwsgierige mensen naar de kade. De mast was gebroken en versplinterd, de zeilen zaten vol gaten en er ontbrak hier en daar het een en ander. Het dek stond vol vermagerde mensen in donkere kleren. Terwijl Thomas de zeelieden hielp de kabels vast te maken, hielden de gele handen van de passagiers als vogelklauwtjes de reling omklemd. De meesten konden niet lopen aan wal. Hun benen begaven het. Er waren een paar broeders van het hospitium om ze op te vangen met stapels krukken en draagbaren. Thomas bleef in de buurt om te kijken of iemand hem nodig had en was opgelucht dat dat niet zo was. Hij had er genoeg van om langzaam en voorovergebogen te lopen om de oude en zwakke mensen te ondersteunen.

Er was een man die ook uitstapte met de pelgrims, maar die een beetje sterker leek dan de rest. Thomas begroette hem, vroeg hem waar hij vandaan kwam en of hij zin had in een beker wijn.

'Wijngebied, hè?' antwoordde de man met een grijns op zijn ge-

zicht. Hij bewoog zich met de onzekere stap van een oude man; de stap die je krijgt van een lange tocht overzee. 'Ik wil graag een toost uitbrengen op ons allemaal voor het overleven van deze tocht op dat verdomde kleine schip... God zegene haar,' voegde hij eraan toe en nam zijn hoed af voor het armzalige schip.
'Komt u van ver?' vroeg Thomas.
'Uit Yarmouth, Engeland, als u weet waar dat ligt.'
Thomas lachte. 'Ik had kunnen zweren dat het een zusterschip van de *Lady Elwyse* was.'
'Heer,' zei de man, 'dat is de *Lady Elwyse*!'
'Dan mag het een wonder heten dat u hier bent,' zei Thomas en ze stelden zich aan elkaar voor. De man heette Martin McFeery en kwam uit de Schotse Hooglanden. In Thornham vonden de mensen de Schotten wildemannen van ver weg, maar nog niet ver genoeg. In Bordeaux leek deze Martin McFeery wel een broer.
'Dus u bent helemaal over land gekomen vanaf Le Havre,' zei Martin. 'We moeten onze reis maar eens vergelijken.'
Een uur later, na een derde beker wijn, kon je Martin McFeery horen zeggen: 'Om een lang verhaal kort te maken, het was verdomd de meest angstaanjagende ervaring die ik mijn hele leven heb gehad en ik zou het nooit weer doen. Niet voor al het goud van priester John en niet voor honderd jaar vagevuur minder.'
'Dus je gaat verder met ons mee?' zei Thomas.
'Ja hoor, ik en waarschijnlijk nog zestig zeezieke stakkers met knikkende knieën.'

Elenor bedacht een tijdlang wat ze tegen Thomas zou zeggen, maar toen hij uiteindelijk terugkwam naar het hospitium, liep hij te zwaaien op zijn benen, had zijn arm om een slungelige Schot heen geslagen, en zong lallend dronkemansliederen. Ze besloot Thomas eerst maar zijn roes te laten uitslapen voor ze een serieus gesprek met hem probeerde te voeren.
De volgende ochtend gingen ze samen Mab verzorgen. Ze borstelden haar, ieder aan een kant van het paard, en zwegen kameraadschappelijk.

'Je weet hoeveel ik van dit paard hou,' zei Elenor opeens.
'Ja, dat weet ik,' zei Thomas. 'Waarom zouden we hier anders zo vroeg in de ochtend zijn? En ik nog wel met een barstende koppijn.'
'Ik wil... haar verkopen,' zei ze snel.
Thomas ging stomverbaasd rechtop staan en vergat zijn hoofdpijn.
'Waarom?'
'We hebben Jean-Loup gevonden. Hij woont bij een oudere vrouw... een rots in de branding, je zou haar leuk vinden... maar haar dochter gaat trouwen en ze heeft de kamer van Jean-Loup nodig, dus moeten ze nu een huis hebben, en ik heb een volmaakt mooi huisje gevonden, nou ja, een goed huisje, net als dat van Sybille, en het zou perfect voor ze zijn, maar ik weet dat ze geen geld hebben...' Tot Thomas' grote verwarring barstte ze midden in haar enthousiaste verhaal in snikken uit. Ze draaide zich om en leunde met haar voorhoofd tegen de ruwe houten muur en sloeg er zachtjes met haar hoofd tegenaan van ellende. Thomas was geschokt. Hij kreeg het gevoel of het zíjn hoofd was dat tegen de muur sloeg. Hij liep naar haar toe en pakte haar bij de schouders om haar te laten ophouden.
'Je wil dit niet echt, hè?' vroeg hij zacht.
'Nee.' Ze boog haar hoofd en snoot haar neus aan haar onderrok. 'En ja. En het was helemaal mijn idee. De anderen weten nergens van. Maar ik wil dat ze iets hebben... een eigen plek.'
'Ik heb nog wat geld over...'
'Niet genoeg, denk ik. Niemand verwachtte van jou dat je een huis zou kopen.'
'Ik denk dat dat waar is, hoewel ik nog nooit heb geprobeerd een huis te kopen.'
'Het is een heel klein huisje,' zei Elenor, 'op een heel klein stukje grond; maar er is ruimte voor een tuin en er staan twee bomen, een kastanje en een appelboom.'
'Zal ik het vandaag nog doen?' vroeg Thomas.

20

Martin

LENOR SLOEG EEN MUG DOOD EN HAD BLOED op haar hele gezicht. Ze knipperde zout zweet uit haar ogen. Ze wrong zout water uit haar rok en stopte de zoom in haar tailleband om hem uit het moeras te houden. Weer een dag lang tot je knieën door het water modderen. Haar mantel zat opgerold aan haar tas vastgemaakt en haar rug deed pijn van het gewicht, hoe ze de tas ook verschoof. Meeuwen wiekten boven hun hoofden en af en toe vloog er kalm een enkele blauwe reiger over, die op lange poten landde om rond te stappen en in het brakke water naar schelpdieren te pikken.

Ze hadden Bordeaux achter zich gelaten. Marthe en Guillemette, Pipeau en Jean-Paul en Jean-Loup woonden nu allemaal onder één dak; met een half gespitte tuin, een melkgeit en in de rivier gewassen kleren die aan de lijn wapperden. Elenor miste vooral Guillemette; ze miste haar handje in de hare en miste de zachtmoedige maar volhardende weetgierigheid van het kind.

Ze waren nu in een gedeelte van het land dat totaal anders was dan alles wat ze tot nu toe hadden gezien; vlak, open en moerassig met stukken heldergroen gras, gedeelten met zachte modder en moerasgras, en ondiepe plassen. Het gonsde er van de insekten en door al die insekten waren er vele soorten vogels. Op de drogere gedeelten graasden schapen. Toen Elenor de eerste herder zag, bleef ze stokstijf van verwondering staan. De herder liep op stelten die aan zijn benen waren vastgebonden; hij bewoog zich met de onhandige elegantie van een reiger. Ze draaide zich om naar Guillemette om haar erop te wijzen en herinnerde zich toen weer dat Guillemette niet bij haar was.

Elenor slaakte een diepe zucht. De kinderen hadden dit deel van de reis niet kunnen maken. Mab had een been kunnen breken in dit verraderlijke moeras. Denken aan het zachte gezicht van Mab deed pijn, alsof ze een steen op haar borst meedroeg. Ze was heel lang niet meer zo verdrietig geweest, maar het verdriet dat ze nu voelde, het missen van Mab, het missen van Guillemette, sijpelde als waterdruppels in een oud verdriet. Ze voelde weer hoe het was toen haar zusje was geboren in Ramsay, een dag met licht en schaduw, eerst de blijdschap en toen die woorden die aankwamen als stenen: 'Je kunt niet naar mama toe, Ellie, want ze is niet meer bij ons.' Voor niets, want het kleine zusje was ook gestorven. Guillemette was een fijn zusje. Mab was een paard waar je je armen omheen kon slaan en waar tegen je kon praten. Elenor miste hen allemaal en huilde voor hen allemaal met zoute tranen van ellende. Ze moest steeds met haar ogen knipperen om te kunnen zien waar ze liep.

Elenors zware sandalen werden steeds zwaarder door de modder en het water, tot het niet langer mogelijk leek nòg eens een voet uit de modder te trekken en die nòg eens op te tillen voor de volgende stap. Ze deed haar sandalen uit en wriemelde met haar tenen in de zachte, zoute modder. Al gauw sneden de rafelige, gebroken schelpen van piepkleine mosselen in haar voeten. In het begin was de pijn een welkom gevoel. Het leidde haar af en maakte dat de tranen haar weer in de ogen sprongen. Maar toen begon ze zich misselijk en duizelig te voelen. Ze moest zich ergens aan vastklampen, anders zou ze alleen maar dieper wegzinken. Water, slik, modder, schelpen, en dan? Ze stelde zich voor hoe ze naar beneden werd getrokken en daarna in de armen werd geworpen van kwaadaardig lachende duivels die net als in Peterborough zongen:

Eeuwige wroeging, eeuwige wroeging.
Het lied van hen die verdoemd zijn,
gaat alleen maar over wroeging...

Elenor spetterde wat water over haar gezicht, rechtte haar schouders, maakte haar voeten schoon en perste ze weer in de natte sandalen. Toen ze rechtop ging staan, zag ze iemand gehurkt zitten, een stukje van de hoofdgroep van wadende pelgrims vandaan. Ik wou dat de mensen een stukje verder van de weg gingen plassen, dacht ze geïrriteerd, maar ze keek nog eens omdat de hopeloze onbeweeglijkheid van de vrouw haar aandacht trok. Met een zucht draaide ze zich om en waadde terug door het fel schitterende water om te kijken wat er aan de hand was.

Melinda, de waarzegster die Marthe zo ontzettend bang had gemaakt, zat op haar hurken in de modder. Het licht van het water reflecteerde op haar gezicht. Er zaten blauwe kringen onder haar ogen alsof het blauwe plekken waren. Melinda keek niet op toen Elenor dichterbij kwam. Ze staarde in de ruimte, schommelde zacht en neuriede wat voor zich uit. 'Melinda! Sta op, mens. Dit is geen plek om uit te rusten,' zei Elenor scherp.

Melinda deed haar mond open alsof ze iets wilde zeggen, maar er kwam geen geluid. Ze likte aan haar uitgedroogde lippen. Elenor wachtte ongeduldig en hoorde uiteindelijk een hees gefluister: 'Ik kan niet... kan niet meer...' Doodsbedtoneel, dacht Elenor. Als ik het kan, kan jij het ook. Ze voelde hoe haar mond zich tot een sarcastische glimlach plooide, terwijl Melinda hees fluisterde: 'Mijn plek om te sterven... hier tussen de spiegels... hier sterven... kan niet naar... wat me te wachten staat.'

'En wat is dat dan, Melinda? Wat staat jou te wachten? Waar?'
Melinda rilde en gooide haar hoofd achterover; haar ogen rolden omhoog en zagen er angstaanjagend wit uit. Haar stem schoot uit: 'Doodsangst! Nevels, enorme bomen en daar tussendoor sluipend een akelige dood... Laat de dood maar hier komen, in de openlucht.' Elenor vocht tegen een misselijk makend gevoel van paniek. Medelijden veranderde in angst en angst weer in woede. 'Sta op, stom mens!' gilde ze. Het kippevel stond op haar armen. 'Jij vindt het toch zo leuk om ons angst aan te jagen met je griezelige voorspellingen. Nu heb je jezelf bang gemaakt, stommeling! *Niemand* weet wat de toekomst brengt! Niemand! Hoor je

me? Laat de toekomst aan God over, sta op en loop!' Terwijl ze Melinda kwaad aankeek, moest Elenor er plotseling aan denken hoe ze aan vader Gregory had verteld dat ze niet wilde trouwen, geen kinderen wilde krijgen, niet verder wilde. 'Je kunt niet gewoon ophouden met leven!' schreeuwde ze. Ze greep Melinda bij haar armen en probeerde haar overeind te trekken, ze schopte haar met een modderige sandaal om haar omhoog te krijgen. Maar Melinda was veel zwaarder dan Elenor en ze gaf geen krimp. Haar armen waren klam en slap. Elenor ging rechtop staan, beschermde haar ogen tegen het fonkelende licht en zocht tussen de pelgrims die over de weg strompelden naar iemand die haar kon helpen. Waar was Etienne? Waar was Thomas? Tussen de kleine figuurtjes in de verte zag ze er een die groter was dan de andere. 'Thomas!' riep ze. 'Er is hier hulp nodig. Kom eens helpen!'
Allerlei hoofden draaiden zich om. Ze schaamde zich voor de bazigheid in haar stem. Er kwam een man met een rossige baard naar hen toe gelopen. Zijn voeten waren in vodden gewikkeld en er zat zo veel modder op dat het wel reuzenvoeten leken. Zijn vaag bekende gezicht danste in het spiegelende licht en ze zag lichtgrijze ogen met witte kraaiepootjes bij de hoeken van het turen of lachen in de zon. 'Ik help wel even, meissie. Wat is er aan de hand? Uitgeput zeker, hè?'
Hij ging aan de ene kant van Melinda staan en trok haar omhoog terwijl Elenor aan de andere kant stond en haar tegenhield zodat ze niet kon omvallen. Hij haastte haar niet, maar bleef zachtjes over koetjes en kalfjes praten, en Melinda zette haar ene voet voor de andere. Elenor luisterde nauwelijks. Ze voelde zich schuldig toen ze merkte hoe hij met zachtheid bereikte wat haar niet was gelukt met kwaadheid. Er kwam een briesje opzetten dat haar wangen afkoelde. Ze rilde en het zweet liep koud langs haar armen.

Eindelijk begon de grond onder hun voeten te stijgen. Toen de zon in een roze gloed begon onder te gaan, strompelden ze een benedictijner abdij binnen waar broeders met helende gaven waren die compressen op hun verwondingen legden; er was ook een schoenmaker die kon helpen hun kapotte sandalen te repareren of ze te vervangen.

Terwijl de andere pelgrims zich klaarmaakten voor de nacht, ging de Schot Martin McFeery na het avondeten naar buiten om naar de zonsondergang te kijken. Op de weg terug hoorde hij iemand zachtjes huilen. Toen hij op onderzoek ging, ontdekte hij het Engelse meisje dat met zijn nieuwe vriend Thomas meereisde. Hetzelfde meisje, realiseerde hij zich nu, dat hem had geholpen Melinda uit de modder te trekken. Ze zat op een stenen muurtje dat uitkeek op een kudde schapen die waren binnengehaald voor de nacht; ze had haar knieën opgetrokken tot onder haar kin en hield haar armen er stijf omheen geslagen. De tranen stroomden over haar gezicht. Martin ging naast haar op het muurtje zitten en gaf haar een vies vodje om haar neus in te snuiten.

'Toe maar,' zei hij. 'Erger kan het niet worden.'

Na een poosje wees hij naar een schaap met een bijzonder stompzinnige blik in zijn ogen. 'Ik heb ooit een minstreel gekend die op hem leek. Ik vraag me af of hij liefdesballades kan zingen.' Het schaap deed zijn bek open, liet zijn oogleden zakken en liet een boertje.

'En, wat is er aan de hand?' vroeg Martin. 'Iets wat je me wilt vertellen?'

'Ik...' Zodra ze begon te praten welden de tranen weer op in Elenors ogen. 'Verdorie!' zei ze en slikte. 'Ik mis mijn paard.'

Thomas kwam Elenor zoeken en zag haar op het muurtje met Martin zitten praten. Hij aarzelde en liep toen de andere kant op. Martin was een goeie kerel, maar als Elenor zich niet in orde voelde, wilde hij haar liever zelf opvrolijken.

Martin speelde luit. Hij droeg het ding in een grote leren zak over zijn schouder. Hij trok een tijd met de karavaan pelgrims mee, bleef in een dorp hangen en haalde de karavaan dan uren later rennend weer in terwijl de kinderen om hem heen dansten en naar hem wezen en lachten. Soms liet hij de kinderen raden wat er in zijn zak zat en vertelde zulke woeste verhalen dat zelfs de jongste kinderen beseften dat hij hen voor de gek hield. Daarna ging hij dan met veel vertoon zitten en haalde zijn luit te voorschijn. Vervolgens vroeg hij de kinderen hem liedjes te leren. Thomas probeerde Martin niet bij de andere pelgrims te houden.

Op een hete, heiige middag, net toen ze de blauwe uitlopers van de Pyreneeën begonnen te beklimmen, zag Elenor Martins gedaante in de hitte zweven toen hij over een veld vol goudkleurige stoppels haar richting uit kwam gelopen met zijn verende stap. Er rende een stel kinderen met hem mee. Hij riep haar met een jodel die hij van de herders in de bergen had geleerd. Toen de echo van heuvel naar heuvel kaatste, rolden de kinderen in het gras van plezier. Elenor wachtte af tot ze zag dat Martin mee ging liggen rollen en liep toen naar hem toe.

'Verjaardag!' riep Martin.

'Van wie?' riep ze terug.

'Er is er één jarig, hoera...' zong Martin en haalde iets uit zijn zak. En deze keer haalde hij niet zoals verwacht de luit te voorschijn, maar een wriemelend balletje bont. 'En hier is-ie dan: Greatheart, trouwe viervoeter van Vrouwe Elenor!'

Na een heen en weer geren en gespring en gelik van jewelste ging het hondje, van een wit, wollig, breedsnuitig ras, op Elenors schoot liggen alsof het wist dat het een thuis gevonden had.

21

Verdwaald

VERAL OM HEN HEEN REZEN DE BERGEN OP, PAARS en goud gestreept in het vroege ochtendlicht. De pelgrims klommen opgewekt omhoog, versterkt door het brood, de wijn en het schoenleer van de benedictijnen. Greatheart sprong over de heuvels, een crème-wit balletje dat altijd in beweging was. Hoewel hij nog te jong was om te weten wat een konijn was als hij er een tegenkwam, had hij van zijn voorvaderen een wild enthousiast jachtinstinct geërfd, en het minste of geringste luchtje dat aan konijn deed denken, maakte hem al gek van opwinding.
Een van die verleidelijke luchtjes nam Greatheart mee langs hopen stenen en door een bergspleet een naburige vallei in. Hij was zo ver weg, dat, toen hij zich omdraaide om terug te gaan naar zijn nieuwe vriendin, hij haar niet kon vinden. Toen hij de weg probeerde te ruiken naar zijn moeder voor melk en troost, zelfs al was hij nu te groot voor haar en ze naar hem zou bijten, kon hij ook haar niet vinden. Na een poosje ging hij zitten en begon te janken, en dit gejank veranderde in gejammer. Hij liep een paar keer in een kringetje rond, rolde zich op en ontvluchtte de eenzaamheid door te gaan slapen.

Elenor bleef achter de grootste groep pelgrims hangen; dit keer hield ze de oude Italiaanse frater weer eens bij de arm. Fra Pietro praatte niet vandaag, hij had niet genoeg lucht vanwege het klimmen. Elenor luisterde bezorgd naar zijn moeilijke ademhaling en miste zijn verhalen. Van tijd tot tijd riep ze Greatheart. Soms kwam hij. Soms niet. Hem roepen gaf haar iets te doen. Ze wilde

dat ze met hem kon ruilen en zelf over de heuvels kon rondspringen. Martin kwam fluitend de weg afgelopen.
'Ik ben Greatheart kwijt,' zei ze tegen hem.
'Ik ga hem wel even zoeken,' bood Martin aan, maar toen hij de uitdrukking op Elenors gezicht zag, voegde hij eraan toe: 'Jij zou hem eigenlijk zelf moeten gaan zoeken. De hond zal sneller naar jou toe komen. Ik loop graag met Fra Pietro mee.'
Elenor ging er opgewekt vandoor en zorgde dat ze het slingerende pelgrimspad niet uit het oog verloor. Het was een roodachtig, platgetreden pad dat omhoog kronkelde door de bergpas.
Ze klom tussen de rotsblokken door en riep en floot. Ze had Greatheart nog maar een dag; hij kende zijn naam nauwelijks. Maar ze dacht wel dat hij haar stem zou herkennen als hij rustig genoeg was om die stem te kunnen horen. Zijzelf luisterde met haar hele wezen of ze iets hoorde. Er steeg een zwak briesje op in de bergen, doordat de koele lucht van de heuvels de warme adem van de velden ontmoette. Geluiden van ver weg en dichtbij werden gemengd: een flard van een liedje of een gesprek van de pelgrims, het geluid van een stuk steen dat los kwam en naar beneden rolde, het geblaat van schapen en het getinkel van de schapebellen, het geluid van hoeven op rotsgrond. Heel even dacht Elenor dat ze een hond hoorde janken. Ze bleef doodstil staan en draaide behoedzaam met haar hoofd om te kijken of ze het geluid nog een keer kon opvangen. Daar was het weer, van heel ver kwam het zwakjes over een rand die was bezaaid met keien, een zwak, verdrietig gejank. Elenor ging het geluid achterna. Ze zou moeten rennen om Greatheart te zoeken en terug te zijn op de weg voor men haar miste. Een stille stem binnen in haar die veel op die van vader Gregory leek, zei haar dat ze het pad niet uit het oog mocht verliezen, maar ze negeerde die stem en rende verder, springend nu van steen naar steen, zo behendig en vrij als een geit. Toen raakte ze opeens een losse steen, verdraaide haar enkel en viel met een klap die haar sterretjes deed zien op de grond.
Ze bleef heel stil liggen en vervloekte haar dwaasheid. Nu ben ik iedereen alleen maar tot last, dacht ze. Ze liet haar tong over haar

tanden glijden. Ze had bloed in haar mond. Langzaam probeerde ze haar hoofd op te tillen. Er sloeg een golf van duizeligheid over haar heen; ze voelde hoe ze draaide en een intense wereld van angst en vrees werd gezogen. Ze was in een grote ridderzaal, behangen met rood. Midden in de ridderzaal zat God in al zijn glorie, omringd door de heiligen. God had het gezicht van vader Gregory. Haar hart maakte een sprongetje toen ze hem zag, maar vol schaamte bleef ze waar ze was. Ze had iets verkeerds gedaan. Ze had haar meest heilige belofte gebroken. Ze was egoïstisch geweest en een lastpost. Ze zou de hel in geworpen worden door haar eigen slechtheid. Een van de heiligen ging staan en verdedigde haar voor God. Het was Sint Jacobus – ze herkende hem aan zijn sterke rug en de grote handen waarmee hij gebaarde toen hij tegen God sprak om haar te verdedigen. Hij draaide zich een stukje om. Het was het gezicht van Thomas. Haar droom dwarrelde verder; ze deed haar ogen open, maar het helderwitte licht op de berg deed pijn en ze deed haar ogen weer stijf dicht. Ze voelde nog even de bries tegen haar bezwete voorhoofd voor ze het bewustzijn verloor.

Thomas was niet bang voor nevelen en geesten en hij vond het heerlijk om tegen Melinda de waarzegster te zeggen dat ze haar dromen voor zich moest houden. Maar hij zag op tegen Roncesvalles. Hoe hoger ze kwamen en hoe meer bergen er om hen heen waren, hoe slechter Thomas zich voelde.
Boven hen op de smalle pas lag het slagveld waar Roeland was gestorven. Volgens de pelgrimgids die Etienne uit zijn hoofd had geleerd en vaak aanhaalde, was het een traditie geworden dat pelgrims een kruis plantten op de pas en baden voor 'soldaten van Christus'. Thomas was er helemaal niet zeker van of zijn gebeden ook maar enig verschil maakten en hij had niets tegen gewone soldaten. Hij liep verder en dacht aan de lange, bonte stoet mannen van allerlei afkomst die hij had gekend en die het ongeluk hadden dat ze de kost moesten verdienen als soldaat; grappenmakers, lafaards, pestkoppen, opscheppers, zelfs een paar nederige types die je

'christenen' zou kunnen noemen. Voor het eerst sinds zijn kindertijd voelde Thomas zich klein, zo zonder paard, en zijn nederige positie, altijd maar weer in het stof lopen, maakte dat hij zich een eenvoudige soldaat voelde.

Maar als mensen het over de 'soldaten van Christus' hadden, was het moeilijk om je daarbij echte, levende, kleine, zich vervelende soldaten voor te stellen. Er werden de mensen allerlei valse beelden voorgehouden om te verafgoden: Roeland te paard die met zijn zwaard Durendal dwars door iemands ogen, hals, lichaam en paard sloeg; Sint Joris die de draak versloeg. Voor Thomas vertegenwoordigden zulke soldaten van Christus als Roeland ongeveer alles waar hij stom genoeg zoveel bewondering voor had gehad. Thomas herinnerde zich hoe Elenor en Marthe Roeland op staande voet hadden verworpen en lachte hardop. Vrolijk klom hij een poosje verder en werd toen weer somber. Roeland vereren betekende Moren in elkaar slaan. Roncesvalles was een plaats waar een bedevaart in een kruistocht veranderde. Er zou vast wel iemand zijn die een preek zou gaan afsteken over het verraad van de Saracenen, Moren en heidenen. In de toneelstukken die ze als kinderen in Ramsay opvoerden, was het niet een draak waar Sint Joris mee vocht, maar de 'koning van Egypte', een Moor.

Er heerste een opgewonden stemming onder de pelgrims toen ze zich al strompelend een weg naar Roncesvalles baanden. We staan op het punt om de slechtheid van andere mensen te gedenken, dacht Thomas meesmuilend. Als ik slim was, zou ik iets bedenken om ons eerlijk te houden.

Toch hield Thomas zich aan zijn plicht. Hij nam zijn opdracht om voor de pelgrims te zorgen serieus. Hij wist dat sommige pelgrims verdrietig zouden zijn of zich zelfs schuldig zouden voelen als ze zonder een kruis bij het slagveld aankwamen. Bij een bosje voor de laatste klim naar het slagveld stuurde Thomas Etienne naar de mensen toe om ze aan de traditie te herinneren. Allebei hielpen ze een paar wat zwakkere pelgrims hun stokken van dennehout vast te maken en hielpen hen hun stekelige kruisen te dragen als ze op het steile pad dreigden te struikelen.

De schaduwen trokken naar het slagveld, een donkergroene vlakte bezaaid met duizenden kruisen. Sommige waren oud en kapot en bijna weer tot de aarde teruggekeerd, en er waren ook veel nieuwe kruisen van jong dennehout. Thomas hielp mee door met een puntige paal gaten te maken zodat de kruisen rechtop zouden blijven staan. Toen alle kruisen waren neergezet en de pelgrims neerknielden en uitkeken over de donker wordende heuvels, zag Thomas tranen op veel gezichten, en hij verdrong een gevoel van tederheid voor de pelgrims en hun kwetsbare hoop.

De bevende stem van Fra Pietro steeg op als een rookwolkje toen hij een gebed van toewijding uitsprak dat werd gevolgd door verwarde verwijzingen naar 'de gesel van de Heiden'.

In de stilte die hierop volgde, keek Thomas rond of hij iemand zag die hij kon aanmoedigen nu te spreken, iemand die de woorden zou kunnen vinden om de schoonheid van het moment te verdiepen zonder er misbruik van te maken. Hij zocht Martin, die een lied zou kunnen zingen, maar Martin was nergens te bekennen.

Thomas was geen spreker, maar hij sprak en verbaasde zich erover dat zijn stem zekerder klonk dan hij zich voelde.

'Laten we samen de geest van de pelgrim gedenken die op zoek is naar God, of die pelgrim nu een christen of een Moor is.' Er ging gemompel door de menigte. 'Laten we samen het onzevader bidden zoals het in onze bijbel geschreven staat en zoals het ook, precies eender, geschreven staat in het heilige boek van de islam en laten we het allemaal bidden in onze eigen taal. Onze Vader...'

Toen de laatste regel van het gebed in het Engels was uitgesproken, raakte hij de schouder aan van een van de Duitsers, die verder ging in zijn eigen taal, gevolgd door Fra Pietro in het Italiaans, een benedictijn in het Frans zoals het werd gesproken in het noorden, Melinda in het Frans uit het zuiden, een jongen die zich pas kortgeleden bij hen had aangesloten in de taal uit Navarre.

Terwijl de gebeden over de heuvels rolden, ontdekte hij Martin, en toen het bidden ophield, ging Martin hen voor in lofgezangen.

Na nog een uur lopen, aangemoedigd door klokgelui, werd de karavaan pelgrims verwelkomd bij de poorten van Sancti Spiritus. Er klonk gejuich onder de pelgrims: overal waar Thomas keek, zag hij de mensen uitgelaten lachen. Ze waren nu in Spanje. Ze waren nog maar twintig dagen lopen van Santiago. Ze hadden hun kruis neergezet en zich door dat gebaar verenigd met de honderdduizenden pelgrims die hen voor waren gegaan en die nog zouden volgen. Fra Pietro kletste met iedereen die maar wilde luisteren terwijl de vreugdetranen over zijn gezicht stroomden. De broeders van Sancti Spiritus legden schoon stro neer en schepten soep op. Iemand had een dam in een riviertje gemaakt zodat de pelgrims zich konden wassen, en de vrouwen hadden zich daar verzameld om dat eerst te doen. Thomas wachtte, telde de andere pelgrims en praatte met de broeders.

'Er zijn nog steeds Moren in deze bergen,' waarschuwde een broeder Thomas. 'Zorg dat al je mensen weten dat ze op de weg moeten blijven. Je kunt ze niet vertrouwen, weet je. Vooral niet bij de vrouwen,' voegde hij er vertrouwelijk aan toe.

Opeens miste Thomas Elenor.

Toen de vrouwelijke pelgrims terugkwamen van de plaats waar ze hadden gebaad, was zij er niet bij.

'Heeft iemand van jullie Nora gezien?'

Melinda keek Thomas met haar grote ogen aan.

'Zal ik het proberen?' vroeg ze.

'Nee!' schreeuwde hij, plotseling bang. 'Nee, dank je Melinda, nu even niet.'

Hij ging Martin zoeken, die samen met een paar andere mannen stenen aan het gooien was. Er klonk een geluid van een steen die op ijzer valt en de andere mannen gingen om hem heen staan. Ze juichten en sloegen hem vriendschappelijk op de schouder. Thomas nam hem apart.

'Wanneer heb jij Nora voor het laatst gezien?'

Martin dacht na.

'Bij de voet van de berg, vanmiddag. Ze ging de hond zoeken...'

Thomas was zo boos dat zijn handen beefden en zijn hoofd bonsde. Boos op Martin omdat hij haar had laten gaan. Boos omdat Martin Elenor Greatheart had gegeven.

'Martin, Etienne, luister,' zei hij en pakte zijn vrienden zo stevig bij de schouder dat ze er blauwe plekken aan zouden overhouden. 'Ik ga haar zoeken. Nee, ik ga alleen. De broeders zullen nu spoedig de klokken luiden voor het middaggebed en daarna voor het avondgebed. Als we dan nog niet terug zijn, vraag dan of ze de klokken willen blijven luiden, zodat zij en ik een soort gids hebben. Als ze eerder terug is dan ik, vraag dan of ze één klok drie keer willen luiden, zodat ik het weet.'

22
Pierre Maury

IERRE MAURY KEEK TOE HOE ZIJN SCHAPEN ALS waterdruppels over de heuvel het dal in stroomden en hoe de zon schaduwen maakte op hun rug. Hij telde ze automatisch, niet zozeer per stuk, maar meer naar de grootte en de samenstelling van de kudde. Hij kende elk dier en wist welke dieren dicht bij elkaar liepen. Hij liep losjes wat te fluiten. Hij genoot van de koele lucht en zwaaide met zijn staf. Het gekras van een raaf maakte dat hij opkeek en met zijn goudbruine ogen de lucht afzocht. Het was het geluid dat een raaf maakt als hij iets bijzonders ziet, een gewond dier of glimmend metaal. Pierre Maury zocht de vogel en zag dat hij boven het ravijn vloog, een klein stukje ten oosten van de kudde.

Hij liep oostwaarts en keek tussen de rotsblokken en in de bergspleten, waar een dier met zijn poot in vast kon zitten, en de door de zon verwarmde oppervlakten waar een slang zich kon warmen. Hij keek of er iets bijzonders was en al gauw ontdekte hij waar de vogel op had gereageerd. Er lag een hoopje zwarte kleren in de droge rivierbedding, waar de rotsblokken op elkaar gestapeld lagen. Hij rende er naar toe, springend van rotsblok naar rotsblok, ging op zijn hurken zitten en raakte de lappen zachtjes aan. Hier lag iemand. Levend, ja. Een meisje zo te zien, buiten bewustzijn. Hij keek om zich heen. Niemand te zien. Misschien was ze van het pelgrimspad afgedwaald; ze had pelgrimskleren aan. Ze was niet iemand die hij kende uit Montaillou of uit Sébègues. Haar haar had de kleur van gebakken klei, maar dan glanzend. De meeste meisjes hier hadden bruin haar of zwart, tenzij ze het kleurden met hennabladeren. Hij legde het meisje over zijn schouder. Ze was net zo zwaar als een *marrane*, een lammetje van een jaar oud, en hij kon haar makkelijk dragen.

Elenor kwam weer bij en voelde een vreemd geschommel, alsof ze op een boot zat. En toen lag ze op iets zachts, iets wolligs. Een schapevacht zoals ze thuis had. Iemand wreef haar rug in met een zoet ruikend kruid, iemand met sterke handen. Thomas? Nee, Thomas kon het niet zijn. Die was ver weg bij de pelgrims. Die zouden nu wel in Spanje zijn. Zij lag in de zon. Ze kon de warmte van de zon op haar rug voelen, op de hele achterkant van haar lichaam. Zachte vingers kamden door haar haar en haalden de vlooien eruit. Ze dacht aan Carla en gleed uit de staat van bewusteloosheid de heerlijke, diepe slaap van een baby in.

Toen de zon begon te zakken, dekte Pierre haar toe. Hij legde de achterkant van zijn hand tegen haar wang. Geen koorts. Hij wachtte tot ze wakker zou worden. Hij had het gevoel dat het lot hem gunstig gezind was en dit meisje naar hem toe had gezonden, en hij wilde naast haar gaan liggen en de liefde met haar bedrijven, maar ze was nog erg jong en zat vol blauwe plekken en hij wilde haar geen pijn doen. Dus wachtte hij, en terwijl hij wachtte, maakte hij een vuur aan in zijn oven, kneedde deeg van meel, reuzel en water, en vulde het met stoofschotel om een pastei te maken.

Elenor werd wakker met een heerlijke geur in haar neus en zag dat ze in een kleine hut was van tenen en leem. Een hut zoals de herders gebruiken als tijdelijk onderdak. In de ene hoek hingen wat kleren aan een haak. In de andere hoek stond een klei-oven te roken; er stond een man over gebogen om op het eten te letten. Ze wist niet hoe ze hem moest laten weten dat ze wakker was, dus bleef ze liggen kijken. Hij was jong en stevig en bewoog zich zelfverzekerd. Ze was niet bang voor hem. Ze bewoog zich een beetje om de mantel beter over zich heen te kunnen trekken, en hij draaide zich om en zag hoe ze naar hem keek. Hij glimlachte en pakte een krukje zodat ze hem kon zien zonder overeind te hoeven komen. Hij sprak langzaam tegen haar in het Occitaans. 'Ik ben Pierre, herder. Ik heb je in het dal gevonden, je was daar gevallen. Heb je pijn?'

Elenor ging haar lichaam na. Sommige plekken waren wel beurs en stijf; ze kon haar knie nauwelijks buigen en er zat een grote bult op haar voorhoofd, maar ze was niet echt gewond.
'Nee,' zei ze in het Frans, maar probeerde zo goed mogelijk na te doen hoe hij sprak. 'Ik denk dat ik in orde ben.'
Pierre keek haar strak aan. Toen glimlachte hij weer, een warme, gulle glimlach. 'We moeten via onze geest met elkaar praten,' zei hij. 'De taal die we spreken is niet echt dezelfde.' Hij draaide zich om om in de oven te kijken. 'Heb je honger?'
'Nee,' zei Elenor en bedoelde: nog niet. 'Het ruikt goed,' zei ze eerlijk. Ze wilde niet onbeleefd overkomen.
'En het is nog niet klaar,' zei Pierre en draaide zich weer naar haar om.
'Zullen we samen gaan liggen en plezier maken met ons lichaam?' vroeg hij met opgetrokken wenkbrauwen.
Elenor lachte hardop van verbazing. Terwijl het eten in de oven staat... dacht ze en besefte tot haar nog grotere verbazing dat een deel van haar ja zou willen zeggen.
'Ik zou dat misschien ook wel leuk vinden, maar het kan niet,' zei ze en schudde tegelijkertijd haar hoofd en hoopte dat hij haar zou begrijpen. Ze deed haar best om met haar geest te praten zoals deze vreemde jongeman had gezegd. 'Ik ben een pelgrim. Ik heb een plechtige belofte afgelegd en mag niet... met iemand samengaan.'
Pierre keek teleurgesteld. Hij knikte ernstig. 'Dat is een groot verschil tussen jouw geloof en het mijne,' zei hij. 'Wij geloven dat de liefde goed is als beide mensen het willen. We vinden dat het een gave van God is, net als de zon.'
Elenor herinnerde zich de warme, zachte aanraking van de zon toen ze bij was gekomen en de even zachte aanraking van vingers in haar haar. Misschien had hij gelijk. Ze dacht ook aan Thomas. Ze merkte dat ze niet over koetjes en kalfjes kon praten met deze man.
'Ben je dan geen christen?'
'O ja. Ik ben een goed christen.' Hij keek haar vol warmte en vertrouwen aan. 'Niet tegen de priesters zeggen.'

Ze herinnerde zich dat ze had gehoord dat de Katharen, de mensen die al zo lang werden vervolgd omdat ze ketters waren, zichzelf goede christenen noemden.
'Een... ketter, dan?'
Pierre knikte. 'Zo ben ik opgevoed en nu moeten er veel mensen om sterven.' Hij haalde zijn schouders op en rekte zich uit. 'Ik dacht dat het lot mij gunstig gezind was en jou op mijn pad had gebracht. En misschien is dat ook wel zo, maar niet op de manier die ik had gedacht.'
'Misschien is het andersom en is het lot mij gunstig gezind geweest en ben jíj op míjn pad gekomen, zodat ik niet tussen die rotsblokken zou sterven,' zei Elenor. 'Ik wil je bedanken dat je me hebt meegenomen.'
'Wat is jouw taak op deze wereld?' vroeg Pierre. 'En hoe word je genoemd?'
'Mijn naam is Nora,' zei Elenor. 'En mijn taak op deze wereld... ik werd geboren uit een heer en een vrouwe die allebei zijn overleden. Ik moet hun taak overnemen en... helpen ons dorp tot een goede plek te maken om te leven.'
'Zijn er veel problemen in het dorp?'
Elenor knikte.
'In mijn dorp zijn er ook veel problemen. Vanwege de bisschop van Toulouse, die ons belasting laat betalen over ieder lammetje. Omdat ons geloof anders is dan het katholieke geloof en de Inquisitie alles wil weten en soms mensen meeneemt, waardoor gezinnen uit elkaar vallen.' Pierre zei dit allemaal nogal nuchter.
'Wat gebeurt er met degenen die worden meegenomen?' vroeg Elenor.
'Ze worden gevangen gezet in Carcassonne of ze worden op de brandstapel verbrand,' zei Pierre. Elenor zag er zo geschrokken uit dat hij zijn hand uitstak en haar gezicht aanraakte om haar gerust te stellen. 'Het is een probleem, maar het leven gaat verder.' Hij keek uit over de heuvels die nu diep in de schaduw lagen. Hij keek weer naar het meisje dat nu rechtop zat, gewikkeld in zijn deken, haar armen om haar knieën geslagen. Hij had mis-

schien beter geen antwoord op haar vraag kunnen geven. Ze zag eruit of ze zelf de vlammen van de vervolging voelde. 'Ik heb gehoord dat het geen pijn doet. God neemt de pijn over. We doen gewoon wat we moeten doen.'
'Jij ook?' vroeg ze.
'Er is veel vrijheid hier,' zei hij en veranderde van onderwerp door eraan toe te voegen: 'En in jouw dorp, hebben jullie daar deze problemen niet?'
'Nee,' zei Elenor. Die mogelijkheid zou niet eens bij haar opgekomen zijn, hoewel ze nu de onenigheid tussen de volgelingen van frater Paulus en die van vader Gregory in een ander licht zag. Ze zag nu voor het eerst waarom vader Gregory het nodig had gevonden om een dramatisch gebaar van verzoening naar de penitenten te maken in de vorm van deze bedevaart.
Pierre wachtte. Hij zag dat ze in gedachten was verzonken. Toen vroeg hij: 'Hoe is het daar?'
'Onze problemen zijn anders, hoewel er ook problemen zijn met belastingen die te hoog zijn. De mannen uit ons dorp zijn een hele tijd weg geweest, en toen ze terugkwamen kenden ze hun gezin niet meer terug. Ze waren net vreemden voor elkaar.' Elenor had nog nooit geprobeerd dit aan iemand uit te leggen.
'Hoor jij ook bij een man?' vroeg hij.
'Ik ben verloofd met een man uit mijn dorp. En ik zal met hem trouwen als ik terug ben.'
'Is het ver hier vandaan?'
'Heel ver. Vijftig, zestig dagen lopen.'
Pierre floot tussen zijn tanden. 'Ik ben heel ver weg geweest, maar nog nooit zo ver. En is jouw man een vreemde voor je?'
'Dat was hij eerst wel, maar nu niet zo erg meer,' zei Elenor, die plotseling een steek van genegenheid en verlangen door zich heen voelde schieten. 'Hij reist ook mee op pelgrimstocht.'
'Met dezelfde belofte? De belofte om niet te...?' Pierre legde de vingers van beide handen naast elkaar. Elenor knikte. Pierre schudde zijn hoofd met een glimlach die zijn twijfel uitdrukte.
'En jij, ga jij trouwen?' vroeg Elenor blozend.

'Ik ben herder. Ik bezit niets en dus zal ik niet trouwen, want, weet je, ik zou geen huis kunnen kopen.' Hij keek even naar de grond. Toen hij haar weer aankeek, was zijn gezicht helder. 'Dit is mijn leven, mijn lot. Ik heb veel vrienden aan beide kanten van de bergen. Ik ben peetvader voor veel kinderen en soms heb ik geluk en brengt het lot een vrouw op mijn pad om mijn bed mee te delen.' Hij glimlachte naar haar. 'Maar dat geldt niet voor jou. Dat begrijp ik.'
'Als ik jouw lot had gekregen,' zei Elenor, 'zou ik ook niet verdrietig zijn geweest. En ik heb wel eens gewenst dat mijn lot anders was, maar nu niet meer.'
Ze wou dat er een manier was om de anderen te laten weten dat alles goed was met haar, dat ze hun niet tot last hoefde te zijn en dat ze Greatheart kon vinden. 'Het is een probleem,' had de herder gezegd over veel ergere dingen, 'maar het leven gaat verder.' Ze slaakte een diepe zucht, bijna net zoals Pierre had gedaan, het soort zucht waarmee je alle problemen loslaat.
Met de deur open om naar de zonsondergang te kunnen kijken, aten ze de pastei. Pierre maakte een kruisteken en zette een klein kruisje op de korst voor hij de pastei aansneed.
'Wonen er nog andere herders hier?' vroeg Elenor. Ze had gezien dat er twee mantels naast de deur hingen.
'We zijn deze zomer met zijn tweeën. Hassad en ik. Hij komt later. We zullen wat pastei voor hem bewaren.' Hij keek haar stralend aan.
Er zaten kruiden, groenten en eieren in de pastei.
'Je bent een goede kok. Eet je geen vlees?' vroeg Elenor.
'De mensen van mijn geloof eten geen vlees, omdat' – hij zweeg even om te kauwen en wat water te drinken en gaf de beker toen verontschuldigend aan haar door – 'wij geloven dat alle levende wezens dezelfde ziel hebben.'
'Ik denk dat paarden een ziel hebben,' zei Elenor aarzelend. 'Honden ook. Maar kippen niet. Ik weet het niet zeker van kippen en vissen.'
'Een raaf heeft me vandaag laten zien waar jij was.'

'Oc,' gaf Elenor toe, de Occitaanse manier van ja zeggen overnemend, 'misschien raven ook. Maar eigenlijk zou ik hier geen pastei moeten zitten eten. Ik zou de Weg van de Pelgrims moeten zoeken en de anderen.'
Pierre stak zijn hand uit en raakte haar schouder aan. 'Nu is het tijd voor pastei. Later zullen we gaan zoeken. Hoe is Nora verdwaald? Is de Weg van de Pelgrims niet één lange weg?'
'Ja! Ik was dom en wilde mijn hond gaan zoeken, en om mijn domheid te verbergen ging ik me haasten en toen, zoals je hebt gezien, ben ik gevallen. Ik denk dat er een rotsblok omhoog is gesprongen om me op mijn hoofd te slaan!'
'Er zijn overal zoveel geesten dat we zonder het te weten tegen ze aan botsen. Waarom maakte Nora zoveel haast en keek ze niet uit?'
'Wij pelgrims leggen een belofte af dat we elkaar zullen helpen en geen problemen zullen veroorzaken voor elkaar. Ik ben bang dat, als ze mij missen, iedereen halt houdt en ze me eerst zullen gaan zoeken.'
'En die hond die je zoekt, houd je meer van hem dan van je belofte?'
Ze vertelde hem over Mab en over Greatheart en voelde zich lichter worden terwijl ze erover praatte. Ze wist dat hij niet alle woorden kende, maar toch voelde ze dat Pierre haar begreep. Hij was een tijdje stil en ze kreeg het fijne, geruststellende gevoel dat hij wel over haar zorgen nadacht, maar niet te ernstig.
'Ik weet zeker dat paarden een ziel hebben,' zei hij. 'Een vriend van mij die zowel wijs als eerlijk is, heeft me er een verhaal over verteld. Wil je het horen?'
'Graag.'
'Er was eens een man die een slechte moordenaar was. Hij stierf en zijn ziel drong het lichaam van een os binnen. De os had een hardvochtige baas die hem littekens bezorgde, maar hij wist nog dat hij een man was geweest. Toen de os stierf, ging zijn ziel het lichaam van een paard binnen. Het paard was van een heer. Op een avond werd deze heer aangevallen door zijn vijanden. Hij

sprong op zijn paard om te kunnen vluchten en reed heel snel over ruw terrein. Het paard kwam met een hoef tussen twee keien. Het rukte zijn hoef los, maar verloor zijn hoefijzer dat tussen de twee stenen bleef vastzitten. Later stierf het paard. Zijn ziel ging een vrouw binnen die in verwachting was en nestelde zich in het lichaam van het kind dat ze droeg. Toen het kind een man was geworden, ging hij wandelen met een vriend van hem, mijn vriend. Ze kwamen precies langs de plek waar het paard zijn hoefijzer had verloren. De man die zich herinnerde hoe zijn ziel in het paard had gezeten, zei tegen mijn vriend: "Toen ik een paard was heb ik mijn hoefijzer verloren tussen twee stenen hier vlakbij en heb verder de hele nacht gelopen zonder hoefijzer." Ze begonnen allebei te zoeken tussen de stenen; ze vonden het hoefijzer en namen het mee.'

Elenors hoofd tolde; het kostte haar grote moeite dit verhaal, dat door Pierre heel ernstig werd verteld, te volgen. De overstap van een ziel van lichaam naar lichaam klonk haar onwerkelijk in de oren, maar ze probeerde te begrijpen waar Pierre in geloofde.

'Hoe denk je dat de ziel van het ene lichaam naar het andere gaat?' vroeg ze.

'Mijn vriend vertelde het me, ik heb hem dezelfde vraag gesteld.' Pierre fronste zijn voorhoofd van inspanning: 'Als de ziel uit een lichaam komt dat gestorven is, beweegt ze zich heel erg snel, want ze is bang. Ze beweegt zich zó snel, dat nog geen drie regendruppels haar zouden raken als een ziel door de regen van een lichaam aan de ene kant van de bergen naar een levend lichaam aan de andere kant zou rennen. Als ze zo hard rent, stort de ziel zich in het eerste het beste gat dat vrij is! In de baarmoeder van een dier dat net bevrucht is en nog geen ziel heeft; of het nu een teefje is, of een konijn of een merrie. Of zelfs de baarmoeder van een vrouw. Dat heeft mijn vriend mij verteld.'

'Dan moeten de vrouwen heel goed oppassen als ze in verwachting zijn,' zei Elenor. 'Stel je voor dat je een baby zou krijgen met de ziel van een kip!'

'Vrouwen dragen soms een amulet.'

Haar ogen dwaalden af naar een stukje hout dat aan een veter aan een haak bij de deur hing.
'Is dat een amulet?' vroeg ze.
Hij haalde het ding van de haak en liet het aan haar zien.
'Is dit Arabisch schrift?' vroeg ze.
'Arabisch, Saraceens, ja. Deze woorden zijn opgeschreven door een Saraceense ziener naar wie ik ben geweest om hem te raadplegen over de ziekte van de schapen van mijn neef.'
Pierre legde zijn hand op de hare terwijl hij praatte en wees de woorden aan. Elenor tilde de amulet op en gaf hem terug, hoewel ze de aanraking van zijn warme huid prettig vond.
'Was hij dan een vriend?'
'Het is een man die veel mensen helpt. Hij kan zeggen welke ziekte iemand heeft door de manier waarop hij loopt.'
'Waar woont hij?' Elenor was helemaal opgewonden. Ze had nooit gedacht ooit een Saraceen te zien of er dicht bij in de buurt te komen.
'Waarom wil Nora zoiets weten? Wil je dat hij je een spreuk geeft voor je blauwe plekken? Dat kan ik ook.'
'O, dat hoeft niet. Ik vroeg het alleen maar om te weten of hij echt bestond, want in Engeland horen we alleen maar over Saracenen in verhalen, en in die verhalen zijn ze altijd slecht.'
'Hij gaf mij een spreuk die ik om de nek van de leider van de kudde moest doen en dat heb ik gedaan. De schapen van de kudde die ziek waren, werden later beter. Ik bewaar die spreuk voor als ze weer ziek worden.'
Pierre moest lachen om haar verbazing. 'Hoe dan ook,' ging hij verder en keek hoe ze reageerde. 'Nora hoeft niet zo ver weg te gaan om een Saraceen te ontmoeten. Hassad is een Saraceen en hij woont hier. Hij is een goede man en een goede herder. Hij eet pastei, net als wij.'

Het spookachtige licht van de halve maan verlichtte het pad en de keien. Thomas had last van een akelig voorgevoel en van zelfverwijt. Hij had op Nora moeten letten. Hij had moeten zien dat ze er bij het slagveld niet was. Hij dwong zichzelf eerlijk te zijn; hij had gezien dat ze er niet was op hetzelfde moment dat hij had gezien dat Martin er niet was en had het met opzet uit zijn hoofd gezet. Jaloezie deed zowel Nora als hemzelf onrecht. Omdat hij weigerde jaloers te zijn of het aan zichzelf te moeten toegeven, had hij Nora naar de achtergrond geschoven, was zijn eigen weg gegaan en nu was hij haar kwijt.

Nora, Elenor, het kleine kreng. Hij dacht nu bijna altijd aan haar als Nora, iemand halverwege tussen het kleine kreng dat ze eerst was en de Vrouwe Elenor die ze zou worden; Nora, zijn metgezel, die van dezelfde verhalen hield als hij en tegen zijn rug aan sliep en bang was van uilen.

De sterren fonkelden aan de hemel, maar hoe vertrouwd ze ook waren, ze konden hem niet helpen. Hij vroeg zich af of Nora de sterren kon herkennen en zo haar weg kon vinden en vervloekte zichzelf toen hij zich herinnerde dat hij haar nooit had verteld dat hun pad vanaf Roncesvalles naar het westen liep. Hij bad, maar was zich er in zijn wanhoop van bewust dat hij misschien wel een god verzon voor zijn eigen behoefte, en toen hij daar geen antwoord bij vond, besefte hij dat zijn zoektocht zijn gebed moest zijn. Hij zocht ijverig, grondig, en werd iedere keer in de war gebracht door schaduwen waarvan hij dacht dat ze Elenor waren. Vóór het licht werd, in het gedeelte van de nacht dat het donkerst leek omdat de sterren begonnen te vervagen, hoorde hij heel in de verte klokgelui. Zijn hoop maakte het hem moeilijk voor hem om het goed te kunnen horen, maar hij dwong zichzelf rustig te luisteren. De klokken luidden apart, niet met drie tegelijk, hoewel de heuvels de klanken weerkaatsten. Nora was nog niet terug. Hij ging door met zoeken en liep steeds verder van de klokken vandaan.

23
De Saraceen

ENOR DEED HAAR OGEN OPEN EN ZAG HET DIKKE weefsel van een muur van tenen en leem. De bergen gonsden van allerlei geluiden. Haar lichaam voelde stijf en vreemd aan. Een tijdloos moment lang voelde ze zich een insekt in een rieten mandje dat naar het geheimzinnige geraas van mensenstemmen luisterde. Toen kwam ze tot zichzelf, wist weer waar ze was en draaide zich voorzichtig om om te kijken waar het geluid vandaan kwam. Net buiten de deuropening van de herdershut zat een man op zijn knieën te bidden, met zijn gezicht naar het oosten, waar de zon de lucht verlichtte, hoewel hij nog niet helemaal op was. Zijn stem rolde over de heuvels en echode rond, en zijn lichaam bewoog op het ritme van het lied, zodat hij soms rechtop zat, ogen gesloten, en recht in het zonlicht zong, en dan weer voorovergebogen lag en met zijn voorhoofd de grond raakte. Hoewel ze de woorden niet verstond, twijfelde Elenor er niet aan dat zijn gebed een lofzang was.
'*Allahu Akbar! La ilaha il-Allah, Muhammad-un-Rasulu-Ilah! Allahu Akbar!*'
Elenor ving de naam Mohammed op. Ze keek vragend naar Pierre, die deeg aan het kneden was. Hij scheurde stukken van het deeg en kneedde ze tot kleine broodjes. Hij begroette haar met een knikje en legde zijn vinger op zijn lippen. Elenor stond stijf op, probeerde zich stilletjes een beetje te fatsoeneren en vouwde de schapevacht en de deken op. Toen de gebeden gezongen waren, stond Hassad op, veegde het gras van zijn knieën en kwam de hut binnen. Hij was langer dan Pierre en moest bukken om door de deuropening te kunnen.

'Hassad, dit is Nora, een christelijke pelgrim.'
Hassad legde zijn handpalmen plat op zijn bovenbenen en boog. Elenor deed hem na. Toen glipte ze naar buiten om even alleen te kunnen zijn. Haar hart bonsde. Ze had een echte Saraceen ontmoet! Ze zou met hem ontbijten! Wat moest ze zeggen? Zou ze de moed kunnen vinden om net als Pierre Maury gewoon te vragen: 'Wat is jouw taak op deze wereld?'
Hassad had dezelfde kleur ogen als Pierre en een donkere huid. Hij scheurde stukjes brood af met zijn witte tanden. Hij miste twee voortanden en praatte zelfs als hij zat te eten. Hij kauwde en slikte en praatte terwijl zijn spieren duidelijk zichtbaar bewogen in zijn sterke bruine hals. Er bungelden amuletten in de halsopening van zijn hemd: een zakje, een schelp en een bewerkte, metalen hand.
'Jij werd wakker en hoorde mij bidden! Was je verbaasd? Het was een lofzang op Allah en we zingen die vijf keer per dag. *Allahu Akbar!* Dat betekent...'
Hij keek Pierre met gefronste wenkbrauwen aan en Pierre zei: 'God is het allergrootst.'
'*Allahu Akbar,*' zei Elenor voorzichtig. 'Is dat de... echte God? De enige, ware God?'
'Ja. Natuurlijk. Dat zeggen we meteen daarna: *la ilaha il-Allah*, er is maar één God en dat is Allah.'
Elenor keek Pierre ongerust aan. Ze wist niet hoe ze haar vraag moest stellen zonder hem te beledigen. Voor zover ze wist had iedere Saraceen een zweep aan zijn riem, klaar om bij de minste of geringste belediging te slaan, en Allah was een woord dat ze niet kende.
'Nora bedoelt, denk ik,' zei Pierre, 'is Allah dezelfde god als de God van de christenen?'
Hassad kauwde en slikte voor hij antwoord gaf. Hij glimlachte naar Elenor en zei: 'Er is maar één God, de Almachtige, de Barmhartige. Wij noemen hem Allah en jullie zeggen God, maar wij begrijpen niet hoe jullie christenen hem één en tegelijkertijd drie kunnen noemen.'

Elenor voelde hoe haar oren rood werden. Ze had nog nooit het christelijke geloof hoeven uitleggen aan iemand die geen christen was.
'Dat is een mysterie,' zei ze. 'De drieëenheid is een mysterie.'
'God de Almachtige is mysterie genoeg,' zei Hassad. 'Aangezien God Allesomvattend is, hoeft hij niet uit drie delen te bestaan. Hij is niet zoals...' – hij gebaarde naar de kudde schapen – 'schapen die één kudde vormen maar met veel dieren zijn.'
'Wacht even,' zei Elenor lachend. 'Nu begrijp ik het even niet. Hoe zeg jij: "Er is maar één God?"'
'*La ilaha il-Allah*. Probeer het maar.' Hij lachte om haar aarzeling.
'Je wordt er geen slecht christen van.'
Elenor probeerde de woorden uit. Het geluid en het gevoel bevielen haar.
'*La ilaha il-Allah*. En het gedeelte over Mohammed?'
'Weet je dan al van Mohammed? Dat gedeelte is: *Muhammad-un-Rasulu-llah*: Mohammed is zijn profeet.'
'Is Mohammed voor jullie wat Jezus is voor ons?'
'Mohammed is de stichter van de islam. Jezus is de stichter van het christendom. Maar er is wel een verschil, want wij geloven niet dat Mohammed God is. Wij geloven wel in Jezus, dat hij een groot profeet was, maar van hem geloven we ook niet dat hij God is.'
Hassad pakte de beker en doopte hem in de emmer. Hij nam een slok en gaf de beker aan Elenor. 'Van praten krijg ik dorst, en jij?'
Elenor bedankte hem en dronk. Ze voelde zich nu moediger. 'Mag ik je nog een vraag stellen?'
'Ja natuurlijk,' zei Hassad.
'Wat houdt het in, het geloof dat... islam wordt genoemd?'
Hassad wierp zijn hoofd in zijn nek en lachte terwijl Pierre toekeek. De schapen konden nog wel even blijven waar ze waren.
'Dat is even een grote vraag! Maar gelukkig niet zo'n moeilijke, want de engel Gabriël vroeg Mohammed hetzelfde en ik heb zijn antwoord al uit mijn hoofd geleerd toen ik nog aan mijn moeders rokken hing.'

Toen Hassad met zijn antwoord begon, stak hij een hand omhoog en telde op zijn vingers. 'Islam is' – hij pakte zijn duim – 'de woorden van Allah en zijn profeet lezen' – hij pakte zijn wijsvinger – 'bidden zoals ik vanmorgen bad, aalmoezen geven, vasten en een bedevaart maken.' Hij zwaaide met zijn sterke bruine hand met de gespreide vingers. 'Deze vijf dingen horen bij de islam: studie, gebed, aalmoezen, vasten, bedevaart.'

Hij ging staan, rekte zich uit en glimlachte. 'Je ziet 't, het is niet zo moeilijk. Als ik terugkom van de schapen zal ik jou vragen: Wat is het christelijk geloof?' Hij glimlachte. 'En Nora heeft dan een antwoord voor me klaar en legt me alles uit over dat drie-in-één en zegt niet alleen maar tegen me: "Dat is een mysterie."'

Hij pakte een lange herdersstaf die tegen de muur stond en rende naar de schapen toe. Hij sprong van rotsblok naar rotsblok zoals Elenor de dag daarvoor had geprobeerd. Zijn bewegingen waren sierlijk en elegant. Pierre keek hoe Nora naar Hassad keek.

'En wat vindt Nora nu van de Saracenen?' vroeg hij.

'Nora denkt dat ze nog veel moet leren over de wereld,' antwoordde ze.

'Ik heb wat water voor je warm gemaakt,' zei Pierre, 'en terwijl jij je schrammen verzorgt, ga ik bij de schapen kijken. Als alles goed met ze is, ga ik met je mee je hond zoeken en de weg naar het hospitium van Sancti Spiritus. Daar zul je de andere pelgrims ook wel vinden.' Pierre sprak nog steeds langzaam en keek haar aandachtig aan om te zien of ze hem begreep.

Ze antwoordde verbaasd: 'Dank je voor je hulp, Pierre. Ik hoop dat alles goed is met je schapen. Maar ligt Sancti Spiritus niet in Spanje?'

Pierre keek haar raadselachtig aan. 'Deze kant van de berg is Spanje en wordt soms het koninkrijk van Navarre genoemd. De schapen weten het verschil niet en ik ook niet.'

'Pierre.'

'Ja, Nora?'

'Zei Hassad dat de engel Gabriël tegen Mohammed heeft gesproken?'

Even gleed er een pijnlijke uitdrukking over het gezicht van Pierre.
'Ja.'
'Dezelfde engel Gabriël die tot Zacharias heeft gesproken en tot de Heilige Moeder Maria?'
'Ik denk het wel, ja.'
'Waarom beschouwen de christenen Mohammed dan ook niet als profeet?'
Pierre schudde zijn hoofd. 'Misschien ontdekt Nora dat op haar pelgrimstocht. Maar nu wordt het water koud.' Hij pakte zijn staf en ging weg zodat Elenor zich kon wassen.

24

Contradans

REATHEART KWAM VAN EEN OUD GESLACHT SCHAAPherdershonden. Het getik van hoeven op rotsgrond en het zachte getinkel van schapebelletjes werkten op hem als klaroengeschal. Het waren de geluiden waarvan hij wakker werd. Zijn neus bewoog op de geur van warme wol en mest.

Hassad had een goede bui. Hij liep een lied te zingen over een meisje uit de Wadi Hammamat dat zo mooi was als een groene parkiet. Hassad had de Wadi Hammamat nog nooit gezien en dat gold ook voor de groene parkiet; het was een lied dat zijn grootvader had gezongen en hij hield van de manier waarop het lied de lucht in rolde en krulde met zijn slingers van geluid. Het was een lied dat je de hele dag kon zingen zonder er genoeg van te krijgen. Terwijl Hassad zong over het meisje van Wadi Hammamat, dacht hij aan de kleine Nora die Pierre had gevonden en hij hoopte dat ze een tijdje bij hen zou blijven. Hij zou een goede moslim van haar maken en daarna misschien een vriendin of zijn vrouw. Hij stelde zich voor hoe hij haar mee zou nemen naar de tuin van zijn grootvader, waar zijn grootvader met de mannen in de koele avondlucht zat te roken. De andere vrouwen thuis zouden naar buiten gluren om deze nieuwe vrouw te zien. Ze zouden nieuwsgierig zijn en tegen elkaar fluisteren, maar je zou ze niet zien. Nora zou achter Hassad lopen en eerbiedig voor Grootvader buigen, haar handen op haar knieën. En Grootvader zou haar kleur haar zien en zeggen: 'O! Maar ze is een christen!' en Hassad zou zeggen: 'Nee, Grootvader, niet meer. Ik heb haar alles goed geleerd.' Dan zou Grootvader zeggen: 'Spreek, kind', en Nora

zou foutloos twintig soera's opzeggen en de vrouwen achter de bladeren van de bomen zouden goedkeurend mompelen en zachtjes in hun handen klappen en de wind zou de bladeren doen bewegen alsof ze ook klapten...
Hassads dagdromen werden onderbroken door een woest hondje dat over een heuvel kwam aangestormd en frontaal tegen de herder op botste. Hij maakte de schapen bang, die alle kanten op stoven, sprong tegen Hassads borst, kwispelde en likte zijn gezicht. Hassad was niet zo dol op honden en gaf een schreeuw van schrik. Hij probeerde tevergeefs het dier tot bedaren te brengen en begon de opgewonden blatende schapen bijeen te drijven. Thomas werd wakker van het kabaal dat door de stille ochtendlucht weerkaatste. Hij had de hele nacht tussen de rotsen rond de Weg lopen zoeken en was tegen de ochtend in slaap gevallen, uitgeput van het klimmen in de heuvels en van het intense verlangen Elenor te vinden. Thomas sprong overeind. Greatheart rende in een wijde kring rond en stevende op dit nieuwe mens af dat hem vaag bekend voorkwam. Hassad hief zijn armen naar de hemel op en schreeuwde in het Arabisch: '*Hamd'Allah*! Hij heeft me nòg een christen-pelgrim gestuurd!'

'*Yaar*! Ze is weg,' zei Hassad. Hij en Thomas gluurden de kleine hut in. De hut was leeg en de deur werd opengehouden door een steen.
'Pierre moet haar hebben meegenomen om de pelgrimsroute te vinden. Waarom had hij zo'n haast? Het was goed dat ze hier was. Goed om iemand te hebben om mee te praten. Jij! Jij zou ook kunnen blijven. Vanavond zou het meisje me een antwoord geven op mijn vraag... en ik denk dat ze dat niet kon... om me in een paar woorden te vertellen wat het christendom inhoudt.'
Thomas keek nieuwsgierig rond in de hut waar Elenor had geslapen en bewonderde de eenvoud en de netheid, de oven, de amulet bij de deur, de leren scharnieren. Hassad gaf hem een por om zijn aandacht te trekken.
'Kun jij het me vertellen?'

Thomas' knieën bibberden nog na van dankbaarheid toen hij hoorde dat Nora leefde, en hij was wel helder, maar nogal sloom door slaapgebrek. Hij wilde dat Hassad hem van alles had gevraagd, behalve dat. Hij begreep dat Hassads vraag een uitdaging was, al was het zachtmoedig bedoeld; hij had al eerder horen vertellen dat moslims hun geloof beter begrepen dan de meeste christenen. Hij herkende ook de hunkering van herders naar een beetje gesprek dat genoeg inhoud had om tijdens heel veel dagen eenzaamheid over na te denken.

'Laten we naar jouw schapen gaan en naar de pelgrimsweg, dan zal ik proberen je een antwoord te geven.'

Ze vertrokken en Greatheart volgde Thomas op de voet. Thomas probeerde aan het christendom te denken in de meest eenvoudige bewoordingen; eenvoudiger dan de Tien Geboden, die van het Judaïsme kwamen, eenvoudiger nog dan de geloofsbelijdenis van Nicea.

'Toen Jezus op aarde was,' zei hij tegen Hassad, 'predikte hij op een dag voor een groep boeren en vissers op een heuvel aan een meer. Hij zei dat er twee geboden waren waarvan de rest van het geloof afhankelijk was.'

'En wat waren die dan, deze twee geboden?'

'Met heel je hart en ziel en geest van God houden en van andere mensen net zoveel houden als van jezelf.'

Ze liepen een tijdje zwijgend verder. Toen sloeg Hassad met zijn hand tegen zijn voorhoofd. 'Pfffff! Die twee geboden zijn moeilijker dan al onze vijf geboden! Vasten kun je zelfs doen als je boos bent. Bidden, ja, dat maakt dat je je gelukkiger voelt. Ik geef een aalmoes weg of ik de bedelaar nu aardig vind of niet, gewoon om heilig te zijn. Maar je hart altijd de goede kant op hebben? Onmogelijk! Dit zijn moeilijke geboden, al klinken ze nog zo zachtmoedig.'

Hij schudde weer met zijn hoofd en zei toen, bijna in zichzelf: 'Geen wonder dat de christenen zoveel woede met zich meedragen...'

'Dit is geen klokgelui voor een begrafenis,' zei Fra Ramon tegen Fra Jaime van Sancti Spiritus. 'Doorbreek het ritme! Geef het een beetje' – hij trok zijn pij op en maakte een danspasje – 'een opkikker! Het is een welkomstgroet.'
Fra Jaime was uitgeput na het luiden van de klokken in een vrolijk en onregelmatig ritme en hij strompelde dankbaar naar zijn bed.

De meeste pelgrims waren samen naar Santiago vertrokken. Er waren er nog maar drie in Sancti Spiritus gebleven: Fra Pietro, die te zwak was om te kunnen lopen; Martin en Etienne. Beiden verborgen ze hun bezorgdheid om Elenor en Thomas.
Fra Pietro sliep.
Martin, kampioen in het stenengooi-spel, bleef aan zijn vaardigheden werken en weigerde erover na te denken.
Etienne had verdriet. Uit zijn plunjezak haalde hij de restjes perkament die hij van Aimery, de boekverkoper, had gebedeld en wilde dat hij ze aan Elenor had gegeven zoals hij van plan was geweest. Ik ben een lafaard, dacht hij. Hij had Elenor de restjes perkament nog niet gegeven omdat hij absoluut zeker wist dat ze van blijdschap in tranen zou uitbarsten. Hij wist hoe de tranen zouden opwellen in haar grijze ogen. Hij dacht zelfs te weten hoe ze zich zou voelen... En de genegenheid tussen Elenor en Thomas was zo mooi, zo teer. Etienne wilde zijn handen om die genegenheid leggen zoals Thomas zijn handen om een tondelvonkje vouwde, om het zoveel mogelijk kans te geven.
Hij leende Martins luit en ging op een rotsblok in de zon en de wind zitten. Hij probeerde de klokken te negeren en zong zachtjes in zichzelf, probeerde wijsjes uit en maakte liedjes.
Martin onderbrak zijn oefeningen om advies te geven: 'Maak een paar lange liedjes met een verhaal. We hebben lange liederen nodig om de afstand korter te maken.'
'Wat denk je van het verhaal dat Fra Pietro vertelde van de twee pelgrims. Zou dat niet een goed lied zijn?'
Een poosje later luisterde hij aandachtig naar het lied. 'Da's heel

goed. Nu moet je er nog een soort refrein in maken voor mensen die de woorden niet kunnen onthouden. Maar nu eerst een rondje stenen gooien om de vingers los te maken.'

De broeders van Sancti Spiritus luidden de klokken zolang er een pelgrim in de pas verdwaald was. De hele nacht. De hele dag. Martin en Etienne waren het oneens over iets van hun spel. Met hun neuzen tegen elkaar, woeste ogen en klaar om elkaar de hersens in te slaan, kwamen ze tegelijkertijd tot dezelfde conclusie:
'We moeten hier weg!'
'De klokken hebben ons gek gemaakt!'
'Heilige Vader Abt,' zei Etienne, 'we gaan terug naar Frankrijk om te zoeken. We...'
'We zijn met zijn tweeën; we zullen heel erg voorzichtig zijn.'
'Ik heb een nieuw lied dat ik kan uitproberen.'
De abt hief zijn ogen ten hemel.
'Blijf op het pad,' zei hij.

'Is het een goed lied om op te lopen?' vroeg Etienne bezorgd. Martin liep met grote passen naast hem en zong de tweede stem en veranderde hier en daar wat aan het lied; dat leidde hem tenminste een beetje af. Anders maakte hij zich alleen maar zorgen om Elenor. Geen van beiden noemden ze haar naam of die van Thomas, maar ze zorgden er wel voor dat iedereen hen kon horen. Binnen een straal van een paar honderd meter was dat zeker het geval. Konijnen zochten dekking en renden voor hun leven.

Pierre bracht Elenor naar de Weg, een paar kilometer van het hospitium af. Er was niemand te zien, maar ze konden het klokgelui horen.
'Hier laat ik je alleen, Nora. Ik moet terug naar mijn schapen voor ze in moeilijkheden komen. En ik wil niet dat de priesters weten dat ik hier ben.'
'Pierre,' zei Elenor. Ze wilde dat ze hem iets kon geven en wist dat ze niets had.

'Ja, Nora.' Hij nam haar kin in zijn hand en keek haar aan met zijn heldere, onderzoekende ogen.
'Ik zal altijd met blijdschap aan je denken,' zei ze.
'En ik aan jou, Nora, met blijdschap en een beetje spijt.' Hij gaf haar een kus op haar voorhoofd. 'Ga nu!'
En ze ging. Ze rende het pad af en stopte alleen even om om te kijken en te zwaaien. De tranen liepen over haar wangen.

Hassad had even weinig zin om in de buurt van het hospitium te komen als Pierre. 'Dit is geen goede plek voor de mensen van mijn geloof,' legde hij uit aan Thomas. 'Veel christenen verwachten van ons...' Hij sprong opzij, zakte door zijn knieën, deed net of hij een zweep uit zijn riem trok en gromde. Toen lachte hij.
'Ik wil niet opgehangen worden. Ik houd van het leven, dus blijf ik uit de buurt van het pad van de pelgrims.' Hij gebaarde naar de berg. Toen wees hij naar Thomas en sloeg op zijn borst. 'Hoewel ik sommige pelgrims heel erg aardig vind.'
'Ik begrijp het,' zei Thomas. 'Ik vind het jammer dat we nu al afscheid moeten nemen. Bedankt, en Hassad...'
'Ja?'
'*Salaam aleikum*,' zei Thomas, legde zijn handen op zijn bovenbenen en maakte een buiging.
'*Wa aleikum salaam*,' antwoordde Hassad en maakte een buiging terug.
Thomas rende het pad op, op de hielen gevolgd door Greatheart. Hij rende langer en harder dan Elenor en haalde haar al snel in. Ze hoorde voetstappen achter zich en draaide zich geschrokken om. Ze maakte een grote sprong en rende op hem af, struikelde bijna over Greatheart, die dol was van blijdschap, en gooide haar armen om de hals van Thomas. Hij tilde haar op en draaide haar in het rond en kuste haar betraande gezicht. Toen stond hij stil, hield haar een stukje van zich af en keek haar verrukt aan. Greatheart zag zijn kans schoon, sprong in haar armen en begon haar gezicht te likken.
'Mijn gezicht wordt stevig gewassen vandaag.' Ze lachte beverig.

'O, Thomas, het spijt me zo. Ik heb zoveel last veroorzaakt. Maar, o, Thomas, ik ben zo blij dat ik verdwaald was!'
'En weer gevonden ook?'
'O, ja, en dat ook.'
Net op dat moment kwamen Etienne en Martin vrolijk zingend de bocht om.

Fra Pietro was stervende. Zijn gezicht had een doffe, bijna doorzichtige glans; de beenderen staken uit. Elenor vond hem net iemand die op een schip wachtte, maar dan minder angstig dan zij was toen zij de overtocht maakte met de *Lady Elwyse*. Elenor hield een beker wijn aan zijn lippen, maar hij dronk haast niets. Ze veegde voorzichtig de druppels van zijn kin en depte met het servet zijn bleke lippen; had hij ooit iemand gekust? Tijdens het eten hield ze zijn hand vast. Thomas sneed haar vis voor haar klein.
Fra Pietro had al eerder die middag de laatste sacramenten ontvangen. Hij deed geen pogingen om te praten, maar keek naar de broeders en naar de pelgrims, soms helder en soms van ver weg, terwijl zijn laatste beetje energie steeds verder wegebde.
Elenor trilde van vermoeidheid en de avond leek zich als een eindeloze droom voort te slepen. Schiet een beetje op en ga dood, Fra Pietro, dacht Elenor, dan kan ik gaan slapen. Hij hield haar hand vast. Neem de tijd, Fra Pietro, doe het maar rustig aan, dacht ze berouwvol.
'Broeder, we hebben van een van uw verhalen een lied gemaakt. Wilt u het horen?' vroeg Etienne. De oude man glimlachte zwakjes. Etienne zong zacht maar heel duidelijk. Martin zong de tweede stem, ernstig ditmaal. Hij deed zijn best om het lied zo goed mogelijk te zingen. De schaduwen flikkerden op de witgepleisterde muren die roze waren van het licht van het vuur. De gezichten van de broeders, allemaal zo verschillend, waren sereen. Het lijkt wel of hun stemmen een dans uitvoeren, dacht Elenor, te moe om haar tranen tegen te houden.
Het verhaal ging over twee pelgrims die samen naar Santiago reizen. Een van de pelgrims sterft onderweg en de andere gaat ver-

der en maakt de bedevaart voor hen beiden. In het laatste couplet van het lied verlaat de pelgrim de heilige plek in Santiago, alleen. Hij voelt een hand op zijn schouder en hoort de stem van zijn metgezel.

Aan het einde van het lied zongen alle broeders het refrein mee. Ze zongen het laatste refrein twee keer, een wiegeliedje voor Fra Pietro.

In de stilte na het lied werd zijn rafelige ademhaling steeds langzamer. Iedere uitademing was volledig en diep; iedere nieuwe inademing een rusteloze onderbreking. Elenor moest aan een hond denken die gaat slapen; staan, draaien en weer gaan liggen.

Fra Pietro gaf Elenors hand een kneepje en stierf. Het lichaam op de draagbaar was net zomin Fra Pietro als de bank ernaast.

Elenor stond te zwaaien op haar benen. Fra Jaime ving haar nog net op voor ze de grond raakte en zorgde ervoor dat ze in bed kwam, waar ze sliep zoals ze haar leven lang nog niet had geslapen, met Greatheart warm en snurkend in het holletje bij haar knieën.

25

Banden

ELKOM, PELGRIMS! IN DE NAAM VAN GOD EN ZIJN heilige moeder, welkom in Zubiri. Drink hier wat. Het water smaakt zoet en er is God zij dank het hele jaar meer dan genoeg van.' Een oude vrouw in het zwart, met een paar stralende ogen in een zee van rimpeltjes, hielp met het vullen van de flessen toen de pelgrims met z'n allen rond de fontein samendromden en water uit hun handen dronken. Aan hun voeten lag een zeug te rollen, die haar eigen vreugdekreten aan de andere toevoegde bij de rondvliegende waterspetters.

Als je de stad in kwam vanuit de hete zon was het net of je een tunnel in ging, of een hol van een dier. De huizen stonden zo dicht op elkaar dat ze geen licht doorlieten. Schapen, geiten en vee drentelden door de straten of ze door bergbeekjes liepen en werden de stallen in gewerkt, die op de begane grond van de huizen te vinden waren.

In het donker werden ze door de mensen gegroet en bemoedigend toegesproken, en toen ze weer in de zon kwamen, werden de pelgrims feestelijk verwelkomd.

De kerk lag aan een oud plein. Romeinse zuilen hielden de half betimmerde veranda's van huizen en taveernes overeind. Kooplieden en boeren hadden hun waren uitgestald onder de afdakjes rondom het plein. Naast een tafel vol opgestapeld versgebakken brood stond een kind met een tak de vliegen weg te jagen. Elenor dacht terug aan die dag in Ramsay, heel lang geleden, toen ze hadden gehoord dat de mannen thuiskwamen. Ze wilde wel weer eens brooddeeg kneden; ze wilde haar spieren laten zien aan Elise en aan Helen.

Er kwamen een paar mannen het plein op die een kar vol wijnzakken van varkenshuid meetrokken. De dorpelingen lieten de wijn door de lucht spuiten en vingen hem op in hun mond. Ze daagden de pelgrims uit het ook eens te proberen. Martin knipoogde tegen Elenor toen hij haar bewonderend naar hem zag kijken. Thomas had wijn op zijn kin en op zijn hemd. Hij haalde zijn schouders op en grijnzend hield hij haar de wijnzak voor. Er waren geen andere vrouwen die direct uit de zak dronken, zag ze, dus schudde ze haar hoofd, maar ze voelde zich helemaal gelukkig.
Zij en Thomas sliepen nu apart; een stilzwijgende afspraak. Door Pierre had Elenor geleerd dat mannen haar nu aantrekkelijk konden vinden en zij kon zelf ook niet meer doen alsof Thomas Carla was.
Het klokgelui maakte dat mensen uit allerlei richtingen gehaast door de straat kwamen gehobbeld; de kooplieden lieten hun waren gewoon onbeheerd liggen. Na de avondmis bleven de mensen op het plein hangen en van de zomerschemering genieten. De muziek begon. De pelgrims waren uitgenodigd om in de kerk of onder de arcades van het plein te slapen, maar het zag ernaar uit dat de mensen van de stad niet de bedoeling hadden om ze ook echt te laten slapen. Een jongeman, die een trommel bij zich had en een fluit, danste schuifelend in een kring. Met zijn ene hand speelde hij een schel wijsje dat hij steeds herhaalde, terwijl hij tegelijkertijd met de trommel de maat sloeg. Waar hij ook langs kwam, iedereen, van peuters tot stokoude opa's, stak zijn handen in de lucht, knipte met zijn vingers en danste mee op de muziek. Elenor zag hoe een oude boer Etienne voordeed hoe het moest. De man riep bemoedigende kreten naar hem, sloeg hem op de schouders en voerde hem flink wat wijn.
Elenor had een verzadigd gevoel van brood en kaas, wijn en druiven, en ze vroeg aan een kind waar ze haar behoefte kon doen. Het kind wees haar een sloot die onder een muur door liep, achter in het dorp. Terug op het plein gekomen rolde ze zich in haar mantel en nestelde zich tegen een van de stenen zuilen met haar bundel als kussen. Door halfgesloten ogen keek ze naar de bonte feestelijkheden en viel al gauw in slaap.

Die nacht droomde Elenor van meerstemmig zingende krekels. Ze werd wakker van de stemmen van stokoude vrouwtjes. Toen ze haar ogen opendeed, zag ze zeven oude vrouwen over het plein lopen in het licht van een lantaarn die een van hen omhoog hield. Een andere vrouw had een mensenschedel in haar handen en draaide die rond zodat de grijns van de schedel dan weer de ene kant uit zwaaide en dan weer de andere kant, als een koninklijke gast die een menigte mensen groet. Met vrolijke zangstemmen riepen ze: 'Bid voor de zielen in het vagevuur! Word wakker, slaapkoppen, en zeg nog even een klein gebedje voor jullie broeders en zusters in het vagevuur die nog moeten wachten op de glorie van God. Eén gebedje maar, en slaap dan maar weer lekker verder.' Elenor herkende een van de vrouwen. Het was de oude vrouw die hen bij de fontein had verwelkomd.

De klokken luidden al voor het ochtendgebed toen ze wakker werd. Elenor ging overeind zitten in het bleke ochtendlicht en kauwde op een twijgje om haar tanden schoon te maken. Ze zag op tegen de gang naar de sloot. Toen ze terugkwam, kamde ze haar haar. Het duurde wel even voor ze alle klitten eruit kreeg en haar arm deed zeer. Haar haar hing nu bijna op haar middel en het was een opluchting om het te vlechten en op te steken.
Ze liet haar blik op Thomas rusten. Hij bewoog in zijn slaap en trok zijn deken vaster om zich heen. Hij lag met zijn hoofd op de harde keien van het plein. Een oude man strompelde van de ene groep pelgrims naar de andere om ze wakker te schudden. Elenor zag hoe hij de voet van Thomas beetpakte. Thomas gaf de oude man een schop die hem op zijn achterste deed belanden. Toen sprong hij onmiddellijk op, verontschuldigde zich en hielp de man overeind.
'Het spijt me erg, broeder... ik wilde u geen pijn doen... u overviel me een beetje. Zo, gaat het weer? Heeft u al ontbeten?'
Arme Thomas, dacht Elenor.
De man heette Gregoire. Hij was jaren geleden hier in Zubiri ziek geworden, toen hij op weg was naar Santiago.

'Ik bleef nachtenlang in de kerk en iedere dag brachten de mensen me hun brood en hun wijn en ook hun gebeden, en een meisje kwam voor me zingen, zodat ik hier hoopte te sterven en nooit meer weg zou hoeven, wetend dat de vrouwen ook voor míjn ziel zouden bidden.'
'Maar u werd weer beter,' zei Elenor.
'Ja, *hija*, dochter, ik werd weer beter, maar toen besefte ik dat ik niet hoefde te blijven reizen, want als de mensen van Zubiri mijn slechtheid konden vergeven, dan had God, wiens goedheid groter is, me al lang vergeven.'
Kauwend op het brood van gisteren en water drinkend uit hun waterflessen, dachten Elenor en Thomas na over wat Gregoire had gezegd.
Thomas zei: 'Zeg eens, broeder, hoe denkt u dat het ondernemen van een bedevaart ons helpt om vergeving te krijgen?'
Gregoire dacht lang na voor hij antwoordde.
'Paarden,' zei hij vlak en Elenor schrok op. 'Oorlogspaarden. Die moet je goed trainen, nietwaar?'
Thomas knikte.
'Je laat ze allerlei moeilijke dingen doen en beproevingen ondergaan. Je maakt ze hard, sterk. De wereld, de verleidingen, de moeilijke tijden en de zorgen maken ons sterk en bereiden ons voor op de hemel. Zo zit dat.'
Hij knikte nadrukkelijk.
Later, toen ze afscheid hadden genomen van Gregoire en Zubiri en het pad weer breed genoeg was om naast elkaar te kunnen lopen, vroeg Elenor aan Thomas wat hij van het antwoord van de oude man vond.
'Ik denk dat de bedevaart voor Gregoire een boetedoening was.' Thomas aarzelde. 'De bakker vertelde me dat Gregoire jaren geleden in een vlaag van jaloezie zijn hele gezin had vermoord. Hij werd uit zijn dorp verbannen en droeg een bord met de woorden IK BEN EEN MOORDENAAR, tot hij in Zubiri bleef.'
'Net als Kaïn,' zei Elenor en rilde. 'Maar hoe zit dat dan als je het leuk vindt om op pelgrimstocht te zijn? Hoe kan het dan een boe-

tedoening zijn? Ik bedoel, wat als je liever op pelgrimstocht bent dan dat je iets anders doet? Hoe zou dat je ziel sterk maken?'
'Je kunt tegelijkertijd gelukkig en sterk zijn, denk je niet?' zei Thomas. 'Een oorlogspaard houdt van zijn training.'
'Maar ik heb nog niets moeilijks gedaan.'
Thomas dacht eraan hoe ze Mab had weggegeven, Jean-Paul had gedragen, Fra Pietro's hand had vastgehouden, maar hij sprak haar niet tegen, want ze zou zelf wel het best weten wat moeilijk voor haar was en wat niet. In plaats daarvan vroeg hij: 'Vind je het leuk om op deze pelgrimstocht te zijn, samen met mij?'
Hij klonk zo zelfvoldaan, alsof het hele idee van de pelgrimstocht van hem afkomstig was, dat Elenors twijfels weer terugkwamen. Maar ze kon toch zeggen: 'Ja, Thomas van Thornham-Ramsay, behalve het ongedierte en de latrine-sloten en een paar twijfelachtige liedjes, heb ik het heel erg naar mijn zin.'
In zwijgende kameraadschap liepen ze verder, tot Thomas vroeg: 'Wat zou voor jou dan een beproeving zijn?'
Zonder na te denken antwoordde ze: 'Verveling. De dame op het wandtapijt zijn en mijn hele leven ergens op wachten. En het baren van kinderen.'
'O,' zei Thomas.
Elenor voelde zich opgelaten.
'Maar misschien zou dat ook nog niet zo erg zijn, als ik, eh, mij er eenmaal toe zet,' mompelde ze.

In Puenta la Reina voegde een grote weg zich bij de hunne; hij bracht pelgrims mee uit het zuiden van Frankrijk en uit Italië, Roemenië en zelfs Griekenland. Elenor voelde zich plotseling verlegen en moe. Ze schaamde zich voor haar bedeesdheid. En het werd alleen maar erger doordat sommige van die nieuwe pelgrims meisjes waren, bijna even oud als zijzelf, grote Italiaanse meisjes die zelfverzekerd samen reisden, zonder mannen, en samen lachten en grapjes maakten. Hun stemmen klonken als muziek, als een murmelend beekje. Elenor zag een van hen naar Thomas kijken, oogcontact zoeken en hem met een brede glimlach toela-

chen, om vervolgens door de anderen geplaagd te worden. Ze zagen Elenor niet eens.
Er was nog een derde weg, die zuidwaarts naar Zaragoza leidde. Deze weg moest Etienne nemen om naar Toledo te gaan. Ze hadden zo lang samen gereisd dat Elenor zich niet kon voorstellen dat ze Etienne niet meer zouden zien, zijn stem 's avonds niet meer zouden horen, en zijn liedjes onderweg. Zij, Thomas en Etienne stonden samen bij het kapelletje bij de kruising en eigenlijk wilden ze geen afscheid van elkaar nemen.
'Ga met ons mee naar Compostela,' drong Thomas aan.
'Weet je nog van mijn zoektocht, Thomas? Om meer over de islam te weten te komen en de wereld van de Arabieren? Misschien, Thomas, hebben we wel dezelfde zoektocht. Waarom kom jij niet met mij mee?'
Elenor kon zien dat dat precies was wat Thomas graag wilde. Ze hadden met elkaar gepraat over wat elk van hen van Hassad had geleerd en Elenor ontdekte tot haar grote verbazing dat Thomas de koran kende. Etienne had hun beiden laten zien wat hij van het Arabische schrift wist en ze hadden met zijn drieën geprobeerd vloeiende Arabische letters in het zand te schrijven als er geen andere pelgrims in de buurt waren. Elenor begon in te zien dat Thomas een levendige, nieuwsgierige en geduldige geest had. Ze wilde voor hem dat hij naar Toledo kon gaan, of naar een ander groot centrum van kennis. Misschien in Engeland...
'Misschien brengen je reizen je ooit nog eens naar Engeland,' zei Thomas tegen Etienne, maar geen van drieën konden ze zich echt een beeld vormen van zo'n verre toekomst.
'Bedankt voor de verhalen en de liedjes,' zei Elenor. 'Ik bewaar ze hier.' Ze wees op haar hoofd. 'Zodra ik thuis ben, schrijf ik ze op.'
'Onder je hoed, zeker, hè?' zei Etienne en legde zijn hand op haar hoofd in een gebaar dat zowel een liefkozing als een zegening was.
'Ik heb me al vaak afgevraagd wat er onder die hoed zat. O, ja!' zei hij nonchalant en viste het perkament uit zijn buidel. 'Dit is om ze op te schrijven, of voor tekeningen.' De tranen sprongen in Elenors ogen.

Ze omhelsden elkaar allemaal voor de laatste keer, namen afscheid en vervolgden elk hun eigen weg. Toen Etienne nog maar een klein figuurtje in de verte was, draaide hij zich om en ze zwaaiden druk naar elkaar van de ene kant van de stoffige weg naar de andere.

Thomas en Elenor bleven een beetje achter de grote groep pelgrims hangen en hadden geen haast om ze in te halen. De weg was zo droog dat het een hele tijd zou duren voor het stof weer ging liggen. Ze liepen vaak naast het pad. Praten kostte veel moeite.
'Ik moet een plek zien te vinden om mijn kleren te wassen,' zei Elenor in een poging de stilte te doorbreken.
'Vlooien?' vroeg Thomas.
Elenor knikte. 'Grote vlooien uit Zubiri en misschien ook luizen.'
Ze volgden een schapepad dat naast de stoffige weg begon. Het vlakke land ging over in heuvels en het pad slingerde zich naar een dennenbos. De bomen gaven schaduw; de naalden waren zachte kussentjes onder hun voeten. Door de hitte gingen de denneappels open, waardoor er een bedwelmende harsgeur in de lucht hing. Ze bewogen zich als in een droom, zwijgend. Het pad werd onzichtbaar in het spel van licht en schaduw, het zachtbruin en de verschillende tinten groen en koper. Elenor verlangde ernaar om op de zachte dennenaalden te gaan liggen. Ze zag kleine zandheuveltjes onder de wortels van de bomen. Dat waren vast en zeker konijneholletjes. Als een slaapwandelaar liep ze achter Thomas aan.
'Kunnen we niet even uitrusten hier?' vroeg ze uiteindelijk, net toen ze struikelde.
'Ja hoor,' zei Thomas. 'Ik denk dat dat ook het beste is, want hoe kunnen we anders uitvinden waar we nu zijn? Dit is een vreemd bos. Er zit geen mos op de bomen.' Hij ging op zijn hurken zitten, veegde de dennenaalden opzij en trok een grote cirkel in het zand. 'Als we hier een uurtje of zo blijven zitten, kunnen we misschien zien waar de zon heen draait. Dan kunnen we die in zuid-

westelijke richting volgen en zo weer op de Weg terechtkomen.'
Hij raapte een twijgje op, zette het rechtop in de grond en trok een lijn langs de schaduw. 'En nu hoeven we alleen maar te wachten,' zei hij tevreden. Maar Elenor lag al heerlijk opgekruld op een plekje in de zon. Haar hoofd lag op haar bundel en ze was al in een diepe slaap weggezakt.
Hij was er toen ze wakker werd; ze wist het zonder dat ze hem zag. Het feit dat hij er was, voegde warmte toe aan de warme dag die doordrongen was van de geur van dennehars en het gezoem van allerlei kleine insekten. Ze draaide zich op haar zij en zag dat hij naar haar keek, zijn ogen ernstig en donker. Ze wilde niets liever dan doorrollen en zich in zijn warmte begraven en vergeten dat ze een pelgrim was. Maar in plaats daarvan ging ze rechtop zitten en begon de dennenaalden uit haar haar te halen.
'Laat mij maar,' zei Thomas. Ze was verbaasd toen ze zag dat zijn handen trilden.

Het was al laat in de middag toen ze weer op de Weg kwamen. De weg was verlaten op een eenzame ketellapper na die een gesprek begon met Thomas. Elenor liep door. Ze hoorde het zachte geluid van water, voelde een soort frisheid in de lucht en kwam al snel bij een stenen brug die net af was.
Het water danste over de rotsblokken. Dat was een goed teken: snelstromend water was meestal schoon en je kon het drinken. Maar de moed zonk Elenor al snel in de schoenen; er stonden al een paar vrouwen in het water hun kleren te wassen en ze herkende verschillende Italiaanse meisjes en Melinda. Ze onderdrukte de neiging om snel door te lopen. Ze hees haar bundel op haar schouders en klom naar beneden, naar het water.
De vrouwen hielden even op met praten en keken haar met een vriendelijk soort nieuwsgierigheid aan. Ze knikte, liet haar bundel op de rotsen vallen en gooide haar zware mantel in de richting van het water. Er klonk een luid protest van de meisjes. Ze gingen allemaal om haar heen staan, hielden de mantel omhoog, voelden aan de wol en schudden hun hoofd.

In het gekabbel van hun stemmen herkende Elenor drie woorden: *mal*, wat 'slecht' betekende, *lavare*, wat 'wassen' moest zijn en *lana*, waar ze 'wol' mee moesten bedoelen. Ze waren bang dat ze haar mantel zou beschadigen door hem te wassen. Ze vergat haar verlegenheid in het meeslepende ritueel van het praten met gebaren en het praten in verschillende talen. Ze legde haar hand op de schouder van een van de meisjes om haar aandacht te krijgen. 'Kijk, *regarde, mira.*' Ze liet haar zien waar het ongedierte haar mantel had aangetast, waarschijnlijk toen ze tegen die zuil in Zubiri in slaap was gevallen. Ze liet zien hoe groot de mantel was voor haar en dat hij best wat mocht krimpen. Hier en daar werden er schouders opgehaald en werd er met hoofden geschud, maar uiteindelijk bracht een meisje een pot met zachte zeep naar haar toe en schreeuwde iets tegen de anderen. Elenor verstond *ajuda*, het Latijnse woord voor 'helpen' en *inglesa*, 'Engels meisje'.

De anderen kwamen erbij staan en stortten zich toen allemaal op een klus waarvan ze eerst hadden gezegd dat ze het niet moest doen. Ze maakten de zware wol goed nat en wreven er de zachte zeep in. Daarna gingen ze er met z'n allen op staan, op de schone kiezelbodem van de rivier, en stampten er zo de zeep, het vuil en het ongedierte uit. Wolken zwart vuil en verf kringelden door het water stroomafwaarts. Een van de meisjes gaf plotseling een grote gil en schudde een zwarte voet in de lucht en ze begonnen allemaal hun blote voeten te inspecteren. Drie meisjes legden hun armen over elkaars schouders en deden een reidans, eerst hun ene voet schuddend en daarna de andere.

'*E come se chiama la piccola inglesa?*' vroeg een meisje. Elenor begon iets van hun taal te begrijpen. Ze vroegen hoe ze heette.
'Nora,' zei ze en wees op zichzelf, en *Tu?*' Ze raakte het meisje aan dat het dichtst bij haar stond.
'Anna,' antwoordde het meisje.
'*Io* Bea!' zei het grootste, mooiste en brutaalste meisje. Zij was het geweest die met zoveel misbaar de aandacht van Thomas had proberen te trekken dat de anderen lachten en schreeuwden.

Ze waren nu zo nat geworden dat ze niet meer probeerden droog te blijven. Bea stopte haar rok in haar ceintuur en waadde het water in tot ze er tot haar bovenbenen in stond; de anderen volgden haar. Het was een heel karwei om alle kleren te wassen met je benen in het ijskoude water, maar uiteindelijk sleepten Elenor en de anderen de zware mantel het grasachtige gedeelte van de waterkant op, wrongen hem uit en spreidden hem uit in de middagzon. Elenor had geen gevoel meer in haar voeten en haar rug deed zeer. Ze liet zich tevreden op de grond zakken en keek toe hoe de anderen hun kleren over de rozemarijnstruiken uitspreidden. En net toen ze klaar waren en naast haar kwamen zitten, dook Thomas op, die zijn mantel naar de rivier droeg. Hij werd verwelkomd door een gebrul van de Italiaanse meisjes. Het was een gebrul van begroeting, protest en ergernis.

'Zou het niet mooi zijn,' zei Thomas na het avondeten, toen ze om het kampvuur lagen om te gaan slapen, 'zou het niet verstandig zijn als we gewoon konden vergeten wie wat zou moeten doen?'
'Zullen we er over debatteren?' vroeg Elenor geeuwend.
'Een dispuut...'
'Ja,' zei Martin, die weer was opgedoken na een week in iemands wijnkelder te hebben doorgebracht, 'en is dat niet precies waar we mee bezig zijn? Kijk nou eens naar Nora. Lang geleden was ze een Engelse dame; nu zet ze een val, ze vist, kookt...'
'Nauwelijks, Martin,' mompelde Elenor, die de vis voor het avondeten had laten aanbranden.
'En ze kan lezen en schrijven als een abt.'
Verlegen probeerde Elenor van onderwerp te veranderen. 'En Thomas dan, die heeft vanmiddag zijn eigen mantel gewassen met een beetje hulp van de Italiaanse *brigata*...'
'Nee!' kwam Martin tussenbeide en legde allebei zijn handen op zijn hart. 'Niet mijn Italiaantjes!'
'Terwijl onze dolende dichter naar de zin van het leven zocht in een beker Rioja-wijn,' ging Elenor verder. 'Waarom zou je je hele

leven maar één persoon blijven? Thomas, denk jij er nog wel eens aan om priester te worden?'
Haar vraag, die ze er zo maar had uitgeflapt, bleef even in de lucht hangen. Plotseling voelde Elenor zich verdrietig en kreeg een knoop in haar maag. Kon het haar wat schelen wat hij zou antwoorden? Hoe dan ook, ze had zonder het te willen de luchthartige stemming verbroken.
'Tja,' zei Thomas uiteindelijk. 'Ik denk wel dat ik bij een wijs iemand als Bernard van Chartres of Abélard zou willen studeren, en er zijn vast meer van dat soort grote geleerden op dit moment.' Hij staarde enigszins weemoedig in het vuur. Toen gleed er een glimlach over zijn gezicht 'Maar ik denk toch niet dat ik priester zou willen zijn.'
'Waarom niet?' vroeg Elenor.
'Nou, ik zou bijvoorbeeld niet graag celibatair willen leven,' zei Thomas glimlachend zonder naar haar te kijken. Hij rolde zich om en ging met zijn rug naar zijn metgezellen liggen.
'Ha!' snoof Martin. 'En jij denkt dat de priesters dat doen?'

26
De Brigata

LENOR BEGON EEN HEKEL TE KRIJGEN AAN HAAR zware mantel. Ze gebruikte hem nog wel om op te slapen zodat ze niet op de grond hoefde te liggen, maar ze rolde hem nu iedere dag zo stijf mogelijk op en droeg hem op haar rug. De zon droop als honing over de hoogvlaktes van Noord-Spanje; ze zwom bijna in die honing met iedere stap die ze deed en ze had het gevoel dat ze het nooit meer koud zou hebben. Onder haar voeten gingen de woestijnbloemen open; ze bloeiden en werden vervolgens tot poeder getrapt. Insekten zoemden door de lucht.

'Wist je dat Sint Franciscus altijd stopte om krekeltjes van de weg af te halen en ze aan de kant te zetten zodat ze niet vertrapt zouden worden?' vroeg Anna, een van de Italiaanse meisjes.

'Dan mag het een wonder heten dat hij Compostela ooit gehaald heeft,' antwoordde Elenor kortaf. De kruiden knisperden onder haar voeten, verpulverden en gaven een scherpe geur af. Kleine bijtjes zwermden om de kruiden en de wilde bloemen heen en stoorden zich absoluut niet aan de mensen die voorbijkwamen. Er kwam er een op de rok van Melinda terecht en ze schudde hem er zachtjes weer af.

'Wij geloven dat bijen de zielen zijn van baby's die nog geboren moeten worden. Dus zijn we heel voorzichtig.'

'Dat is een gedachte om depressief van te worden,' zei Elenor toen ze naar de miljoenen bijen om haar heen keek.

'Waarom?' vroeg Bea, die met grote passen aan haar andere kant liep. 'Willen jullie niet veel baby's, jij en Thomas?' Alle Italiaanse meisjes lachten.

'Bea is jaloers,' plaagde Gisella, en Bea bloosde. Ze sloeg haar arm om Elenors schouders.
'Hoor ze nou eens allemaal.' Ze glimlachte. 'Ze kunnen haast niet meer wachten.'
Elenor slikte. Ze had een enorme dorst. 'Misschien maar eentje,' zei ze schor. 'Maar je kunt er nooit maar eentje hebben, hè?'
'Ach,' zei Bea, 'misschien wel en misschien niet.' Wat was dit Engelse meisje nog een kind! Wist ze dan niets? 'Maar als je geluk hebt, dan kun je iedere keer een flinke rustpauze na het krijgen van een baby nemen als je wilt.'
'Echt waar? En hoe lang dan?' Elenor had nog nooit iemand gekend aan wie ze deze vragen had durven stellen.
'O, in ieder geval twee jaar. Je blijft gewoon de eerste de borst geven en meestal krijg je pas weer een andere als je daarmee stopt.'
Elenor lachte. Dat wist ze wel van melkkoeien. Waarom was het niet in haar opgekomen dat dat ook voor vrouwen kon gelden? Wat raar toch dat dames hun baby's door een min lieten voeden en dan zelf stierven omdat ze te snel op elkaar baby's kregen! Plotseling vond ze het een prachtige dag.
'Een lied, Bea.'
Bea gooide haar hoofd achterover en riep naar de blauwe hemel: '*Utreeeeeiiiiaaaa!*' Wat werd opgepikt door Elenor en Melinda en Gisella en alle pelgrims op de Weg. Maar ze hadden allemaal een te droge keel om het lang vol te houden.
'Vertel ons eens een verhaal, Bea,' zei Gisella.
'*Oc.* Dit is een verhaal dat ik in Puente heb gehoord. Het gaat over hoe ze daar een schooltje voor de kinderen kregen.'
'Vertel op.'
'Er was eens, eigenlijk was het zo'n vijftig jaar geleden, in de stad Puenta de la Reina in het koninkrijk Navarre, een zeer gierige burgemeester. Het was zo'n man die het vreselijk vindt om afscheid van zijn geld te moeten nemen en toch van mooie kleren, prachtige tapijten en vooral van heerlijk eten houdt.
Toen deze burgemeester op een dag over de markt liep en de

weegschalen van de marktlieden inspecteerde om te kijken of ze wel eerlijk waren, zag hij bij een viskraam een prachtige makreel liggen, vers en zilverachtig, zijn oog zo helder dat hij net uit de zee gesprongen leek te zijn.

"Koopman!" zei de burgemeester. "Wat vraag je voor die vis?"

"Aha! Meneer de burgemeester, dat is de mooiste vis die ik heb en daar vraag ik een gouden peso voor."

"Een gouden peso?! Voor een eenvoudig visje?! Je lijkt wel gek, man!"

De koopman gaf geen antwoord maar haalde eenvoudigweg zijn schouders op en maakte een nederige buiging. De burgemeester liep briesend weg en ging naar huis, waar hij op een met brokaat beklede stoel ging zitten bedenken hoe lekker die vis zou zijn geweest. Ten slotte kon hij de verleiding niet langer weerstaan. Hij riep zijn dienaar en ging terug naar de markt. Toen hij bij de viskraam aankwam, was de mooie vis weg! De koopman had hem zeker ergens in de schaduw gelegd.

"Ahum! Koopman! Ik heb besloten de vis te kopen. Die grote die hier lag. Waar is hij nu?"

"Ach, meneer de burgemeester, het spijt me, maar die vis is verkocht."

"Verkocht?! Voor de prijs die u me noemde?!"

De koopman knikte.

"Wie kan er in 's hemelsnaam in deze stad voor die prijs een vis hebben gekocht? Je zou zelfs een goed paar schoenen voor een gouden peso kunnen krijgen!" De burgemeester was woedend bij de gedachte dat er iemand was die meer geld had uit te geven dan hij en hij werd nog woester als hij eraan dacht dat iemand anders die heerlijke vis ging opeten.

"Ik geloof dat dat precies is wat er gebeurd is, heer," zei de koopman. "Degene die de vis heeft gekocht was een arme schoenmaker, maar hij vertelde me dat hij net die peso had gekregen voor een paar schoenen."

"Is hij hier in de buurt?" vroeg de burgemeester. "Ik zou die man graag willen spreken."

"Ja, daar loopt hij."

De burgemeester liep naar de kleine schoenmaker toe, die zijn zoontje bij de hand had en een groot, visvormig pak onder zijn arm droeg.

"Hé, jij daar. Heb jij net die grote makreel gekocht die daar bij de viskraam lag?"

"Ja, heer, dat klopt," zei de schoenmaker en er gleed een glimlach over zijn gezicht.

"Hoe kun je nu op zo'n onverantwoordelijke wijze geld uitgeven?"

De schoenmaker leek even niet te weten wat hij moest zeggen, maar toen hij een moment had nagedacht zei hij: "Meneer de burgemeester, dit is een heel bijzondere vis, en mijn gezin en ik zullen er een heel bijzondere maaltijd aan hebben die we ons kunnen herinneren als we honger hebben."

"Maar heb je dan geen spaargeld?" vroeg de burgemeester. "Wat gebeurt er als je ziek wordt?"

De schoenmaker krabde op zijn hoofd. "Als ik ziek word, zal de een of andere aardige ziel me wel helpen. Er is geloof ik een ziekenhuis voor de armen in deze stad."

Toen hij dat hoorde, ontstak de burgemeester in nog grotere woede, want in zijn testament, opgemaakt bij een magistraat, had hij al zijn rijkdommen aan het ziekenhuis voor de armen nagelaten. Het had hem een goede manier geleken om zich te verzekeren van een plek in de hemel. Hij stelde zich voor hoe deze schoenmaker van de vis zou genieten, terwijl hij, de burgemeester, die zoveel rijkdommen had verzameld, iets gewoons moest eten. Hij ging naar huis en liet de magistraat komen.

"Ik wil mijn testament veranderen," zei hij. "Ik wil helemaal niets nalaten aan het ziekenhuis voor de armen. In plaats daarvan wil ik dat mijn rijkdom wordt gebruikt voor het oprichten van een school voor de kinderen van Puente, zodat ze verstandig kunnen worden. De school zal bestemd zijn voor alle kinderen, behalve voor de kinderen van schoenmakers, die hebben het niet nodig."

En voor zover ik weet,' zei Bea, 'is dat het ware verhaal van hoe de stad Puente aan haar school kwam.'

'En de kinderen van schoenmakers kunnen er nog steeds niet heen?'
'Dat hebben ze me verteld,' zei Bea.
'Ben jij ooit naar school geweest, Nora?' vroeg Gisella. 'Jij kunt toch lezen?'
Elenor vertelde haar hoe ze dingen leerde van vader Gregory. 'En jullie?'
De Italiaanse meisjes keken elkaar aan en lachten.
'Wij gaan allemaal samen naar school,' begon Gisella.
'*Gingen* naar school, Gisella. Het is nu voorbij, weet je nog?'
'Toen we allemaal als herderinnen werkten in Toscane, aten we tussen de middag meestal samen in de schaduw van een paar wilgebomen bij de kerk. We aten, rustten wat uit en praatten...'
'En deden net of we koninginnen waren.'
'En klommen in de bomen.'
'Toen ik zes was en Bea tien, heeft ze me zandtaartjes laten eten!'
'En Gisella at ze nog op ook, *verina*,' plaagde Bea.
'Kennen jullie elkaar al zó lang?' vroeg Elenor.
'O ja. We zijn een *brigata*. We blijven bij elkaar.'
'En hoe zit dat dan met die school?'
'Er was een fantastische oude priester bij de kerk...'
'Een heilige!'
'Fra Giacomo. Op een dag kwam hij naar buiten en zei...'
'Hij zei: "Als jullie hier toch elke dag komen, moesten we maar een schooltje beginnen." En hij brak een paar takken van de boom en begon ons letters te leren.'
Bea stond stil en trok sporen in het zand, terwijl de andere meisjes langzaam: 'A – V – E   M – A – R – I – A!' zongen.
'Als Fra Giacomo er niet was geweest, hadden onze vaders ons nooit op deze bedevaart laten gaan; de mijne in ieder geval niet,' zei Anna.
'Toen we hem hadden verteld wat we wilden gaan doen, ging hij naar onze huizen en heeft heel lang met onze ouders gepraat en gezegd hoe moedig we zijn en hoe vroom en verstandig...' Ze lachten en Bea tekende met haar handen een aureool boven het hoofd

van Gisella. 'En hoe veel harder en beter we zouden werken als we weer thuiskwamen.'
'Ik zal nooit meer klagen over het lopen van Petrella naar Cascalenda, dat is duidelijk.'

Thomas keek vanaf de voet van de heuvel toe hoe Nora, Melinda en de Italiaanse meisjes naar beneden kwamen gelopen – zes zwarte figuurtjes tegen een achtergrond van ontelbare, rode heuvels. Ze probeerden allemaal hun bundeltjes op hun hoofd te dragen en het gelach kwam naar beneden gezweefd. Van deze afstand leken ze heel lang, alsof de bundeltjes een verlenging van hun hoofd waren. Het was avond. De schaduwen waren lang, de hemel kleurde diepblauw en de heuvels werden roestbruin en goud gestreept; gouden, warme, diepe kleuren. Een zwerm merels vloog plotseling op uit een in de schaduw gelegen holte en fladderde naar de koperkleurige zon.

27
Calvarie

LENOR GREEP EEN BOOMPJE BEET OM ZICHZELF een steil stuk op te trekken. Ze bedacht zich dat het de mensen die de Weg voor het allereerst hadden afgelegd vast niet veel had kunnen schelen of ze Santiago zouden halen. Hun doel was om dicht bij God te komen. Ze bouwden kapelletjes op de top van een berg. Hoe moeilijker een berg te beklimmen was, hoe beter.

Santa Lucia was een pelgrimskerk die op een plek was gebouwd waar niet veel anders groeide dan een paar miezerige dennebomen. Het lag zo hoog dat het er zelfs in augustus koud en winderig was. Er waren honderddertig stenen treden uitgehouwen naar de hoogste top, aan de steilste kant. Het op je knieën beklimmen van deze trap en op elke tree een Ave Maria bidden, en op elke tiende tree een onzevader, voor iedere statie van de Kruisweg, werd door de pelgrims een calvarie genoemd. Die was bedoeld om de pelgrims te laten lijden zoals Jezus had geleden op weg naar zijn kruisiging.

Thomas en Elenor stonden even stil om uit te rusten op de berghelling, tegenover Santa Lucia aan de andere kant van het dal.
'Melinda gaat morgen de calvarie doen,' zei Elenor.
'Onze martelares Melinda. Ze valt vast halverwege flauw.'
'Melinda zegt dat ze de calvarie wil doen als een plechtige belofte.'
'Een plechtige belofte voor wat?'
'Voor eerlijkheid, denk ik; geen voorspellingen of nepvisioenen meer.'
'Waarom zo'n dramatische manier om een plechtige belofte te

doen? Ik zie niet in hoe het op je knieën beklimmen van die treden anders is dan jezelf met zweepslagen bewerken. Het is iets wat frater Paulus iemand zou aanraden.' Thomas pelde wat dennebast van een boom en rolde het tussen zijn vingers. 'Vind je het niet iets pervers hebben, Nora, om te doen alsof pijn heilig is en plezier een zonde?'
Elenor moest opeens aan het dennenbos denken, aan die sterke neiging om toe te geven aan plezier waar niets mis mee leek, behalve dat het verboden was. Ze moest aan Pierre denken, aan zijn eerlijke, vragende gezicht met de opgetrokken wenkbrauwen.
'Ik weet het niet,' zei ze. En dat was ook zo. Thuis in Ramsay had ze altijd gedacht dat frater Paulus pervers was met zijn liefde voor pijn, maar de laatste tijd vroeg ze zich af of ze hem misschien verkeerd begrepen had, of te snel zijn preken opzij had geschoven omdat hij lelijk was en een krakende stem had.
'Melinda zegt dat het goed is je vrijwillig over te geven aan pijn, in navolging van Christus.'
'Misschien wel,' zei Thomas. 'Maar Christus vroeg er toch niet om om gekruisigd te worden? Het was het gevolg van zijn werk. Hij zag er vreselijk tegenop. Hij bad dat het hem bespaard kon blijven.'
Elenor knikte, daar was ze het mee eens, maar de woorden die ze nu wilde zeggen bleven in haar keel steken.
'Thomas, we...ik...doe de calvarie met Melinda mee. De hele *brigata* ook. Omdat we haar vriendinnen zijn.'
Thomas gooide het kleverige stukje bast weg. Zijn gezicht verstrakte en hij keek over het dal uit.
Elenor voelde zich verloren. Voor hij terug naar Engeland was gekomen, had ze nooit verwacht dat zij en Thomas van Thornham het ook maar ergens over eens zouden zijn; de laatste paar maanden was de band tussen hen haar grootste vreugde geworden. Nu ze met opzet iets ging doen waar hij het niet mee eens was, voelde ze zich alsof ze hun band van vertrouwen verbrak.
'Ik liet het Melinda weten toen ik vond dat ze stom bezig was; ik moet het haar ook laten weten als ik denk dat ze ergens goed aan

doet,' kreeg ze nog net over haar lippen, maar het kwam niet uit haar hart.
'Kun je dat haar dan niet gewoon zeggen?' probeerde Thomas.
Elenor schudde haar hoofd. Omdat ze bang was dat ze van gedachten zou veranderen, stond ze op en ging de *brigata* zoeken.
Thomas raapte een steentje op en smeet het tegen een boom. Zou Elenor een doemdenker worden en zich in Ramsay bij de jammeraars van frater Paulus aansluiten? Dat zou hij vreselijk vinden. Hij had gedacht dat hij en Nora het erover eens waren dat het pervers was om jezelf pijn te doen. Hij dacht dat ze zijn afkeer van overdreven devote vrouwen die hun tijd huilend op hun knieën doorbrachten deelde. Hij dacht aan haar koppigheid en het vooruitzicht van hun huwelijk.

Elenor sliep die nacht bij de *brigata*.
Thomas en Martin deelden een kruik wijn en rolden zich toen op in hun mantel, onder de sterren. Er waaide een koude wind over de grond, die rook naar bergsalie. Thomas viel in een diepe slaap en had een trieste droom: hij was in een grote, lichte kamer. Voor hem zag hij de zwarte, rechte schouders van een vrouw die knielde, met haar rug naar hem toe. Haar gezicht was verborgen, maar hij kon de witte streep van haar gebogen hals zien en de zwarte massa opgestoken haar. Hij kon de eindeloos herhaalde woorden van het gebed horen. Hij kon niet praten, maar verlangde er met heel zijn wezen naar dat die vrouw zich naar hem zou omdraaien. De woorden van het gebed vielen als grijze kiezels op hem neer en bedekten hem, trokken hem naar beneden en knelden als windsels om zijn borstkas. De vrouw draaide zich niet om.

Elenor, Bea, Gisella, Anna, Irena en Melinda kochten lappen van de kinderen aan de voet van de calvarieberg en bonden ze om hun knieën. 'Anders halen we de top nooit, laat staan Santiago,' zei Irena.
'God maakt het niet uit, want anders zou hij die schoffies die de lappen lopen te verkopen neerslaan,' redeneerde Bea.

Samen begonnen ze aan de klim naar boven. Bea en Melinda gingen voorop met het eerste stuk van het Ave Maria, en de anderen vielen in bij '*Sancta Maria, mater dei*', en gingen door tot 'Amen', waarna ze de volgende trede op gingen en Bea en Melinda weer opnieuw begonnen. Elenor genoot van het geluid van hun stemmen als de bekende woorden samenvloeiden. Bea verhoogde het tempo door met haar '*Ave*' te beginnen net voor Elenor 'Amen' zei; stukje voor stukje overlapten de twee groepjes elkaar, zodat de gebeden steeds sneller klonken en er geen tijd was om op een trede uit te rusten voor je op je ene knie ging zitten om door te klimmen naar de volgende trede. Het omhoog klimmen op deze manier was heel zwaar, want de treden waren hoog.

Bij iedere tiende trede was een piepklein kapelletje, een plek waar de grond vlak genoeg was om even van de treden af te gaan en uit te rusten. In het eerste kapelletje stond het beeld van San Roque, de patroonheilige van sneden en blauwe plekken die zijn geschaafde knieën liet zien.

'Mooie knieën, Roque,' zei Bea.

'Ik word vast een gans voor dit voorbij is,' mompelde Anna.

De tweede ronde was twee keer zo zwaar als de eerste, en toen de meisjes bij het kapelletje van San Blas kwamen, de patroonheilige van de zere keel, rolden ze om, strekten hun benen en slaakten kreten van opluchting.

Bij het derde kapelletje steunden ze op elkaar en trokken elkaar bij de elleboog omhoog.

Bij het vijfde kapelletje waren Elenors knieën helemaal rauw en had ze pijnscheuten in haar heupen. Haar gedachten dwaalden af en ze droomde nu min of meer, dat ze in een dwerg was veranderd voor haar ondankbaarheid.

Vanaf het zesde kapelletje, gewijd aan Onze Vrouwe van Smarten, konden ze over de dalen uitkijken. De zon ging onder en er kwam nevel opzetten uit een rivier beneden. Maar Elenor werd duizelig als ze naar beneden keek en ellendig als ze naar boven keek. De misselijkheid sloeg in golven door haar heen. Ze waren nog maar halverwege. Ze nam zich voor niet flauw te vallen.

En het ging maar door. De lappen sneden in haar knieën en toen raakte er een los; ze liet nu op elke trede een bloedvlek achter, maar ze merkte het niet. Ze concentreerde zich op het verzamelen van haar pijn en bood deze aan als een gebed. Ze was er met heel haar wezen op gericht om zich de volgende trede op te slepen en daarna nog een. De stroom gebeden ging langzamer toen iedere trede een gevecht werd tussen lichaam en geest. Het was donker voor ze de top bereikten. Er brandden kaarsen in de kerk; iedere keer als ze door de tocht werden uitgeblazen werden ze weer aangestoken. De lucht was zwaar van de rook en Elenor zag alleen maar een waas van licht, omdat haar ogen traanden. Het was voorbij; ze hadden het allemaal gehaald en Elenor stortte in elkaar op de stenen drempel van de kerk.

Een zuster van het gastenverblijf dat bij de kerk van Santa Lucia hoorde, had haar net weer bijgebracht toen Thomas hen vond. Hij tilde haar op, en toen ze protesteerde wist hij niet wat hij moest zeggen, maar wiegde haar zachtjes. Hij droeg haar naar het gastenverblijf en baande zich een weg door de menigte om een plek bij het vuur te zoeken, want ze rilde helemaal. Toen er een zuster voorbijkwam met een kom water om de knieën van de boetelingen schoon te maken, pakte hij die van haar aan en waste heel voorzichtig het bloed van Elenors knieën. Ze spraken geen van beiden.

'De regel is: water en brood voor een dag voor iedere pelgrim, en dan moet hij weer verder, tenzij hij ziek is, zoals jullie vriendin hier. Ze moet een paar dagen hier blijven, tot haar koorts weg is, God zegene haar, maar we kunnen jullie niet allemaal te eten geven terwijl jullie wachten tot ze beter is.'

De gang buiten de piepkleine cel waar Elenor lag te rillen en te zweten stond vol; de vier Italiaanse meisjes waren er, en Thomas en Martin en Melinda, die haar versleten Sint-Christoffelmedaillon voor Elenor had meegebracht. Zuster Antonia probeerde hen te kalmeren en ten slotte werd besloten dat de *brigata* verder zou gaan, met Melinda, en dat Thomas en Martin op Elenor moch-

ten wachten; ze zouden haar meenemen zodra ze kon reizen, op voorwaarde dat zij voor de zusters een nieuw dak op de schuur zouden zetten.
'Wij zullen opschieten en jullie reizen zo langzaam als je kunt. Over een paar dagen halen we jullie wel in,' zei Martin tegen hen. Om de beurt omhelsden de meisjes Thomas en Martin ten afscheid, terwijl zuster Antonia ongeduldig toekeek. Martin maakte misbruik van de verwarring en begon aan een tweede ronde omhelzingen tot de zuster hen ten slotte allemaal naar buiten duwde.
Thomas was blij, maar vond het ook jammer dat ze weggingen. Hij was ontroerd toen hij hen de steile berghelling af zag strompelen, grapjes makend en elkaar ondersteunend als gewonde mannen na een veldslag.
Hij vond de *brigata* aardig, vooral Bea. Hij hield van de manier waarop ze zich bewoog en dacht vaak aan haar, hoewel hij probeerde dat niet te doen. Naarmate zijn genegenheid voor Nora toenam, werd ook zijn waardering voor alle andere vrouwen groter. Lastig.
Beneden aan het steile pad draaide Bea zich om en zwaaide.

Wat een ui! Elenor hield hem tussen haar handen en had er letterlijk beide handen aan vol. Haar keel deed zeer, haar ogen traanden, en ze kon haast geen lucht krijgen. Buiten loeide de wind; hij bonsde op de houten deur van het gastenverblijf. De wind kreunde door de schoorsteen en blies as en kolen weg. Elenor had al de hele ochtend in elkaar gedoken bij het vuur gezeten; haar enige taak was het om met een speciale bezem de kooltjes terug in de haard te vegen. Thomas zat op zijn hurken bij het vuur en goot water uit een zak van varkenshuid in de ketel. Zijn stem vermengde zich met de geluiden van de wind.
'Een van de oude zusters was vroeger een genezeres, *La Curandera* noemen ze haar. Thuis, ik weet het niet... Ze brachten me in haar cel.'
'Is ze... een heks?' piepte Elenor.

Thomas draaide zich om om te zien of hij haar kon plagen, maar ze zag er zo kleintjes en bang uit dat hij besloot het niet te doen. 'Ze is geen heks, en als ze het wel is, is ze een hulpvaardige. Een beetje magie bij de gebeden kan geen kwaad. Ze heeft alleen een gezicht als een alruin. En de enige manier waarop ze haar cel uit wilde komen om naar jou te kijken was als ik haar in een zak droeg. Ik vertelde haar hoe je rilde, hoe je hoofd in brand stond, je knieën zo groot waren als een varkensblaas... dat is niet als belediging bedoeld. "Ga meteen naar de keuken," zei ze tegen me. "Ja, mevrouw!" zei ik. "En haal de grootste ui die ze hebben. Laat haar het hele ding rauw opeten en wegspoelen met warme wijn. Als ze gaat zweten als een paard, laat dan een van de zusters komen met wijwater en was het zweet weg. Zo raakt ze de koorts kwijt en de rillingen," zei ze, "zo zeker als de Dag des Oordeels."' Thomas stopte zijn duim in de ketel om te voelen hoe warm het water was. 'Zuster Antonia denkt dat je knieën bijna genezen zijn. Het is alleen nog maar de koorts die we moeten genezen. Zo. Zeg maar tegen haar dat dit water warm is, als ze binnenkomt.'

Hou nou eens op met regelen, dacht Elenor. Wieg me maar gewoon. 'Dank je voor de ui,' fluisterde ze toen hij de deur uit liep. Op het moment dat Thomas wegliep, kwam zuster Antonia binnen met wijwater en een witte doek. Elenor nam gehoorzaam haar eerste hap.

Later, nadat ze meer tranen had vergoten dan ze voor mogelijk hield, zakte de koorts en sliep ze als een baby; ze droomde lieve dromen over pony's en bloemen. Twee dagen later zei de strenge zuster Antonia dat ze weer op weg moest, en dat deed ze ook, hoewel Thomas haar bundel overnam zodra ze uit het gezichtsveld van zuster Antonia waren.

28

Langzamer aan

IJ LOS CONDES KWAMEN ZE BIJ EEN ONDIEPE, maar snelstromende rivier. Er zat een stevig gebouwde man in een grote, beschilderde roeiboot te wachten om pelgrims naar de overkant te brengen. Hij vertelde Elenor dat hij al dertig jaar pelgrims de rivier overzette.
'Bent u ooit in Santiago geweest?' vroeg ze hem.
De man schudde zijn hoofd. 'Ik voel de behoefte nog niet om er heen te gaan,' zei hij. 'Ooit misschien, als ik klaar ben met naar de rivier kijken.'
Elenor zag hoe de wind het water rimpelde, zag de tere wilgebladeren die van de oevers afhingen als groene, kanten gordijnen en hoorde het geplop van kikkers en vissen. De stenen op de oever glansden goud in de zon en die in het water waren koel bruin. Er graasden schapen tot vlak bij de waterkant. Hun belletjes tinkelden en ze bromden gezellig tegen elkaar terwijl ze zachtjes het gras los scheurden. Achter hen rees de zachtgetinte stenen muur van het klooster van Santa Clara op; hij was onderbroken door een uitnodigend gebogen portaal, dat versierd was met stenen in een zigzagpatroon en tierelantijnen. Het had de sterke lijnen en de uitbundigheid van een kindertekening. De poort stond open en een ooi keek naar buiten, haar kop omhoog en de zon op haar vacht zodat ze glansde. Elenor glimlachte naar de schipper. 'Ik denk niet dat u ooit genoeg krijgt van de rivier.'
Hij lachte. 'Dat denk ik ook niet, meisje. Dus moet jij maar een gebedje voor me opzeggen in Santiago.'
'En u moet er hier een voor mij opzeggen. Het is heel goed om op één plek te verblijven.'

Ze dacht eraan hoe graag ze thuis zou willen zijn, om een bepaald lammetje tot een schaap te zien opgroeien, te zien hoe een bepaalde boom bloesem kreeg en bladeren en daarna vruchten, en daarna verdorde en weer opbloeide.

Op de boogplafonds in de kerk van León zag Elenor zulke prachtige schilderijen dat ze 's nachts wakker lag en ze voor haar ogen bleef zien; het okergeel en de aardekleuren, het zachte blauw, de expressieve schapen en de herders met de verdrietige ogen.
Het was nu druk op de Weg. De stroom pelgrims werd net als een rivier steeds groter. Te veel te zien, te veel te horen. Te veel verhalen en redenen en wensen. Het gaf Elenor het gevoel dat ze ermee wilde stoppen.
'Kunnen we van de Weg af?' vroeg ze aan Thomas. 'Zouden we een zijpad kunnen nemen? Of beter nog, helemaal geen pad?'
'Waarom?' vroeg Thomas. Maar hij had ook genoeg van het stof in zijn mond.
'Ik wil het nu langzamer aan doen.' Ze was nog niet zover om naar Santiago te gaan.
Thomas dacht even na. 'Na Ponferrada komt er een splitsing. We zouden de weg kunnen nemen die rustiger lijkt.'
Dus liep ze geduldig verder en luisterde naar de verhalen en de liedjes en hoopte de *brigata* weer te vinden. Greatheart liep vlak achter haar, zijn tong uit zijn bek.
Bij Ponferrada overnachtten de pelgrims tegen de lage muren van een kasteel dat hoog boven een snelstromende, slingerende rivier uit torende. De in een schubbenpatroon gelegde leien dakbedekking van de kerk en van het gastenverblijf glansde in de regen. Alleen het diepe groen en de felroze wilde wijnranken maakten deze strenge plek een beetje toegankelijker. Elenor plukte een van de blaadjes om ermee onder de neus van een klein zwart katje te kietelen, tot Greatheart het poesje wegjoeg. Kon je zo'n kleur roze echt op papier krijgen? Zacht maar intens. Er is vast een bes die zo'n kleur sap heeft, dacht ze en krabde Greatheart achter zijn oren.

De Weg splitste zich in tweeën. De hoofdweg ging door naar Santiago en liep door een langgerekt dal. Een ander pad liep over de heuvels, langs de kammen, en kwam in Santiago uit. Het was een kortere weg, maar lag wel hoger. De lagere weg was drukker en er waren meer herbergen. Elenor, Thomas en Martin besloten de hogere weg te nemen.

Ze klommen steeds hoger en konden de pelgrims beneden zich door de pas zien trekken. Het waren net mieren en ze hoorden flarden van liedjes en de eentonige hoge tonen van een doedelzak.

Herru Sanctiagu
Got Sanctiagu
E ultreia, e sus eia
deus, adjuva nos.

De heuvels glooiden zacht maar krachtig. Soms liep het pad over de richel van een berg. Groene weiden liepen steil naar beneden, naar stukjes bos waar houtskoolvuren brandden, naar het dal, waar de schapen net piepkleine bladluizen waren, naar de ruisende rivieren.

De koele, grijze lucht maakte dat Elenor zich sterk voelde. Ze sloeg haar mantel stijf om zich heen en zwaaide een stuk over haar schouder, zodat de wind niet naar binnen kon. Haar staf was nog steeds zwaar, maar hij was ook handig, want op sommige plaatsen was er helemaal geen pad en moest ze over rotsblokken en steile richels klauteren. Ze was ook blij met de staf als ze beekjes overstak en er plotseling een rotsblok onder haar voeten wegkantelde. Greatheart huppelde achter haar aan. Als zij van het ene rotsblok naar het andere sprong, deed hij hetzelfde. Hij leek nooit te beseffen dat er misschien niet genoeg ruimte was voor hen beiden.

Greatheart had altijd honger. Op een dag vol groene weiden, grijze rotsblokken en een grijze, winderige lucht, kwam hij de hei uit gerend met een konijn in zijn bek. Martin en Thomas gaven hem zo'n applaus dat hij het konijn liet vallen, naar Elenor toe rende, en op zijn rug ging liggen rollen van verlegenheid en plezier. Een beetje verdrietig vilde Elenor het konijn, terwijl Thomas een vuur ging maken. Ze schraapte de vacht schoon, waste hem en liet hem verder heel met oren en al. Ze had een vaag plan om er iets zachts voor iemand van te maken.

Negentig dagen naar Santiago, had vader Gregory gezegd. Elenor was de tel kwijt geraakt en wist niet meer hoeveel dagen ze al op weg waren; Thomas had in León uitgerekend dat het er honderd waren. Soms bracht de westenwind de smaak van de zee mee. Elenor keek niet uit naar het einde van de pelgrimstocht. Ze wilde niet in Santiago aankomen. Iedere dag was af en de dingen die ze moesten doen om te overleven namen haar volledig in beslag: hout voor het vuur sprokkelen, jagen of vallen zetten, koken, water zoeken, naar het westen lopen.

En kijken. Martin zag haar op haar rug liggen, één oog dicht en het andere oog starend naar de blauwe kelk van een purperwinde.

'Jij bent een luie meid, zeg. Denk jij dat we met dit tempo nog thuis zijn voor de sneeuwstormen beginnen te loeien?'

'Ik ben niet lui,' zei Elenor zonder zich te bewegen, 'en het kan me ook niet schelen of ik ooit nog thuiskom.' En ze realiseerde zich dat dat bijna waar was.

Martin ging paalwerpen met Thomas. Het was een spel dat de Schotten voor hun plezier deden en Thomas was er goed in. Met zijn woeste kreten deed hij Elenor denken aan de Thomas van veertien.

Zo nu en dan herinnerde een van de drie zich weer een lied dat ze dan bleven zingen tot ze er genoeg van kregen, maar dat vervolgens in hun hoofd bleef hangen. Ze hadden van die onsamenhangende gesprekken die mensen hebben als ze elkaar goed kennen. Thomas en vooral Elenor probeerde Martin verhalen te ontfutselen over alle plaatsen waar hij was geweest en Martin nam het niet zo nauw met de waarheid in zijn enthousiasme om hen te verwonderen en te onderhouden.

'Martin,' zei Thomas toen ze zich alle drie op een plek om het vuur nestelden om te gaan slapen, 'vertelt net dat hij bijna tot aan het paradijs heeft gereisd.'
Elenor was sceptisch. 'Bestaat dat dan nog ergens? Op deze wereld?'
'Hij heeft met iemand gepraat die er was geweest. Martin! Word wakker! Vertel Nora je verhaal.'
Martin draaide zich op zijn zij om haar aan te kunnen kijken.
'Dat was een hele oude man die ik tegenkwam toen ik op reis was in Perzië. Hij vroeg me of ik hem kon helpen en ik vroeg hem waar hij heen ging. En hij zei: "Naar de tuin, naar het paradijs." Ik dacht dat hij een grapje maakte en zei: "Vadertje, daarvoor moet je teruggaan in de tijd, terug naar de tijd voor Adam zondigde, en dat krijgt niemand voor elkaar." Maar hij zei: "Nee, nee, mijn zoon, dat moet je niet geloven, want ik ben in het paradijs geweest en heb het met mijn eigen ogen gezien..." En hij pakte me bij de arm en terwijl we verder liepen zei hij: "De bomen en planten daar zijn werkelijk prachtig van kleur en geven duizenden geuren af die nooit vervagen, en ze genezen mensen, van welke ziekte dan ook. De vogels zingen er prachtig en het geruis van de bladeren en het gekabbel van de beken lijkt wel muziek. De rotsen zijn versierd met edelstenen en het zand is glanzender dan zilver en de wind is zacht en gezond, zodat daar nooit iemand ziek is."'
Martin lag op zijn rug te kijken naar de vonken die omhoog sprongen naar de sterren. Thomas keek door het vuur heen naar Nora.
'Zullen we daar maar heen gaan?' vroeg hij. Ze vond zijn gezicht niet lelijk meer. Dus dàt zijn we aan het proberen, dacht Elenor. Teruggaan naar het paradijs...
'Toen ik de oude man vroeg welke kant het paradijs op was,' ging Martin slaperig verder, 'draaide hij zijn gezicht naar de zon en zag ik dat hij blind was. "In de richting van de hitte," zei hij. "Altijd in de richting van de hitte. Het paradijs wordt omgeven door een hoge muur van vuur die van de grond tot aan de maan loopt."'

Thomas draaide zich op zijn rug, trok zijn opgerolde mantel onder zijn hoofd en staarde naar de sterren.
'Geen wonder dat hij de weg kwijt was, arme man, als hij dag na dag de zon van oost naar west volgde.' Martin leek in slaap te zijn gevallen. Elenor wilde dat ze de muur van vuur over kon steken.

De volgende ochtend vroeg zag Martin een piepklein kruis op de top van een van de heuvels die om hen heen glooiden.

'Als ik het goed heb,' zei hij, 'geeft dat kruis de pas bij Cebrera aan. Van daar uit, heb ik horen zeggen, kun je op een heldere dag de torenspitsen van Santiago zien.'

'En als je er helemaal naast zit...' zei Elenor lachend. Ze was opgewonden en onder de indruk van hun menselijke nietigheid in deze reusachtige bergen.

De hele dag door liepen ze in de richting van het kruis, maar ze leken nauwelijks dichterbij te komen. Haviken en zeemeeuwen cirkelden tussen hen en de nevelige bodem van het dal. Tegen de middag lag er alleen nog een diepgroen, donker dal tussen hen en de laatste pas.

29
Het dal

R LIEP EEN PAD DOOR DE KOELE, VOCHTIGE LUCHT van het zwaar beboste dal. Elenor liep langs glanzende, donkere bladeren en stond stil om met haar duim over de gevlekte patronen te wrijven. Thomas sloeg met zijn staf tegen een wilde noteboom en Elenor bukte zich om de noten in haar rok te verzamelen. Plotseling zag ze iets laags en donkers in haar ooghoek flitsen. Ze bleef staan en draaide zich om, nieuwsgierig, argeloos, en zag Thomas door de lucht vliegen. Hij kwam met een levenloze klap neer.

'Klim in een boom!' schreeuwde Martin tegen Elenor. Zonder er bij na te denken greep ze een tak vast en klom erop. Ze schramde haar gezicht en haar armen en de noten vlogen alle kanten op. Heel even gebeurde er niets. Elenor hing in de boom en hapte naar lucht. Thomas lag op de grond. Martin stond over hem heen gebogen en greep een staf. Elenor hield haar ogen op Thomas gericht. Hij bewoog niet. Haar keel deed zeer. Haar oren suisden in de stilte; het leek wel of hij niet meer ademde. Haar eigen ademhaling maakte een scheurend geluid.

Er klonk geritsel tussen de bomen. Het beest kwam weer aangestormd en viel Martin aan, een wazige vlek met zwart borstelhaar, scherpe slagtanden en kleine, kwaadaardige oogjes. Martin pareerde de aanval met een mep met zijn staf. Het beest wankelde nauwelijks en verdween met een hoop lawaai in het kreupelhout aan de andere kant van de open plek in het bos.

'Kom gauw, meisje, we moeten hem hier weghalen,' zei Martin. Het was vreemd om Martins stem te horen, die haar weer naar de realiteit haalde. Kon hij dat ook maar met Thomas. Elenors benen konden haar nog maar net overeind houden toen ze op de grond neerkwam. Thomas zag eruit of hij was gebroken, als een pop die door een driftig kind is neergesmeten. Roerloos alsof hij in een diepe slaap verzonken was, maar hij lag niet goed.

'Je moet hem op mijn rug trekken,' zei Martin en ging op zijn handen en knieën zitten. Elenor sjorde aan het logge lichaam van Thomas en trok uiteindelijk met haar hele gewicht, hoewel ze doodsbang was dat ze hem nog meer pijn zou doen en dat hij onder haar handen zou sterven. Ze tilde hem een klein stukje op, zodat Martin onder hem kon kruipen en Thomas op zijn rug kon nemen. Het hoofd van Thomas rolde opzij. Elenor legde haar hand op zijn hals, omdat die hals er zo ongelooflijk kwetsbaar uitzag. Ze voelde een heel zwakke hartslag.

Martin deed zijn best om Thomas van de grond te houden en beende zonder iets te zien door het bos. Elenor liep voor hem uit, zocht een pad en hield takken opzij, bang voor elk geritsel in het kreupelhout.

Laat in de middag kwamen ze het bos uit en klommen een steile helling op. Op het pad, een wonder in dit woeste landschap, stond een kapelletje. Er stond een pijl op en er was in de stenen een woord uitgehouwen: MISERICORDIA. Barmhartigheid, dacht Elenor. De barmhartigheid van God en van de mensen. De barmhartigheid van het hart. Er zouden daar nonnen zijn die hulp konden bieden.

Elenor en Martin strompelden omhoog in de richting van de heldere, blauwe lucht waar ze het kruis weer zouden kunnen zien. Ze sleepten Thomas half tussen hen in.

Elenor had het gevoel dat iedere seconde even kostbaar en intens was als een edelsteen: de kleine steentjes die pijn deden onder haar voeten, de scherpe avondzon die de enorme grijze wolken belichtte, het gouden licht dat de keien bescheen en het kleine witte huis dat boven hen stond, zo ver boven hen, zo ver weg, en toch zo stevig, geruststellend en vredig. Het pad was vaak te smal om recht te kunnen lopen: ze liepen zijwaarts. Toen werd het pad weer breder, en daar was Elenor blij om, want nu liet Martin Thomas van zijn rug glijden en deelden ze zijn gewicht samen. Tho-

mas leefde nog. Ze kon een flauwe polsslag voelen waar haar hand zijn pols vasthield en een zwakke hartslag waar zijn armholte over haar schouder hing.
Wekenlang had ze nu al vragen in haar hoofd gehad. Ze had er niet bewust aan gedacht, maar peinzend tijdens de stilte en het tekenen waren ze naar boven gekomen. Nu wist ze het antwoord en nu leek het niet belangrijk meer. Ze zou teruggaan naar Ramsay. Ze zou haar taak in de wereld daar en met de mensen daar volbrengen. Als Thomas stierf zou ze alleen gaan. Als het moest kon ze en zou ze ook alleen gaan.
Wat ze vooral wilde was dat Thomas bleef leven. Zodat hij tijd zou hebben voor werk en verhalen, dennenaalden, kinderen. Ze wilde dat Thomas zijn leven kon behouden. Ze wilde haar leven met hem delen.
Ze klommen en zwoegden door, op zoek naar iedere hulp die ze maar konden vinden.

30

Misericordia

THOMAS VOELDE EN HOORDE EEN HELE TIJD NIETS. Hij was in een diepe slaap verzonken, zacht als bruin fluweel. Iedere keer als zijn geest wakker begon te worden, stootte hij tegen iets hards en trok zich snel weer terug in het niets. Veel later kwamen er dromen, of misschien herinneringen van heel, heel lang geleden. Het gevoel gewiegd te worden, een warme, zoete geur, een zacht zingen. Hij was groot noch klein en had ook geen naam. Zijn leven was als de vlam van een kaars in het donker, zonder enige verbinding met iets anders.

Elenor mocht naast zijn bed blijven zitten. De nonnen hielden de ziekenkamer met de witte muren schoon, de aarden vloer geveegd. Zonlicht stroomde door het raam naar binnen. Een van de zusters had wat wilde Oostindische kers geplukt en zette die in een pot op de vensterbank. Elenor verloor ieder besef van tijd en nam het felle rood en geel van de bloemetjes en het strakke blauw van de lucht in zich op.

Thomas deelde een bed met een oude pelgrim die stervende was. Elenor hielp de zusters buiten in een kuip de lakens wassen en ze aan een lijn hangen, waar ze droog wapperden in de wind en de zon.

Thomas reageerde nog steeds niet; zag nog steeds niets. Hij ademde en soms vertrok zijn mond in zijn slaap.

'Een engel vertelt hem nu grapjes,' zei zuster Rosa en stopte hem in.

Toen ze op een ochtend binnenkwam met de schone, door de zon verwarmde lakens, dacht Elenor dat hij dood was; hij zag er zo kalm en vredig uit. Verdrietig legde ze haar hoofd op zijn borst. Ze hoorde zijn hart; het klopte nog steeds.

Martin sliep twee dagen aan één stuk door. Toen hij wakker werd, gaven de nonnen hem te eten en stuurden hem naar het dal om riet voor het dak te halen, een lange klim naar beneden en weer terug. Hij leefde in het nu en ging met zijn hand over het korstmos dat op de keien zat en snoof de scherpe geur van verpulverde wilde bloemen op. Hoe zijn eigen leven verder zou verlopen, hing samen met dat van Thomas. Als Thomas stierf, zou hij doen wat hij kon om Elenor te helpen. Hij was van haar gaan houden en respecteerde haar. Maar hij hield ook van Thomas en dacht niet vooruit. Als Thomas in leven bleef, zou hij teruggaan naar Schotland en zouden ze misschien op een dag met elkaar vechten.
Martin leefde in het nu en zocht het huis waar hij om riet voor het dak moest vragen.

De bedgenoot van Thomas overleed en werd op de rotsige berghelling begraven, bijna in het zicht van Santiago. Er kwam een priester de berg op om de gebeden te zeggen. Hij bracht perkament met zich mee, dispensaties.
'Als je niet verder kunt op je bedevaart, maar deze tocht toch volbracht hebt in de ogen van onze Heer Jezus, en van zijn Heilige Moeder, en van Sint Jacobus en van de Heilige Katholieke Kerk.'
De priester las dit voor en bood het perkament toen aan Elenor aan, voor Thomas. Thomas had voor haar duidelijk zijn bedevaart volbracht, maar ze pakte het perkament toch aan. Wie weet kon het iemand thuis tot troost zijn.

De volgende dag werd Thomas wakker. Het begon met een kriebelend gevoel in zijn voet, lichtflitsen, pijn en misselijkheid. Er was een gevoel van vechten naar iets wat niet helemaal plezierig was. Was het het paradijs? Ging hij door de muur van vuur? Hij rustte uit en viel weer in slaap, terug naar de vriendelijke dood. Een hand raakte heel zachtjes zijn voorhoofd aan, maar het deed toch pijn want die hand stelde eisen. Het was de aanraking van een mens, een mens die behoefte had aan een reactie. Om de aan-

wezigheid van een mens te erkennen, moest hij zich losmaken van eenvoudigweg bestaan. Hij kon niet langer alleen maar als een plant of een steen deel uitmaken van het web van het leven. Hij moest weer mens worden, met die dubbele last van eenzaamheid en verantwoordelijkheid.
Met tegenzin nam Thomas de draad van het leven weer op. Hij sleepte zijn geest bij elkaar en maakte de lange reis terug, weg van de zekerheid van de dood, terug naar de rand van het bewustzijn. Uiteindelijk deed hij zijn ogen open, en toen hij dat deed, zag hij Elenor zitten. Ze had haar hoofd naar het raam gedraaid. Het heldere berglicht verlichtte haar gezicht, dat er klein, eenzaam en heel sterk uitzag. Voor Thomas was het net of hij in een spiegel zonder glas keek, in een andere ziel in dezelfde ruimte als de zijne. Er waren daar ook anderen, alle anderen. Hij hield zijn ogen op haar gericht tot ze naar hem keek. Toen haalde hij diep adem en bracht daarmee zijn kapotte lichaam pijnlijk tot leven, en hij was zelfs blij dat hij pijn voelde, want hij werd niet meer voortbewogen door plicht. Het leven zelf trok hem nu aan, mooi en begeerlijk.

Thomas genas snel en de nonnen waren dol op hem. Toen hij eenmaal de beslissing had genomen te blijven leven, begon zijn lichaam druk te genezen; zijn ribben hechtten zich weer aan elkaar, zijn longen vulden zich weer met lucht en hielden die vast, de hoofdpijnen werden met de dag minder en minder hevig.
Martin en zuster Rosa maakten krukken voor hem. De oude zuster haalde handig de bast van de takken en sneed stokken, en Martin maakte ze aan elkaar vast en probeerde of ze lang genoeg waren. Thomas kreeg zijn reukvermogen en zijn smaak weer terug.
'Dennehout,' zei hij toen hij aan zijn krukken rook.
'Ga naast hem lopen,' zei zuster Rosa. 'Jullie moeten hem kunnen opvangen als hij valt. Mijn baby is nog ontzettend zwak.'
'Lopen, oude baby,' beval Martin, 'of je krijgt je bordje pap niet.'
Martin en Elenor liepen met hem mee, klaar om hem op te vangen als het nodig was.

Op een dag toen ze alleen met Thomas was, liet Elenor hem het perkament zien.
'We zouden de bedevaart als volbracht kunnen beschouwen, zei de priester.'
'Wat vind jij?' vroeg Thomas.
'Ik vind dat ik alleen naar Santiago moet gaan en de zonden mee moet nemen. Dan kom ik terug en haal je hier weer op en dan reizen we terug naar huis als jij zover bent.'
Thomas pakte haar hand. Hij draaide de hand om en keek ernaar alsof hij hem nog nooit eerder had gezien. Hij liep met zijn vingers over de blauwe aderen aan de binnenkant van haar pols.
'Zou jij met Martin willen trouwen?' vroeg hij uiteindelijk.
Zijn vraag verraste haar. 'Het zou kunnen,' antwoordde ze. 'We zouden er wel iets van kunnen maken. Maar ik trouw liever met jou, als je het goed vindt.'
'Ik vind het goed,' zei hij en kuste haar pols. 'Wacht samen met mij, Nora.' Hij stond moeizaam op en legde zijn arm over haar schouder; samen liepen ze de paar meter naar de deur van het huis.

Wat Martin nu tussen Thomas en Nora zag maakte hem eenzaam. Hij maakte zich zorgen om hen, vooral vanwege die steile berg, maar hij moest weg om zijn eigen, gelukkige ik weer terug te vinden.
'We zien elkaar in Santiago,' zei hij. 'En zo niet, dan kom ik je in Engeland opzoeken, Thomas. Dan gaan we samen paalwerpen.'
Tegen Nora kon hij alleen maar uitbrengen: 'Zorg goed voor hem, meissie.'
Bij de bocht van de weg moest hij Greatheart streng toespreken om hem terug te sturen naar Nora.

31

Het wachten van Martin

ARTIN LUMMELDE HET HELE STUK DE BERG AF EN liet zijn oren vollopen met het geruis van de bladeren hoog in de bomen; hij ademde de dennegeur in, kauwde op denneappels, at bessen en stilde zijn honger, en verdreef de eenzaamheid en de liedjes die in hem opkwamen. Een paar dagen later ging hij op een steen aan de waterkant van de rivier bij Lavacol zitten en lachte diep van binnen om de pelgrims die zich daar aan het wassen waren en vroeg zich af of er ooit een lied verzonnen kon worden dat recht zou doen aan het uitbundige schouwspel dat zich voor zijn ogen afspeelde. De mensen om hem heen gooiden allemaal hun kleren uit, goten water over hun hoofd, spetterden met water, schreeuwden en zongen. Op de kant spreidden de pelgrims hun kleren uit om in de zon te drogen of zaten samen gezellig te kletsen terwijl ze elkaars haar nakeken op luizen. Sommige pelgrims die klaar waren met wassen, zaten op hun knieën te bidden terwijl de vreugdetranen over hun gezicht stroomden. Dit was hun laatste kans om lichaam en ziel schoon te maken voor ze de heilige stad binnengingen.

Martin was schoner dan hij ooit was geweest en toch treuzelde hij nog.

'Hier moet je bidden en je ontluizen,' had de priester in vier talen tegen hem gezegd, 'anders kom je Santiago niet in.'

Wilde hij wel naar Santiago? Hij moest aan Elenor denken, liggend op haar rug, voeten over elkaar, starend in de kelk van een purperwinde. 'Het kan me niet schelen of ik ooit nog thuiskom.'

Naar Santiago gaan leek een oefening om te kunnen sterven, de enige oefening die je kreeg. Het einde van de pelgrimstocht, die mooie parade. Martin keek met genegenheid naar de pelgrims. Het waren bijna allemaal gekke, rusteloze mensen, net als hij. Ze waren nu bijna allemaal in extase, klaar om hun pelgrimstocht te voltooien, klaar om terug naar huis te gaan. Betekende dat dat iedereen een doel had gevonden? Of dat ze geen doel nodig hadden, dat het leven waarderen genoeg was? Betekende het dat ze, als hun tijd was gekomen, rustig, gewillig en wijs zouden sterven? Vlak bij Martin stonden twee broeders elkaar nat te spetteren; een regenboog van water in de lucht.

Een van de priesters stond in het water met zijn pij in zijn riem gestopt; hij had een paar stevige, harige benen. Martin staarde hem aan en vroeg zich af waarom de man hem zo bekend voorkwam en realiseerde zich toen dat hij een muurschildering had gezien van deze man als Sint Christoffel in een kerk ergens onderweg op een zonnige vlakte. Toen ze nog bij elkaar waren. De priester keek Martin boos aan. Martin grijnsde naar hem.

Hij bleef in Lavacol omdat hij het er naar zijn zin had en ook omdat hij vóór hij het laatste stuk van de pelgrimstocht zou afleggen, wilde weten of Elenor en Thomas het ook zouden halen. Hij wist dat hij er goed aan had gedaan te vertrekken. Hij wilde niet meer bij hen zijn. Hij wilde boven hen zweven als een vlinder of een beschermengel. Hij wilde weten of alles goed met hen was.

Zijn tenen waren aan het verschrompelen doordat hij zo lang in het water had gestaan. Misschien moest hij het aan de priester vragen...

'Martino! *Ragazzo!*' Zijn mijmering werd verbroken; hij draaide zich om, net als alle anderen aan de waterkant. Daar stond de *brigata*, met Melinda. Het was een beeld om een lamme te laten opspringen van vreugde. Bea leidde de groep, haar armen uitgespreid, stralende ogen. Ze hadden allemaal hun rokken opgeschort. Martins hart sloeg over. Bea greep een van zijn handen vast en Gisella de andere en ze sleepten hem het water in. Bea gebruikte Martins hoed om hem te dopen en daarna de meisjes. Ze zong vrolijk in het Italiaans, terwijl de priester toekeek. Toen ze allemaal gewassen waren en Martins voeten blauw van de kou waren, vroegen ze de priester om zijn zegen.

'Wacht eens even!' stribbelde Martin tegen toen de vrouwen hem wegsleepten uit Lavacol. 'Ik heb de zin van het leven nog niet ontdekt.' Maar Martin klom naar Santiago met de *brigata*. Ze maakten de pelgrimstocht helemaal af zoals het moest. Ze brachten lange uren door met het staren naar de gebeeldhouwde profeten in de Portico de la Gloria: de wijze en vermoeide Mozes; de nederige Jesaja, die zich schouderophalend neerlegde bij de een of andere opvatting van Mozes; de jonge Daniël met zijn rusteloos dansende voeten, die een grappig verhaal vertelde aan de strenge, droevige Jeremia, wiens zware taak het was om al het slechte nieuws over te brengen. Met hun voorhoofd raakten ze drie keer de gebeeldhouwde krullebol van Maestro Mateo aan, de beeldhouwer wiens evenbeeld nederig in het kerkportaal knielde, want de traditie wilde dat dit iemand wijs zou maken. Martin vond het centrum van de kathedraal en ging iedere dag naar de mis. Hij knielde voor het lichaam van Sint Jacobus in de crypte en zocht tussen de stapels aandenken, geschreven gebeden en smeekbeden naar het leren zakje dat Elenor hem had laten zien; het zakje waar haar priester, Gregory, de zonden van de dorpelingen van Thornham en Ramsay in had genaaid. Hij gaf aalmoezen aan de bedelaars bij de poorten van de kathedraal. Hij kocht een Sint-jacobsschelp, een pelgrimsschelp, voor op zijn hoed.

De dagen vlogen voorbij en de *brigata* maakte zich op om naar huis te gaan. Martin verpandde zijn mes om souveniertjes voor hen te kopen. Ze huilden omdat ze afscheid moesten nemen van hem en van Santiago en ze huilden omdat ze weggingen zonder Thomas en Nora nog te hebben gezien. Ze omhelsden hem voor iedereen. Hij liep helemaal met hen mee terug naar Lavacol en was blij toen Bea hem uiteindelijk bij de schouders pakte en omdraaide en hem een duw gaf in de richting van Santiago.

Hij keek naar de gezichten op straat, dacht dat hij Elenor en Thomas zag, was iedere keer weer opgetogen en vervolgens teleurgesteld. Hij vervloekte al die dwaze pelgrims. Waarom hadden ze allemaal dezelfde kleren aan? Hij ging iedere dag even bij het hospitium kijken en stelde iedere keer weer vragen aan de broeders, die het al zo zwaar hadden met hun zorg voor de hordes passanten. Hij probeerde te tekenen zoals hij Elenor dat had zien doen; zij kon iemand in een paar lijnen vangen. Martin kon een redelijke tekening van Greatheart voor elkaar krijgen, maar zijn mensen mochten al blij zijn als ze twee ogen, twee oren en een neus kregen. Hij zocht op de slaapzalen, draaide zich op straat om als hij een hond hoorde blaffen en hing bij de deur van de eetzaal rond om naar alle pelgrims die in en uit liepen te kijken.

Hij stond op het punt om het op te geven, toen een broeder hem op een dag bij het hospitium van de kathedraal een beduimelde brief liet zien. 'Is dit de man naar wie je steeds vraagt?' zei de frater en hield zijn vieze duimnagel onder de naam van Thomas. Martin bedankte hem en zocht de buitenkant van de brief af naar aanwijzingen. Hij was door een hele reeks koeriers doorgestuurd en bleek uit Ramsay te komen. De brief was geadresseerd aan Thomas van Thornham, Elenor van Ramsay, Vrienden, Per adres Broeders van Christus, Pelgrimshospitium, Santiago de Compostela.

Martin keek de broeder aan. Samen verbraken ze het zegel en ze hielpen elkaar met lezen. In de brief stond:

> Aan zijn geliefde en achtenswaardige vrienden Elenor en Thomas zendt Gregory, Broeder van Christus, zijn groeten, zijn gebeden en zijn genegenheid.
> Verdrietig schrijf ik jullie het nieuws over datgene wat onze vriend Heer Robert is overkomen. Hij heeft een ongeluk gehad bij de jacht, kort na jullie vertrek. Hij is erg zwak, maar leeft nog in de hoop jullie weer te zien. Jullie worden allebei gemist en we hebben jullie nodig, nu nog meer dan toen jullie vertrokken. Veel mensen zenden jullie vragen en liefs, en iedereen hoopt vooral dat jullie, ontheven van onze zonden, spoedig weer naar huis komen. Ik zou dit gesprek graag langer willen

laten duren, omdat het jullie gezichten over land en zee weer levend en wel bij ons brengt. Weet dat er bij jullie terugkomst weer gezwommen kan worden in de rivier en dat er gefeest kan worden op de weiden. Als er verdriet is, is er ook vreugde en allerlei werk. Gods zegen voor jullie beiden.
Jullie toegewijde vriend, priester en dienaar,

Gregory

'Broeder, geef me raad,' zei Martin.
'Kom mee,' zei de frater. Hij leidde Martin naar een lege monnikscel met twee houten banken.
'Hoe kan ik je raad geven?' vroeg hij toen ze zaten.
'Mijn vrienden,' zei Martin, 'aan wie deze brief is gericht, waren in Casa de Misericordia in Cebrera toen ik ze voor het laatst zag. Ze waren daar aan het bijkomen van een ongeluk. Ze kunnen nu op weg zijn naar Compostela.'
'Spoedig zullen er sneeuwstormen woeden in Cebrera, die de pas afsluiten,' antwoordde de broeder. 'Ze hebben een hond,' voegde hij eraan toe.
'Ja, broeder,' zei Martin. Hij begon deze bescheiden man, die zich zijn tekeningen herinnerde, steeds aardiger te vinden.
'Het is geloof ik een hond met drie poten,' zei de broeder.
Martin kreeg een kleur. 'Alleen maar op de tekening, broeder.'
'Ga je over land of over zee terug?'
Martin verstijfde.
'Om over land terug te kunnen reizen, is het nu te laat. Dat kan pas weer in de lente. Om over zee terug te kunnen keren, moet je nu je overtocht boeken. Je hebt niet veel moed meer? Bid maar met me mee.'
Met de hulp van de broeder maakte Martin een briefje, schreef het tien keer over en maakte de briefjes zorgvuldig vast aan speciaal daarvoor bestemde palen bij taveernes en herbergen. Op het briefje stond simpelweg:

Thomas, Nora,
Op de vooravond van Allerheiligen kunnen jullie me vinden in de Portico de la Gloria. Ik heb een brief voor jullie.

Martin

Dat gaf hem nog twee weken de tijd om een schip te zoeken.

32
De pelgrimsschelp voor Ramsay

OVEN OP DE BERGTOP WAS THOMAS IEDER GEVOEL van haast kwijtgeraakt. De dagen gleden rustig voorbij en hij genas. Er waren nog steeds krakende geluiden en een scherpe pijn in zijn borstkas als hij diep ademhaalde, maar de pijn werd iedere dag minder. De gebroken beenderen in allebei zijn benen groeiden geleidelijk aan weer aan elkaar en hij kreeg langzamerhand weer gevoel terug in zijn tenen.

Elenors dagen begonnen met een mis en eindigden met gebed, verder werkte ze in de zon en de wind: de was doen, schrobben, de zieken optillen en verleggen, tuinieren. Ik zou non kunnen worden, realiseerde ze zich op een ochtend toen ze in de kleine, kale kapel knielde en zag hoe de goudkleurige Oostindische kers tegen het grijze stenen altaar afstak en luisterde naar de hese stemmen van de zusters van Misericordia die het Ave Maria zongen. Ze vond het heerlijk om dag in dag uit met deze zusters te werken. Zelfs het uitwringen van de zware lakens met zuster Rosa was leuk, en het was leuk diezelfde lakens van de lijn te halen als ze heerlijk roken en ze dan op het bed te leggen en glad te strijken in de geveegde ziekenkamer. Bij het woord 'non', dat ze altijd zo vreselijk had gevonden en saai, moest ze nu denken aan zuster Maria-Luz, die stevig op de spa sprong terwijl ze het graf groef voor de oude, dode pelgrim en een schreeuw gaf als de kluiten aarde de berg af schoten. Ze wilde het aan vader Gregory vertellen.

Ze zou non kunnen zijn, maar dat zou niet gebeuren, niet gauw. Ze zou binnenkort een getrouwde vrouw zijn, hoewel ze hoopte dat het nog een tijd zou duren. Een half jaar geleden had een getrouwde Elenor haar zo levenloos als de koningin op een speelkaart geleken. Nu verbaasde dat vooruitzicht haar en werd ze er soms duizelig van. Haar hart sloeg over en ze wankelde op haar knieën als ze er alleen al aan dacht. Ze voelde zich alsof ze boven op een rots stond en op het punt stond eraf te springen, in de hoop dat ze kon vliegen.

Vanaf de veilige plek bij de Zusters van Misericordia leek het huwelijk een absurd ingewikkelde levenswijze. Ze begreep waarom de Kerk wilde dat priesters en nonnen celibatair leefden, nu ze zelf voor het dubbele leven stond van iemand die door een sacrament was verbonden met een ander. Ze zou liefde en gezelschap en bemoediging krijgen en ze zou die ook geven. Tegelijkertijd zou ze haar eigen leven leiden en zelf proberen te handelen en te denken, ongeacht wat Thomas ervan vond. Ze zou moeten accepteren dat hij dingen zou doen en in dingen zou geloven waar zij het niet mee eens was. Ze zou zijn twijfel even scherp voelen alsof het haar twijfel was en er niets aan kunnen doen. Ze wist zeker dat Thomas haar niet meer zou proberen op te sluiten in het kippenhok.

'Niet in het donker gaan wandelen,' waarschuwde zuster Rosa. 'Je hoeft maar één keer te vallen en we hebben jullie allebei tot Pasen hier.'

Elenor dacht niet dat zuster Rosa het erg zou vinden om hen hier te houden; ze had een grote genegenheid opgevat voor Thomas. Maar de winter kwam eraan en als ze wilden vertrekken, zou dat moeten gebeuren voor het ging sneeuwen in de pas. Thomas werd sterker; iedere dag gingen ze wandelen. Hij kon goed met zijn krukken overweg, zelfs tussen de rotsen. Hij kon nog niet zonder krukken.

Op een avond hielden ze na het laatste avondgebed even stil in de tuin en leunden tegen de lage stenen muur; ze keken naar de sterren, die laag en fonkelend in de heldere, diepdonkere lucht rond dansten.

'Ik kan ze horen zoemen,' zei Thomas.
'Dansen en zoemen. Ze weten...'

'Wat?'
'Wat ze moeten doen,' zei Elenor onzeker.
Thomas zette zijn krukken neer en ging op de stenen muur zitten, blij dat hij zijn armen even rust kon geven. Iemand blies de kaarsen in de kapel uit. Er kwamen zusters voorbij die 'goedenacht' mompelden, op weg naar hun bed. Al gauw hoorde je alleen nog maar de wind, de nachtelijke gesprekken van de schapen en het zoemen van de sterren.
Elenor stond dicht bij Thomas, haar hoofd op gelijke hoogte met het zijne. Ze wilde dicht bij hem zijn en zijn stem horen. Thomas keek naar de sterren.
'Ze roepen ons op om naar huis te gaan, Nora.'
'Hoe weet je dat?'
'Kijk eens hoe ze dansen, met van die grote passen, in een grote cirkel, en ze komen altijd weer terug op hun eigen plek.'
Elenor herinnerde zich weer wat ze tegen Pierre had gezegd toen hij had gevraagd wat haar taak was op deze wereld: 'Ik moet de plaats van mijn ouders innemen en meehelpen om van ons dorp een goede plek te maken om te leven.'
'En wij moeten hetzelfde doen? Terugkomen op onze eigen plek?'
Thomas knikte. Hij schraapte zijn keel en er kroop een lach in zijn stem. 'Zoals Etienne zou zeggen: de hemelse sferen laten hun invloed op ons uit gaan in de hoop dat wij...'
'In stijl naar huis toe dansen,' maakte Elenor het voor hem af.
Thomas knikte weer en legde zijn handen op haar schouders. Hij draaide haar zachtjes naar zich toe.
'We zijn nog heel erg ver van huis,' zei Elenor in paniek.
'We hebben elkaar. Dat is ons thuis.'
Elenor gaf haar verzet op en ging, alsof ze in de ban was van een kosmische kracht, tussen Thomas' knieën staan. Ze sloeg haar armen om zijn hals zoals ze al heel lang had willen doen.
'We zouden nu kunnen trouwen,' zei Thomas uiteindelijk. Elenor was bezig met haar vingers zijn gezicht te ontdekken en kon zich met moeite concentreren op wat hij zei.
'Vanwege de dispensatie?' vroeg ze en was verbaasd dat haar stem

hetzelfde was. Ze deed een stap achteruit en vond die eenvoudige stap net zo moeilijk als het vechten tegen een sterke stroom of een sterke wind. Ze sloeg haar armen over elkaar.
'Ja,' antwoordde Thomas. Wat had ze eigenlijk gevraagd?
'Ik denk dat we eigenlijk toch al getrouwd zijn,' zei ze zonder te weten dat ze dat ging zeggen.
'We kunnen een priester uit Santiago de gebeden laten opzeggen.'
'Goed.'
'En vader Gregory kan ze dan thuis weer opzeggen als we terug zijn.'
'Nora, wat praat je veel,' merkte hij op.
'Ik ben bang, Thomas. Ik weet hier niet zoveel van.'
'Ik ook niet, mijn liefste Nora, geloof me. We zullen het wel leren.'
'En ik denk dat we de levenswijze van de zusters moeten eerbiedigen zolang we hier zijn.'
'Ja, Nora.'
Ze keek hem met stralende ogen aan. 'Dus misschien moeten we dan nu maar gauw vertrekken.'

De nonnen kwamen hen niet uitzwaaien. Elenor ging naar elke non afzonderlijk toe terwijl die gewoon aan het werk waren. Ze omhelsde haar dan en wenste haar het beste; zuster Rosa terwijl ze planken in haar werkplaats aan het schuren was, zuster Maria-Luz terwijl ze de vloer van de zaal aan het schrobben was, zuster Dolores bij de wastobbe. Thomas maakte zijn eigen afscheidsrondje. Ze zagen elkaar weer boven aan de heuvel; Thomas leunde op zijn krukken en Greatheart rende voor hen uit.
Samen bleven ze even boven aan het pad staan, hun gezichten naar elkaar toe. De wind waaide om hen heen. Thomas was broodmager geworden en was ook op een andere manier veranderd. Er leek een licht door hem heen te schijnen. Elenor had het idee dat de zorgzame en moederlijke verpleging van de nonnen een bepaalde pijn, een bepaalde twijfel aan zichzelf bij Thomas had weggenomen, die hij al zolang ze hem kende met zich mee had gedragen. Elenor maakte zich zorgen dat de zusters hun zo-

veel hadden gegeven; Thomas zelfs niet alleen zijn leven, maar ook zijn nieuwe, zekere geluk, en zij hadden zo weinig teruggegeven. 'Ik wou dat ik iets moois voor hen kon achterlaten.'
'Ze hebben al het moois al,' zei Thomas en sloeg op zijn borst. 'Hier binnen.'
Ze wist dat hij gelijk had. De zusters leefden in het vertrouwen dat hun werk in overeenstemming was met de wil van God.

Hun pad kwam net voor de stad weer op de Weg uit, bij een plaats die Lavacol heette omdat verordend was dat alle pelgrims daar moesten stoppen om zich te wassen voor ze de stad binnengingen. Er was een harige priester die de pelgrims begroette en erop toezag dat de verordening werd uitgevoerd. Thomas en Elenor, die dank zij de goede zorgen van de zusters geen enkele luis hadden, gooiden met hun hoeden water over elkaar heen, lieten zich in de zon opdrogen, kregen de zegen en werden toen weer natgespetterd door Greatheart.

Daarna sloten ze zich voor het laatste stuk van de Weg bij de pelgrims aan en doken onder in de massa.

De torenspitsen van de kathedraal domineerden de hele stad; ooievaars hadden hun nesten boven de klokken gemaakt. Op de stenen muren en de leien daken groeide groen mos. Er hing een fijne nevel van regen in de lucht, de regen die hoort bij schepen en zeehavens. De straten waar ze doorheen liepen stonden vol stalletjes met souvenirverkopers, mensen die schouderkleedjes en kralen verkochten, loden figuurtjes en flesjes wijwater, pelgrimsschelpen en elke religieuze snuisterij die je maar kon bedenken. Thomas keek Elenor aan.

'Moeten we ook iets kopen?'

Elenor schudde lachend haar hoofd. De feeststemming verbaasde haar en maakte haar opgetogen. Voor ze wisten wat er gebeurde, waren ze de treden van de kathedraal op geduwd en stonden toen onder het prachtige portaal en in het koele, donkere heiligdom. Daar werden ze als het ware in een soort pad voor pelgrims geduwd dat langs de binnenmuren van de kathedraal liep. Het gemurmel van stemmen, van duizenden stemmen, dat als de branding van de zee door de kathedraal rolde, de stank van duizenden lichamen die dicht op elkaar waren gedrukt met daar doorheen de zware, zoete geur van wierook, de gezangen van de priesters, de flakkerende kaarsen, de beschilderde beelden die boven de hoofden van de mensen opdoemden, al die indrukken vulden Elenor eerst met eerbied en daarna met paniek toen ze zo door de menigte werd meegesleurd.

Ze had dicht bij Thomas willen blijven, om hem zo goed als ze kon te beschermen tegen die duwende en trekkende menigte, maar ze werd meegesleurd en kon nog net een glimp van hem opvangen, nog steeds met zijn krukken en het pakketje met zonden onder zijn arm geklemd. Hij zag bleek. Toen zag ze hem niet meer. Ze kon zichzelf niet meer sturen en ook niet meer wegvluchten; de stroom lichamen sleepte haar mee. Van allerlei kanten kreeg ze ellebogen en schouders in haar lichaam geprikt. Ze maakte zich zo lang mogelijk. Doodsbang dat ze onder de voet gelopen zou worden, probeerde ze haar gezicht omhoog te houden, net als iemand die boven water probeert te blijven. Er kwam bijna geen gewicht op haar voeten hoewel ze af en toe de stenen vloer raakte, zich afzette en keek waar ze was.

Ze bad nu vurig, maar het was geen gebed om dankbaarheid te tonen en ze kon ook niet denken aan Carla, of Mathilde of Fra Pietro, of welke mensen dan ook aan wie ze had beloofd voor hen te zullen bidden. Haar gebed, als het al tot Sint Jacobus was gericht, was gericht tot Jacobus de visser. Ze bad almaar: 'Laat me alsjeblieft niet onder de voet gelopen worden. Haal me hier levend uit. Houd Thomas overeind.'

Ze hield zich vast aan een herinnering van de bergtop met het gouden licht, de vrede en de zekerheid daar. De horde pelgrims liep in een doorlopende stroom door de kathedraal heen, achter het altaar langs en weer terug langs de andere kant van het schip van de kathedraal. Uiteindelijk werd Elenor de deur weer uit gedragen, het felle daglicht in. Ze voelde de koele aanraking van de regen. Niet ver van haar vandaan stonden de krukken van Thomas tegen het portaal geleund. Thomas stond erbij, bleek, voorovergebogen, zijn handen om de enkels van een stenen heilige heen, zijn voorhoofd op het vochtige graniet. Greatheart lag bij zijn voeten. De zonden waren weg.

Elenor was zo opgelucht dat ze uit de menigte pelgrims was en dat Thomas levend en wel voor haar stond, dat ze haar ogen sloot en haar gezicht omhoog hief, de zeelucht inademde en genoot van de nevelige regen op haar gezicht. Ze probeerde aan thuis te denken, haar gedachten naar Ramsay te sturen, omdat ze hier voor Ramsay waren gekomen, maar Engeland leek zo ver weg dat ze het zich nauwelijks voor de geest kon halen. Ze dacht aan vader Gregory en Carla en zag ze samen voor het vuur zitten, en vroeg zich af of ze zouden moeten lachen om haar andere gevoelens ten aanzien van Thomas.

Toen ze haar ogen weer opendeed, had Thomas zich naar haar toe gedraaid en stond op haar te wachten met een dwaze grijns over een blik van ernstige vreugde. Zijn armen waren naar haar uitgestrekt en in zijn hand lag een Sint-Jacobsschelp, een pelgrimsschelp.

de Pelgrimsschelp

Santiago de Compostela
León
Los Condes